目的別
7ステップ
財務分析法

株式会社バリュークリエイト　三富正博　著

税務経理協会

はじめに

　私は，2001年にバリュークリエイトという経営アドバイスをする会社を仲間と立ち上げて以来，従業員が数人から10,000人以上いる会社まで幅広い業種業態の会社に経営アドバイスをしています。そんな立場の眼から見ると，2008年秋のリーマンショックに始まる世界的な不況の中で，世の中は益々短期的に物事を見る必要性に迫られているように感じます。実際，私の周りでもそのような声が聞こえてきます。だからと言って短期的な対処の向こうに光があるとも思えません。

　面白いもので，このような時代だからこそ短期を意識しながら長期的に物事を考え行動を起している経営者もいます。そのような経営者は，将来が見えているかと言うと，必ずしも見えているわけではありません。先が見えない中で，将来を一生懸命見ようと努力しながら手探りで前進しているのです。

　手探りで前進するときに役に立つのが「ビジネスの現状を数字によって理解し伝える力＝財務分析のスキル」です。この本では，財務分析と言っても「長期の財務分析」に焦点を当てます。なぜなら，先行きが不透明な時代に短期の財務分析をしても得られることは少ないからです。逆に，敢えて過去10年〜20年分析することで，会社の向かっている方向性を明確に読み取り，そこから新たな展開を生み出していけることが多いです。このようなアプローチは一般的ではないかもしれませんが，短期的にも良い業績を出している経営者が行っている普通のアプローチに他なりません。

　ところが，実際に長期の財務分析をしてみると，乗り越えなければいけない壁がいくつもあるのが現実です。多くの人は乗り越えるべき壁に気づかず，結果として財務分析がうまくいかない現状と向き合っています。

　たとえば，その中の一つが「財務分析で使う指標の数」です。多くの財務分析の本ではたくさんの指標を紹介していますが，この本では基本的に「4つの視点（成長性，収益性，安全性，効率性）」と代表する指標しか使っていません。見るべき指標を単純化することで選んだ指標について長期で見ることがで

き，そこから会社の変化を的確に読み取ることが可能となります。「4つの視点」は第2章で取り上げます。

　あるいは，長期の財務分析では分析のステップを明確にしておかないと，やるべきステップを抜いてしまい満足できない結果となってしまいます。よって，この本では，長期の財務分析のステップを7つに分け，「7ステップ財務分析法」と名付けて一つ一つを説明していきます。各々のステップは，読めばどれも当たり前のことですが，当たり前のことだからこそしっかり行うことが重要です。「7ステップ財務分析法」は第3章で取り上げます。

　「4つの視点」と「7ステップ財務分析法」を理解しても，具体的な事例がないとイメージが付きにくいと思います。また，具体的な事例に踏み込むには，自分がどの立場から財務分析をするのかで財務分析をする目的や内容は変わってきます。よって，この本では，特に長期で財務分析をすることが必要である，社員，個人投資家，就職活動中の学生の視点からより踏み込んで具体的に財務分析を行います。社員の視点は第4章で，個人投資家の視点は第5章で，就職活動中の学生の視点は第6章で取り上げます。

　「ビジネスの現状を数字によって理解し伝える力」は，何も財務や経理のプロだけが身につければ良いスキルではありません。今後益々ビジネスに関わる一人一人が身につけるべきスキルです。そして，このようなスキルは経営者になってから身につければ良いスキルでは決してありません。早くから身につけることができれば早いに越したことはないのです。

　少しでも多くの人が長期の財務分析のスキルを身につけ，「財務分析は面白い」と感じ，この不透明感の強い時代に自分の力を信じて未来を切り開いていくことにこの本がお役に立てれば嬉しいです。

2010年4月

株式会社バリュークリエイト
三富　正博

目　次

はじめに

第1章　財務分析の基本

❶ 財務分析は難しい？ ……………………………………… 2

❷ 財務諸表の特徴 …………………………………………… 6

❸ 財務分析の3つの特徴 …………………………………… 11

❹ 本書の特徴について ……………………………………… 14

第2章　数字のもつ意味がわかる「4つの視点」

❶ 「4つの視点」 ……………………………………………… 16

❷ 実際に「4つの視点」で財務分析をしよう …………… 21

❸ 2年度の数値を比較することの意味は ………………… 30

第3章　7ステップ財務分析法

1 7ステップ財務分析法とフレームワーク ……………… 34

2 ステップ1　分析の目的を明確にする ……………………… 47

3 ステップ2　収集可能な最長の期間を見極める ……………… 53

4 ステップ3　自分の仮説を持つ ……………………………… 59

5 ステップ4　情報の収集先を明確にする …………………… 64

6 ステップ5　長期の財務分析をする ………………………… 67

7 ステップ6　分析の限界をフォローする …………………… 71

8 ステップ7　結論を出す ……………………………………… 76

9 「7ステップ財務分析法」でコマツの
長期の財務分析をしよう ……………………………………… 80

第4章　実践編①　社員として
──質の高いマネジメントを可能にする

1 **ステップ1** 分析の目的を明確にする
　過去から学び未来を描く ………………………… 96

2 **ステップ2** 収集可能な最長の期間を見極める
　できるだけ長期間で ……………………………… 101

3 **ステップ3** 自分の仮説を持つ
　間違っていても構わない ………………………… 102

4 **ステップ4** 情報の収集先を明確にする
　外部情報だけでも分析はできる ………………… 104

5 **ステップ5** 長期の財務分析をする
　売上の大切さ ……………………………………… 105

6 **ステップ6** 分析の限界をフォローする
　疑問点を解決する ………………………………… 111

7 **ステップ7** 結論を出す
　目的に対して結論を出す ………………………… 113

社員として　ケース1
住友金属工業株式会社 …………………………… 114

| 社員として | ケース2 カルチュア・コンビニエンス・クラブ株式会社 …… 134 |

第5章　実践編②　個人投資家として
　　　　　──よりよい投資先を見つける

❶ [ステップ1] 分析の目的を明確にする
「よりよい投資」とは ……………………………………… 156

❷ [ステップ2] 収集可能な最長の期間を見極める
公開情報で取れる期間を対象に …………………………… 157

❸ [ステップ3] 自分の仮説を持つ
身近な会社を意識しよう …………………………………… 158

❹ [ステップ4] 情報の収集先を明確にする
配当目的ならその情報も …………………………………… 159

❺ [ステップ5] 長期の財務分析をする
セグメント情報など追加の視点が必要 …………………… 160

❻ [ステップ6] 分析の限界をフォローする
多種多様にあるフォローの方法 …………………………… 163

❼ [ステップ7] 結論を出す
あえて「自分の結論」にこだわる ………………………… 165

| 個人投資家として | ケース1 株式会社ヤクルト本社 | 168 |

| 個人投資家として | ケース2 HOYA株式会社 | 190 |

第6章 実践編③ 学生として ——いい就職先に出会う

1 ステップ1 分析の目的を明確にする
切り口として財務分析をする …………………… 212

2 ステップ2 収集可能な最長の期間を見極める
5年程度でも問題ない …………………………… 215

3 ステップ3 自分の仮説を持つ
どんなに未熟でも「ない」よりずっといい ………… 216

4 ステップ4 情報の収集先を明確にする
学生だからこそ使えるツールもある ……………… 217

5 ステップ5 長期の財務分析をする
5つの資産に注目する …………………………… 218

6 ステップ6 分析の限界をフォローする
いろいろなフォローができる ……………………… 220

7 **ステップ7** 結論を出す
少しでも「◎」な会社とめぐりあう ……………… 223

（学生として） ケース1
株式会社あさひ ……………………………………… 226

（学生として） ケース2
三菱商事株式会社 …………………………………… 242

おわりに …………………………………………………… 261

第1章

財務分析の基本

　多くの人は，財務分析を難しいものと思っていますが，その理由を第1章で考えます。さらに，初めて財務諸表や財務分析に触れる人のために，最低限理解して欲しい点に絞って財務諸表や財務分析の特徴を説明します。ここから本書の特徴である，「4つの視点」と「7ステップ財務分析法」を導きます。

① 財務分析は難しい？

　ビジネスに関わっている人であれば，「数字について勉強しなくてはならない」と思うのは一度や二度ではないでしょう。上司から，「もっと数字に強くなって欲しい」と言われることもあるかもしれません。ある人は「えっ，財務諸表の構造も知らないの？」とお客さまから言われて焦った，という経験談を話してくれました。このようにビジネスに関わっていると，しかも経験を積めば積むほど**「ビジネスを数字で理解し語る力」**が必要となってきます。そして，多くの人は財務諸表や財務分析の本をパラパラと眺めるのです。

　では，実際に財務諸表や財務分析の本を買って読んでみて満足するかというと，そうでもなさそうです。多くの財務諸表や財務分析の本は，経理出身者や公認会計士など数字に強いプロが書いていますので，経理や財務のプロになるのが目的であれば適切でしょう。しかし，**ビジネスの現場で使うことが目的なら，視点は自ずと違ってきます。**

　このような現実は，20代や30代だけが抱えている問題意識ではない，というと読者は驚くかもしれません。私は，会社のトップや取締役あるいは事業部長から「申し訳ないが一度数字の読み方を教えて欲しい」とご依頼をいただくことがありますが，それは一度や二度ではありません。どの人も営業や技術の分野で一流のプロであり，しかも実際に経営に携わっている人ばかりです。事業部長や取締役ましてや社長となると，それまでの数字の知識では自分が直面している問題を解決できない局面が出てきます。もっと数字の理解が必要で，さらなる理解がないと問題を解決することができない，という状況に追い込まれているのです。私はそのような方々に家庭教師のような役割をすることがあり，とても感謝されます。お客様から感謝されることは，私としても嬉しいことですが，**「もっと早く学んでおけばもっと早く問題解決でき，もっとビジネスがうまく行くのに！」**とも思います。同時に，「いかに数字を使ってビジネスを

進めていくか」という課題の根が深いのかを考えさせられます。

　経営に携わる方々と，自分の会社や事業をどのように財務分析しているのか，という話になることがあります。大体1，2年あるいは3年〜5年ぐらいの財務諸表やあるいは主要な指標と格闘なさっています。

　話が終わって，「では，このようなやり方で満足していますか？」とおたずねすると，多くの人は申し訳なさそうな顔をして「これじゃ駄目だと思っているが，ではどうしていいか分からない…」という答えが返ってきます。

　このような例は特別ではありません。いろいろな人に「**自分の財務分析のスキルに満足していますか？**」と聞くと，「**満足していない**」という声はよく聞きます。

　満足できない理由にはいろいろありますが，その理由をいくつか挙げてみましょう。

■結論を出すことができずに，分析の仕方が悪いと考える

　財務分析を行い，数字の結論も出ているのですが，様々な分析結果を出しているうちに，**自分が何の結論を出しているのか分からなくなり**，理由を**分析の仕方が悪い**からだと結論付けて，さらに新たな分析の仕方を勉強しようとすることがあります。

■結論は出たが，どう解釈して良いか分からない

　財務分析の本を買って，財務分析を行えば誰でも結果を出すことは可能です。財務分析の勉強であれば，結果が出たところで満足できるかもしれませんが，**実際のビジネスでは結果を解釈しなくてはいけません**。ところが，「**出た数字をどのように解釈するのか**」というところで止まってしまうのです。たとえば「売上高成長率が10％であるとの結論をどう解釈するのか」ということです。10％成長していれば，「よい」と言いたいところですが，たとえば，過去10年の成長率と比べてみるとどうかとか，マーケット全体の成長率と比べてどうかとか，同業他社と比べてどうか等の視点を入れていくことで「よい」のか「悪い」のかが明確になります。しかしながら，ここまで導けないことが多く，満足できない原因となっています。

■それまで持っていた財務分析スキルでは対応できない

　20代，30代は自分が直接関わる仕事に関する数字を対象に財務分析スキルを身につけますが，キャリアを積めば積むほど，責任範囲はより広くなります。最初は，係や課だったものが，次は部門さらには事業部や会社全体，あるいはグループ企業と広くなってきます。さらには，自分が直接関わってこなかった専門外の分野に対してもマネジメントとして管理することが問われます。そうなると，これまでに身につけた財務分析スキルだけでは対応できなくなってくるのです。本来，**自分の責任範囲が広がってくれば，それに伴って財務分析スキルも進化させるべき**ですが，多くの人は，実際に問題が起こるまではなかなか自分の財務分析スキルに問題があると思わないのです。また，会社の人材教育プログラムに，きちんと組み込まれていないようです。

　理由は他にもあるでしょうが，重要なのは**分析したにも関わらず，会社の全体を捉えることができなかった**ということです。

　財務分析は，手順を踏みさえすれば，シンプルに会社の全体を捉えることができるとても良いツールですが，残念ながら容易に壁にぶち当たってしまうのも現実です。

　何でもそうですが，難しいと思うには理由があります。**難しいと感じている人には見えないコツやステップ**があるからです。

　私は，スキーが好きなのですが，万年中級スキーヤーです。自分ではこれ以上うまくなることは難しいと思っていました。ところがあるとき，知り合いのスキーヤーに自分のスキーを見てもらい，アドバイスを受けました。アドバイスを意識しながら滑ってみると，不思議なことに以前よりもうまく滑れるのです。つまり，滑っている本人には抜けているコツやステップを踏めば，あるいは意識できれば，今まで以上にうまく滑れるのです。

　同じことは財務分析でも言えます。以下に多くの人に抜けているコツやステップを書き出してみます。

　財務分析をしている人と話をすると，「**自分が何の目的で財務分析をしているのか**」はっきりしていないことがあります。自分が分析する目的は，社員として自社の戦略を作るためなのか，あるいは，与信担当者として財務安全性の

度合いを図るためなのか，あるいは，投資担当者として投資を検討している会社に将来性があるのか判断するためなのか等の目的が漠然としているのです。個人投資家として会社を分析する，あるいは，学生としてよい就職先を見つける等目的が違ってくると，財務分析のアプローチも本来違ってくるべきですが，どんな目的に対しても同じアプローチを取っています。

　あるいは，「**分析する期間**」を明確に定めていないこともあります。1年分析すればよいのか，あるいは20年分析したほうがよいのか等分析の期間が漠然としているのです。多くの人は，特に理由もなく1年〜3年ぐらいの分析しか行いません。ところが，1年分析するのと20年分析するのでは視点が違ってきます。

　あるいは，「**分析の対象は過去だけでよいのか，将来も含めるのか**」という点が**不明確**な人がいます。多くの人は，財務分析を通じて，過去から学ぶと共に，将来に向けたアクションを起こすために分析を活用することが多いです。

　あるいは，「**分析するための情報をどこから，どれだけ取ってくるのか**」が**不明確**な人がいます。今の時代，インターネットを通じて多くの情報を入手できます。一方，情報の渦に巻き込まれてしまい，情報を収集しただけで分析に至らず満足してしまうこともあります。

　あるいは，「**自分の仮説を持たない**」で分析している人もいます。多くの人は仮説を持たないで財務分析をすることで却って分析が難しくなっているのです。

　あるいは，「**分析の指標を明確に定義していない**」人もいます。どの指標を使うと目的を達成できるのか本来は考えるべきですが，たくさんの指標を使うことで満足してしまい，その実どの指標も的確に読んでいない，よってうまく意思決定できていない人もいます。

　あるいは，「**財務分析の限界**」を知らないために限界をフォローしない人がいます。

　このように財務分析を難しくする理由はいろいろなところに転がっています。

　財務分析をして会社を理解するには，財務諸表を使います。では，どの程度の理解が必要なのでしょうか。最初に，財務分析をするうえで最低限理解すべき**財務諸表の特徴**について説明します。

❷ 財務諸表の特徴

　財務分析するうえで，財務諸表について最低限知っておくべきことだけを書き出します。それは，**財務諸表の構造**と**貸借対照表の役割**です。

■財務諸表の構造とは

　財務諸表とは，一言で言うと，「**会社の状況をまとめた表**」です。財務諸表の構造をまとめたものが**図表1**になります。財務諸表を見ると，**貸借対照表**，**損益計算書，キャッシュ・フロー計算書**（株主資本等変動計算書についてはこ

図表1

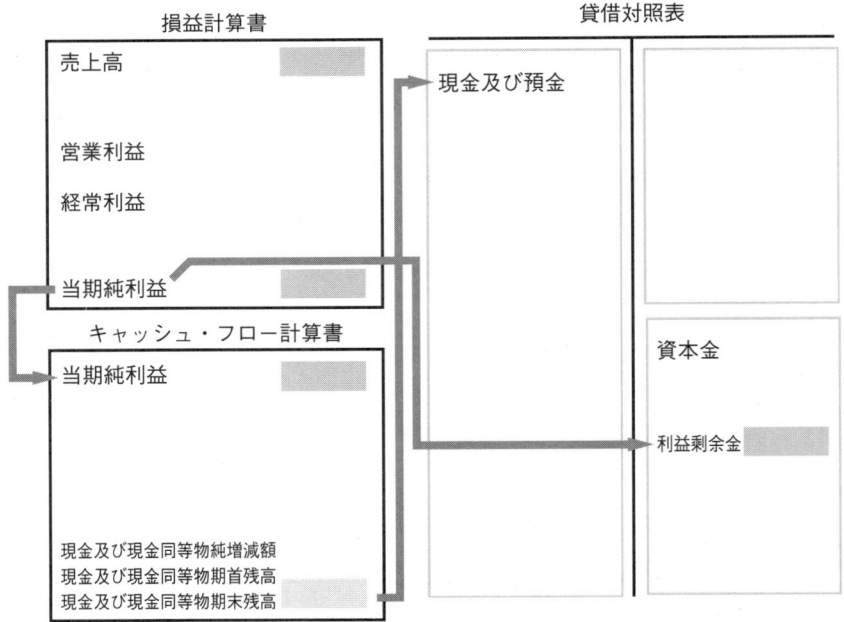

こでは省きます）の順番で載っていますが，私は，**損益計算書，キャッシュ・フロー計算書，貸借対照表の順番**で読みます。それは，以下に説明するように，損益計算書が一年の損益のフローを表し，その結果がキャッシュ・フローとしてキャッシュ・フロー計算書に反映し，ストックとして貸借対照表に結びついているからです。

損益計算書とは，「ある一定期間（通常は1年）に，会社がいくら売上を計上したのか，いくら儲けたのかがわかる表」です。

損益計算書は，まず**売上高**から見ます。会社がいくら売上を計上したのかがわかります。後で説明しますが，売上高を昨年の売上高と比較することから，売上高成長率が計算されます。**次に営業利益**を見ます。営業利益では，会社が本業でいくら儲けているのかがわかります。売上高を営業利益との対比から営業利益率を算出し，昨年度と比較することで収益性の変動を見ます。営業利益から，さらに損益計算書の項目を下がっていくと**経常利益**があります。経常利益とは，営業利益に受取利息，受取配当金，支払利息など財務損益を加味した利益です。経常利益から，さらに下がっていくと**当期純利益**になり**キャッシュ・フロー計算書へ**と繋がります。

キャッシュ・フロー計算書は，企業のキャッシュの流れを，**営業キャッシュ・フロー，投資キャッシュ・フロー，財務キャッシュ・フローという3つの観点から整理**します。キャッシュ・フロー計算書の最後は，当年度中のキャッシュの増減へと結びつき，キャッシュの期首残高を加味することで期末のキャッシュ残へと繋がります。

キャッシュ・フロー計算書のキャッシュ残は，**貸借対照表**の現金及び預金へと繋がります（厳密に言うと，キャッシュ・フロー計算書のキャッシュ残高と貸借対照表上の現金及び預金残高の間には預入期間が3ヶ月を超える定期預金の扱いに違いがあるため差が生じますが，ここでは無視します）。

一方，**損益計算書の当期純利益**は，**貸借対照表の純資産の部の利益剰余金**へと結びつき，前期までの利益の累積である前期繰越利益とともに期末の利益剰余金を構成します。

このように，貸借対照表，損益計算書，キャッシュ・フロー計算書は一見まったく別個の表に見えますが，実は**有機的に連関**しているのです。

ここから，「財務分析の結果指標は，すべて連関しているので，一つの指標だけを取り上げて議論しても限界がある」と言えます。例えば，売上高一つを取り上げて議論しても限界があるのです。

　では，有機的な連関の例を具体的に考えてみます。売上高を取り上げると，私がよく見るのが，売上高成長率（成長性）と営業利益率（収益性）です。**図表2**をご覧ください。以前財務分析をした会社の売上高と営業利益率の推移です。過去5年の売上高は，とてもよく成長しています。一方，営業利益率は，当初は約8％程度であったのが少しずつ下がっていき，2006年にはマイナスになってしまいました。このような結果を見ると，①経営者が，売上高成長率にばかり目が行ってしまっているのではないか，②会社の強みがない分野や競争が厳しい分野にまで事業を拡げようとしているのではないか等，心配になってきます。

　図表3をご覧ください。会社がいまA点にいるとします。会社の今後の方向性として「B点＝低い売上高成長率・高い営業利益率」と「C点＝高い売上高成長率・低い営業利益率」という2つの状況があるとします。この場合，A点からB点に向かうのも，C点に向かうのも，同じ曲線①の上にあるという

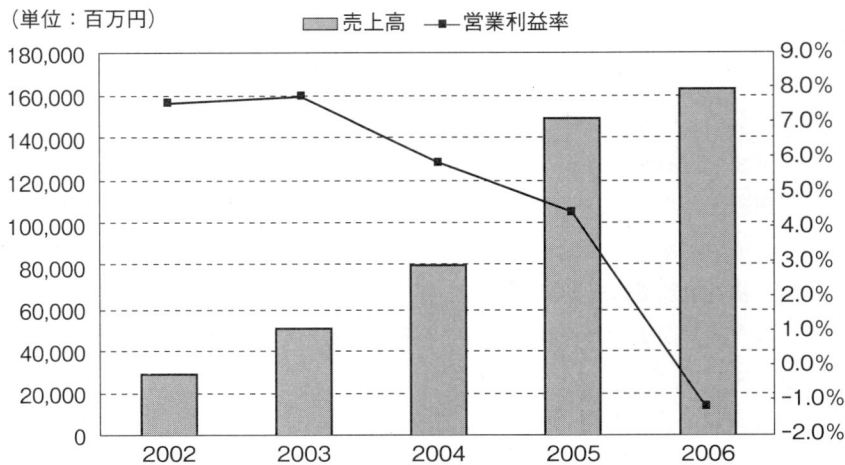

図表2

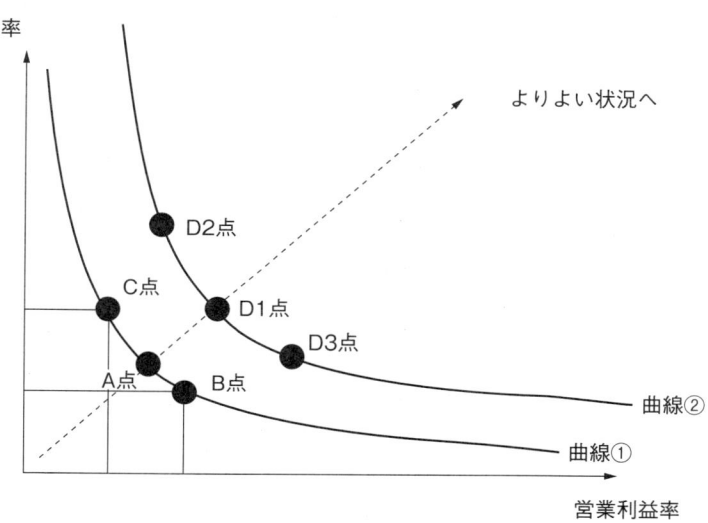

図表3

意味でトレード・オフの関係になります。「トレード・オフ」とは，曲線①上にあればどれも経営状況として大差がないという意味です。会社がさらによい状況になるためには，曲線①よりも外側の，例えば曲線②に行く方向性が必要です。例えば，A点からD1点への移動です。今までよりも高い売上高成長率あるいは営業利益率を目指すD1～D3点上への移動が，よりよい経営状況を意味します。

■貸借対照表はどのような役割をしているのか

貸借対照表とは，「期末時点での会社の財政状態を表した表」です。貸借対照表については，**図表4**のような見方ができます。

貸借対照表の**貸方**を，どのように会社がお金を集めてきたのかという「**調達源泉**」として捉えます。一方，貸借対照表の**借方**は，集めてきたお金を会社がどのように運用しているのかという「**運用形態**」として捉えます。**貸借対照表は，「調達源泉」と「運用形態」を表している**のです。

貸方の調達源泉は，**投資家から投資を受けた「直接金融の部分」**と，銀行等

図表4

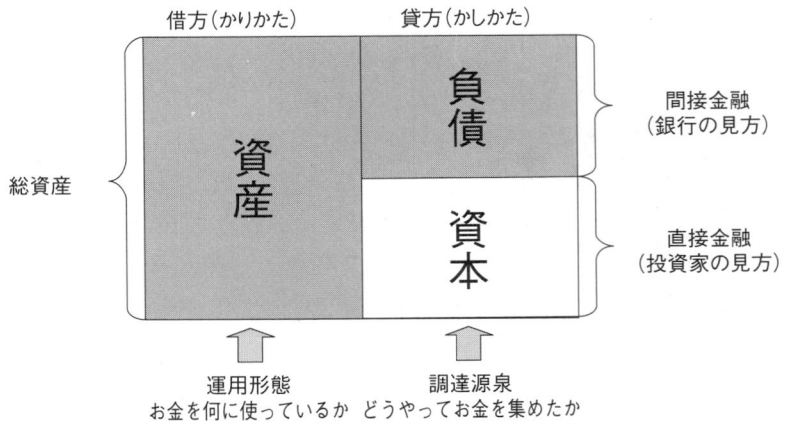

から借入を受けた「**間接金融の部分**」の2つに大別できます。**直接金融**の特徴は、会社として返済義務がないことや、会社が潰れてしまうと投資家には一銭もお金が戻ってこないことです。投資家は、株の値上がり益や配当を通じて投資のリターンを得ます。間接金融の特徴は、与信者に対して一定期間で返済する義務があることや、与信者には株主よりも先に返済されることです。与信者は、金利を通じて融資のリターンを得るのです。

間接金融は、一般的には銀行のようなプロしかできません。一方、直接金融は機関投資家のようなプロに加えて個人投資家もいます。直接金融は、元々の意味合いからすると、会社を応援するということです。誰もお金を貸さないような状況で、会社の実現したい想いに共感して応援する手段として投資をするのです。よって、投資の果実が得られるまでにはある程度の期間が必要です。

借方の運用形態は、「**資産の部**」として構成されています。大きく分けると、現金及び預金、売掛債権、棚卸資産などの「流動資産」、建物、機械、土地などの有形固定資産やのれんなどの無形固定資産を合わせた「固定資産」、最後が投資有価証券などの「投資その他の資産」になります。

❸ 財務分析の３つの特徴

　財務諸表の特徴を理解したところで，一般的な**財務分析の特徴**について触れておきましょう。

■シンプルである

　まずなによりも，**財務分析はシンプル**です。初めて財務諸表を読む人は難解に感じると思いますが，読むべきポイントさえ知っていれば，後は電卓あるいはパソコンがあればすぐに計算できます。金額単位の違いはありますが，業界の違いや企業規模に関わらず**同じように計算できる**のが財務分析のよいところです。

■会社の全体を捉えることができる

　まったく知らない会社でも伸びているのか，儲かっているのか，倒産するリスクは高いのか，資本を効率的に使っているのかという具合に，**短時間で全体像を捉えることができ**ます。

■財務諸表の持っている制約に縛られる

　財務分析がシンプルで会社の全体を捉えることができるのは，財務諸表の構造に由来している素晴らしい点です。ところが，同じ財務諸表の構造から，以下のような制約があることも理解しておきましょう。

①期間が１年である

　年次財務諸表は，年に１回作成され開示されますので，年次財務諸表の比較は１年の比較になっています。「そんなこと，当たり前ではないか」と思われるかもしれませんが，**１年という期間は，会社の活動を人為的に区切っている**にすぎません。

②過去である

　財務諸表は**過去を表している**のであり，将来について何か言及しているわけではありません。多くの人は当たり前のことを忘れて，過去を表す財務諸表だけを見て判断し，会社の将来を見誤るのです。

③**結果あるいは成果である**

　財務諸表で表しているのは**結果あるいは成果**であって，**数字に至る原因あるいは過程は表していません**。

　特に，財務分析をするうえで意識しておきたいのが**シンプルであること**と**会社の全体を捉えることができること**です。ところが，実際に財務分析する人は，財務分析をシンプルだとは感じていないでしょうし，会社の全体を捉えている感じも受けないのではないでしょうか。

　なぜ，財務分析に「複雑で細かいことをたくさん見る」という印象を持つのでしょうか。

　ここで，財務諸表の持っている制約が関係してきます。

　まず，①ですが，**財務諸表が1年という期間で作成されている**ということです。会社の取り組みが過去10年やっていようが，過去1年やっていようが，全て1年という期間で切られた断片が財務諸表に載っているのです。よって，1年以内の取り組みで1年以内に十分結果が出ているものは，財務諸表に十分結果は反映されますが，それ以外は反映されません。

　次に②ですが，**財務諸表は過去を表している**ということです。もし，財務分析の目的が過去の分析だけであれば，過去を表している財務諸表だけを意識すればいいのです。ところが，財務分析の目的は，過去を分析すれば達成されるのでしょうか。

　おそらく，**財務分析スキルを身につけたいだけであれば，過去を分析できれば十分**です。ところが，**実際に財務分析スキルを，「自分のやっているビジネスに結びつけていく」，あるいは「個人投資家として魅力的な会社を発見する」，あるいは「自分が就職したい会社を見つける」等具体的な目的を達成するためのツールとして活用する場合には，過去を分析しているだけでは不十分で，未来をどう考えていくのかという視点が必要になってきます**。

最後が③で，**財務諸表は結果や成果を表している**のであって，**数字の結果に至る原因や過程については特に表していない**ということです。将来のために財務分析を活かすのであれば，財務諸表に表れている結果や成果だけでなく，財務諸表には**表れていない多くの原因や過程**に対しても分析の範囲を広げる必要があります。

　図表5をご覧ください。いま会社全体を三角形で表すとします。財務諸表に表れているのは線よりも上の部分だけです。逆に線よりも下の多くの部分は財務諸表に表れていません。特に，**会社にとって重要な将来の結果に結びつく原因や過程は財務諸表に反映されません**。これは，氷山をイメージしていただくとよいでしょう。**財務諸表に表れているのは**，海面から見える部分ですが，それは氷山全体からすると**ほんの一部**です。会社の多くの部分は，海面から見えない海の下に隠れています。

図表5

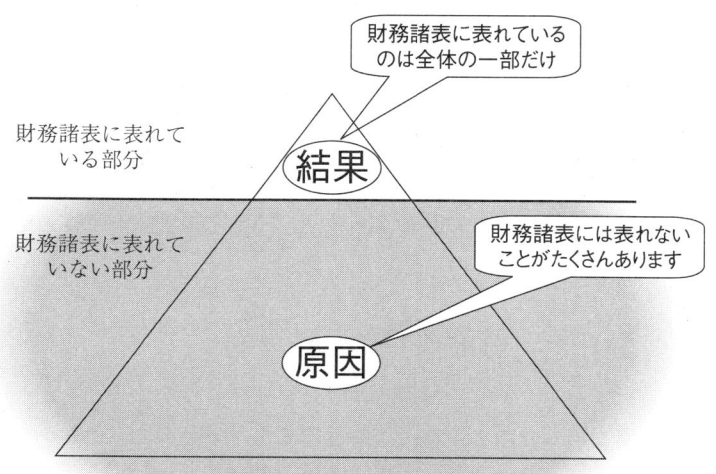

④ 本書の特徴について

　財務諸表の特徴と一般的な財務分析の3つの特徴を理解したところで，本書で取り上げる財務分析の特徴をまとめておきましょう。本書の特徴は以下の4点です。

■4つの視点で計算する

　財務分析の視点は，実際にビジネスで活用するという目的を達成するために使うので，最低限にします。本書では原則として**4つの視点**（**成長性，収益性，安全性，効率性**）で分析します。必要に応じて他の視点を使います。

■7ステップで分析する

　財務分析を難しくしているのは，目的を達成するためのステップが明確ではないからです。よって本書では，財務分析を**7つのステップ**に分け順を追って進めていきます。

■長期間を対象とする

　本書では多くの財務分析の本とは異なり，**10年や20年あるいは30年**など収集可能な最長の期間を対象に財務分析をします。

■「傾向」と「分岐点」に着目する

　長期で分析すると，数字の**傾向**や**分岐点**を見つけられます。多くの場合，傾向の変わり目である分岐点の前後に**会社の変化の芽を捉える**ことが可能です。

　第2章では「**4つの視点**」について，**第3章**では「**7ステップ財務分析法**」について説明します。

第2章

数字のもつ意味がわかる「4つの視点」

　第2章では，成長性，収益性，安全性，効率性の「4つの視点」について学び，各々代表的な指標を紹介します。さらに，コマツの2年の財務諸表を使って実際に「4つの視点」で財務分析（短期の財務分析）をします。最後に，2年度の数値を比較することの意味と短期の財務分析の限界について説明します。

1 「4つの視点」

■成長性

成長性とは,「会社がどれだけ**売上高**を伸ばしているか」を言い,主に**売上高成長率**で表します。投資家の観点からは,**EPS 成長率**を指します。

①売上高成長率

売上高成長率は以下のように計算します。

$$売上高成長率 = \frac{当年度の売上高 - 前年度の売上高}{前年度の売上高} \times 100\,(\%)$$

売上高とは,会社がお客様に対して製品・サービスを提供して対価として受け取るものです。よって,売上高成長率は「一年の間にビジネスがどれだけ拡大したのか,縮小したのか」を表します。

②EPS 成長率

EPS とは,イーピーエスと言い,earnings per share の略語で,EPS 成長率は一株当たり利益(当期純利益)の成長率を言います。

■収益性

収益性とは,「会社がどれだけ利益をあげることができるか」を言い,主に**売上高営業利益率**で表します。収益性については,売上高に対して「どの利益を持ってくるか」で,売上高営業利益率以外に,**売上総利益率**,**売上高経常利益率**,**売上高当期純利益率**があります。

①売上高営業利益率

売上高営業利益率(以下「営業利益率」といいます)は以下のように計算します。

$$営業利益率 = \frac{営業利益}{売上高} \times 100 (\%)$$

収益性では，営業利益の「額」ではなく，**売上高に対する営業利益の「割合」**で考えます。例えば，A社とB社の2社が共に営業利益として10億円計上していたとします。A社の売上高が1,000億円，B社の売上高が100億円だとすると，A社の営業利益率は1％，B社は10％です。営業利益額でみると両者は同じですが，収益性という視点からみると「B社はA社の10倍の収益性がある」という見方をします。

②売上総利益率

売上総利益率とは，営業利益の代わりに**売上総利益**を持ってきたものです。売上総利益は，売上高から売上原価を差し引いて求めます。

$$売上総利益率 = \frac{売上総利益}{売上高} \times 100 (\%)$$

③売上高経常利益率

売上高経常利益率は，**経常利益に対する売上高の比率**で求めます。経常利益は，営業利益に受取利息，受取配当金，支払利息等を加味した利益です。

$$売上高経常利益率 = \frac{経常利益}{売上高} \times 100 (\%)$$

④売上高当期純利益率

売上高当期純利益率は，損益計算書の**当期純利益と売上高の比率**で求めます。

$$売上高当期純利益率 = \frac{当期純利益}{売上高} \times 100 (\%)$$

■安全性

安全性とは，「**会社がどれだけ財務体質が強いのかあるいは弱いのか**」，「**倒産するリスクがどれだけ高いのかあるいは低いのか**」を言い，株式公開企業の

場合には，主に **D/E レシオ**（デット・エクイティ・レシオ）で表します。未公開企業の場合には，**キャッシュ残高**や **FCF**（フリーキャッシュフロー），あるいは**バーン・レイト**の方が重要です。

①D/E レシオ（デット・エクイティ・レシオ）

D/E レシオとは，**D（有利子負債）とE（株主資本）の比率**をいい，以下のように計算します。

$$\text{D/E レシオ} = \frac{\text{有利子負債}}{\text{株主資本}} \text{（倍）}$$

ここで，有利子負債とは，負債の中で利払いを伴うものをいい，銀行借入，社債，CP（コマーシャルペーパー）リース債務等を指します。一方，株主資本は，本書では資産合計から負債合計を差し引いた純資産合計から少数株主持分を考慮した金額です。あるいは，貸借対照表の「純資産の部の株主資本」に評価・換算差額等を考慮した金額です。D/E レシオの一つの目安は1.0倍です。D/E レシオが大きくなればなるほどリスクが高くなり，小さくなればなるほどリスクが低くなると見ます。

②株主資本比率

株主資本比率は，**株主資本の総資産に対する比率**を表しており，以下のように計算します。

$$\text{株主資本比率} = \frac{\text{株主資本}}{\text{総資産}} \times 100 \text{（\%）}$$

③流動比率

流動比率は，会社にとって**短期的に回収される資産と短期的に支払うことが期待されている負債**の比率で，具体的には，流動資産と流動負債の比率で表し，以下のように計算します。

$$\text{流動比率} = \frac{\text{流動資産}}{\text{流動負債}} \times 100 \text{（\%）}$$

安全性について問題がある場合には，以下のような指標を使うことでより分

析を深めます。

④キャッシュ残高

会社は，キャッシュ残高がある限り潰れることはありません。よって，現状いくらのキャッシュ残高を持っているのか確認することがあります。

⑤FCF（フリーキャッシュフロー）

FCF（フリーキャッシュフロー）とは，「**会社が自由に使えるお金**」という意味で，連結キャッシュ・フロー計算書の「営業活動によるキャッシュ・フロー」と「投資活動によるキャッシュ・フロー」を足して求めます。当期純利益では利益が出ているにも関わらず，FCFがマイナスだと「会社からキャッシュが流出していることになり，その分安全性が低くなっている」と見ます。よって，収益性が下がってきているときには，FCFを見ることが必要です。

⑥バーン・レイト

あるいは「④キャッシュ残高」に関連して，「**手元にあるキャッシュ残高があとどのくらいの期間現状の収支構造で持つのか**」，あるいは「あと何ヶ月でキャッシュが底をつくのか」という観点から，キャッシュ残高を今後予想される月次の収支差額で割ることで算出されるのが「バーン・レイト」で，以下のように計算します。

$$バーンレイト = \frac{キャッシュ残高}{今後予想される月次の収支差額}（ヶ月）$$

■効率性

効率性とは，もう少し丁寧にいうと，「資本の効率性」という意味で，「**会社の使っている資本をどれだけ効率的に活用しているか**」を示します。効率性の指標は，誰の立場から考えるかで使う指標が変わります。一般的には，社員の立場から効率性を見る場合には，**ROA（総資産利益率）**あるいは**ROIC（投下資本利益率）**を使います。一方，投資家や株主の立場から見る場合には，**ROE（株主資本利益率）**を使います。なお，投下資本とは株主資本と有利子負債の合計です。

①ROA（総資産利益率）

ROAは，「**会社の貸借対照表上の総資産（＝総資本）を使ってどのくらいの利益を出しているのか**」という指標です。用いられる利益は，定義によって違ってきますが，本書では税引前経常利益を用いて計算します。

$$\text{ROA} = \frac{税引前経常利益}{総資産} \times 100(\%)$$

②ROIC（投下資本利益率）

ROICは，「**投下資本を使ってどのくらいの利益を出しているのか**」という指標です。用いられる利益は，定義によって違ってきますが，本書では「投下資本を使って，どれだけの利益を生み出したか」という観点から税引前営業利益を使って計算します。

$$\text{ROIC} = \frac{税引前営業利益}{投下資本} \times 100(\%)$$

③ROE（株主資本利益率）

ROEは，「**会社の株主資本を使ってどのくらいの利益を出しているのか**」という指標です。

$$\text{ROE} = \frac{当期純利益}{株主資本} \times 100(\%)$$

例えば，A社とB社の2社が，共に当期純利益として10億円計上していたとします。A社の株主資本が1,000億円，B社の株主資本が100億円だとすると，A社のROEは1％，B社のROEは10％になります。資本の効率性という視点から見ると，「B社はA社の10倍の効率性がある」という見方をします。

なお，総資産，投下資本，株主資本については，期首と期末の残高の平均値を使って計算します。

実際に「4つの視点」で財務分析をしよう

 では「4つの視点」を学んだところで，建設機械・車両，産業機械等をグローバルに製造販売している株式会社小松製作所（以下「コマツ」といいます）の2008年と2009年（各々3月31日に終了した事業年度）の財務諸表（**図表1**）を使って財務分析をしてみましょう。以下，読者のみなさんへ問題を用意しましたので考えてみてください。

問題1　財務分析の「4つの視点」を挙げてください。
問題2　「4つの視点」から各々代表的な指標を1つ選び，実際に自分で電卓をたたいて計算してください。効率性についてはROEを計算してください。なお，2007年3月31日の株主資本は，776,717百万円とします。
問題3　計算結果から財務分析の結論を出してください。

■「4つの視点」で財務分析をしよう

①成長性：売上高成長率

まず、売上高成長率から計算しましょう。売上高は**図表1**の連結財務諸表の「連結損益計算書」の最初にあります。

$$売上高成長率 = \frac{2,021,743 - 2,243,023}{2,243,023} \times 100$$
$$= -9.9\%$$

売上高成長率がマイナスということは、「2009年は2008年に比べて**約10％売上高が減少している**」ということです。

②収益性：営業利益率

営業利益率は、売上高と営業利益との比率になります。営業利益は、連結損益計算書の区分を売上高から下がっていくと、6段目にあります。

$$2008年の営業利益率 = \frac{332,850}{2,243,023} \times 100$$
$$= 14.8\%$$

$$2009年の営業利益率 = \frac{151,948}{2,021,743} \times 100$$
$$= 7.5\%$$

2008年と2009年を比較すると、**営業利益率は約15％から約8％と7％悪化**していることがわかります。

③安全性：D/Eレシオ

D/Eレシオは、有利子負債と株主資本の比率です。両者とも「連結貸借対照表」から導くことができます。有利子負債は、負債の部の短期債務、長期債務のうち1年以内期限到来分、長期債務の合計です。株主資本は、資本の部の資本合計になります。

$$2008年のD/Eレシオ = \frac{108,890 + 107,928 + 235,277}{887,126}$$

$$= 0.5倍$$

$$2009年のD/Eレシオ = \frac{220,087 + 87,662 + 292,106}{814,941}$$

$$= 0.7倍$$

2008年と2009年を比較すると，**D/Eレシオは0.5倍から0.7倍へと0.2倍悪化**していることがわかります。ただ，まだ1倍の範囲内です。

図表1 コマツの連結財務諸表

連結貸借対照表

区分	前連結会計年度 (2008年3月31日)		当連結会計年度 (2009年3月31日)	
	金額(百万円)	構成比(%)	金額(百万円)	構成比(%)
(資産の部)				
流動資産				
現金及び現金同等物	102,010		90,563	
定期預金	97		44	
受取手形及び売掛金	523,624		373,901	
たな卸資産	518,441		507,357	
繰延税金及びその他の流動資産	129,505		131,374	
流動資産合計	1,273,677	60.5	1,103,239	56.0
長期売上債権	89,695	4.3	102,969	5.2
投資				
関連会社に対する投資及び貸付金	22,884		19,249	
投資有価証券	79,479		53,854	
その他	11,575		12,017	
投資合計	113,938	5.4	85,120	4.3
有形固定資産	491,146	23.3	525,462	26.7
営業権	31,833	1.5	28,661	1.5
その他の無形固定資産	61,916	2.9	60,346	3.1
繰延税金及びその他の資産	42,941	2.1	63,262	3.2
資産合計	2,105,146	100.0	1,969,059	100.0

区分	前連結会計年度 （2008年3月31日）		当連結会計年度 （2009年3月31日）	
	金額（百万円）	構成比（%）	金額（百万円）	構成比（%）
（負債の部）				
流動負債				
短期債務	108,890		220,087	
長期債務 　　－1年以内期限到来分	107,928		87,662	
支払手形及び買掛金	387,104		214,375	
未払法人税等	52,453		10,818	
繰延税金及びその他の流動負債	205,157		199,345	
流動負債合計	861,532	40.9	732,287	37.2
固定負債				
長期債務	235,277		292,106	
退職給付債務	38,910		53,822	
繰延税金及びその他の負債	52,062		42,510	
固定負債合計	326,249	15.5	388,438	19.7
少数株主持分	30,239	1.5	33,393	1.7
（資本の部）				
資本金	67,870		67,870	
資本剰余金	138,170		140,092	
利益剰余金				
利益準備金	26,714		28,472	
その他の剰余金	685,986		719,222	
その他の包括利益(△損失)累計額	△ 28,779		△105,744	
自己株式	△ 2,835		△ 34,971	
資本合計	887,126	42.1	814,941	41.4
負債及び資本合計	2,105,146	100.0	1,969,059	100.0

有利子負債 → 短期債務・長期債務－1年以内期限到来分・長期債務

株主資本 → 資本合計

連結損益計算書

区分	前連結会計年度 自 2007年4月1日 至 2008年3月31日 金額（百万円）	百分比（％）	当連結会計年度 自 2008年4月1日 至 2009年3月31日 金額（百万円）	百分比（％）
売上高	2,243,023	100.0	2,021,743	100.0
売上原価	1,590,963	70.9	1,510,408	74.7
販売費及び一般管理費	317,474	14.2	322,677	16.0
長期性資産の減損	2,447	0.1	16,414	0.8
営業権の減損	2,870	0.1	2,003	0.1
その他の営業収益（△費用）	3,581	0.1	△18,293	△0.9
営業利益	332,850	14.8	151,948	7.5
その他の収益（△費用）	△10,640		△23,166	
受取利息及び配当金	10,265	0.5	8,621	0.4
支払利息	△16,699	△0.7	△14,576	△0.7
その他（純額）	△4,206	△0.2	△17,211	△0.9
継続事業税引前当期純利益	322,210	14.4	128,782	6.4
法人税等	115,794	5.2	42,293	2.1
少数株主損益及び持分投資損益調整前継続事業当期純利益	206,416	9.2	86,489	4.3
少数株主損益	△9,435	△0.4	△8,088	△0.4
持分法投資損益	6,845	0.3	396	0.0
継続事業当期純利益	203,826	9.1	78,797	3.9
非継続事業当期純利益	4,967	0.2	—	—
当期純利益	208,793	9.3	78,797	3.9
1株当たり当期純利益				
基本的		209.87円		79.95円
希薄化後		209.59円		79.89円

売上高成長率 → 売上高

営業利益率 → 営業利益

当期純利益 → 当期純利益

連結資本及び剰余金計算書

区分	前連結会計年度 自 2007年4月1日 至 2008年3月31日 金額（百万円）	当連結会計年度 自 2008年4月1日 至 2009年3月31日 金額（百万円）
資本金（普通株式）		
期首残高	67,870	67,870
期末残高	67,870	67,870
資本剰余金		
期首残高	137,155	138,170
自己株式の売却	417	1,570
新株予約権の付与及び行使	598	352
期末残高	138,170	140,092
利益剰余金		
利益準備金		
期首残高	24,267	26,714
その他の剰余金からの振替	2,447	1,758
期末残高	26,714	28,472
その他の剰余金		
期首残高	517,450	685,986
当期純利益	208,793	78,797
現金配当	△37,810	△43,803
利益準備金への振替	△2,447	△1,758
期末残高	685,986	719,222
その他の包括利益（△損失）累計額		
期首残高	33,501	△28,779
その他の包括利益（△損失）－税控除後	△62,280	△76,965
期末残高	△28,779	△105,744
自己株式		
期首残高	△3,526	△2,835
自己株式の購入等	△340	△33,090
自己株式の売却等	1,031	954
期末残高	△2,835	△34,971
資本合計	887,126	814,941
包括利益の注記		
当期純利益	208,793	78,797
その他の包括（△損失）－税控除後	△62,280	△76,965
当期包括利益	146,513	1,832

連結キャッシュ・フロー計算書

区分	前連結会計年度 自 2007年4月1日 至 2008年3月31日 金額（百万円）	当連結会計年度 自 2008年4月1日 至 2009年3月31日 金額（百万円）
営業活動によるキャッシュ・フロー		
当期純利益	208,793	78,797
当期純利益を営業活動による現金及び現金同等物の増加（純額）に調整するための修正		
減価償却費等	75,664	98,354
法人税等繰延分	15,016	△ 18,218
有価証券及び投資有価証券売却損益	△ 8,045	3,543
有形固定資産売却損益	△ 3,169	△ 269
固定資産廃却損	3,313	5,561
長期性資産の減損	2,447	16,414
営業権の減損	2,870	2,003
未払退職金及び退職給付債務の増減	△ 10,782	3,378
資産及び負債の増減		
受取手形及び買掛金の増減	△ 83,855	103,355
たな卸資産の増減	△ 65,884	△ 22,307
支払手形及び買掛金の増減	12,586	△148,655
未払法人税等の増減	△ 2,913	△ 40,507
その他（純額）	14,944	△ 2,674
営業活動による現金及び現金同等物の増加（純額）	160,985	78,775
投資活動によるキャッシュ・フロー		
固定資産の購入	△117,571	△145,670
固定資産の売却	19,425	6,414
売却可能投資有価証券の売却	601	703
売却可能投資有価証券等の購入	△ 4,663	△ 6,785
子会社株式の売却（現金流出額との純額）	16,372	—
子会社及び持分法適用会社株式の取得（現金取得額との純額）	△ 42,717	△ 223
貸付金の回収	7,778	7,736
貸付金の貸付	△ 6,315	△ 6,381
定期預金の増減	△ 1,092	△ 1,162
投資活動による現金及び現金同等物の減少（純額）	△128,182	△145,368
財務活動によるキャッシュ・フロー		
長期債務による調達	82,791	129,327
長期債務の支払	△ 48,868	△ 88,058
短期債務の増減（純額）	634	127,589
キャピタルリース債務の減少	△ 15,168	△ 30,770
自己株式の売却及び取得（純額）	691	△ 32,685
配当金支払	△ 37,810	△ 43,803
その他（純額）	308	△ 4,381
財務活動による現金及び現金同等物の増減(純額)	△ 17,422	57,219
為替相場変動による現金及び現金同等物への影響額	△ 5,570	△ 2,073
現金及び現金同等物純増減額	9,811	△ 11,447
現金及び現金同等物期首残高	92,199	102,010
現金及び現金同等物期末残高	102,010	90,563

FCF

④効率性：ROE（株主資本利益率）

ROEは，連結損益計算書の当期純利益と連結貸借対照表の株主資本の比で出します。なお，株主資本は，期首と期末の残高の平均値を使って計算します。計算すると以下のようになります。

$$2008年のROE = \frac{208,793}{(776,717+887,126) \div 2} \times 100$$
$$= 25.1\%$$

$$2009年のROE = \frac{78,797}{(887,126+814,941) \div 2} \times 100$$
$$= 9.3\%$$

2008年と2009年を比較すると，**ROEは約25％から約9％と16％下がった**ことが分かります。

これで4つの指標についての分析結果は全て出ました。財務諸表のどこを見て計算すればよいかわかったと思います。

■結論を出そう

コマツの2008年と2009年の財務分析からは，コマツの売上高は10％下がり，営業利益率は15％から8％と7％悪化し，D/Eレシオは0.5倍から0.7倍へと0.2倍悪化し，ROEは25％から9％と16％下がった，ということがわかりました。

❸ 2年度の数値を比較することの意味は

　もし私が，「コマツの過去2年の財務諸表からコマツがどのような結果であったのか」ということを知りたいのであれば，ここまでで財務分析は十分です。

　ところが，私が「コマツという会社はどのような会社なのか。コマツは過去からどのようなことを考え，**大切にしながら事業をやってきたのか。今後どのような方向性へ向かっていくのか。今後さらに成長するのか**」というようなことを知りたいとなると，これだけでは十分ではありません。

　つまり，2年の財務諸表を使った**財務分析をしただけでは十分とは言えず，限界がある**のです。

　「どのような限界があるのか？」それを表したのが**図表2**です。

　2年の財務諸表を分析することは，濃い灰色の部分に焦点を合わせたことになります。確かに，前期と当期の数字から，売上高や利益やキャッシュ・フロー等の数字を読み取ることは可能です。このような財務分析を「短期の財務分析」と呼ぶとすると，短期の財務分析は，会社の短期的な動きを見るにはとても便利なツールです。一方，**第1章**で説明した氷山の図（13ページ）でいうと，短期の財務分析は，氷山のうち，海面から出ている部分だけを表しています。**海面に隠れている部分を浮き彫りにするには，もっと長い時間軸で分析をする「長期の財務分析」が必要**です。

図表2

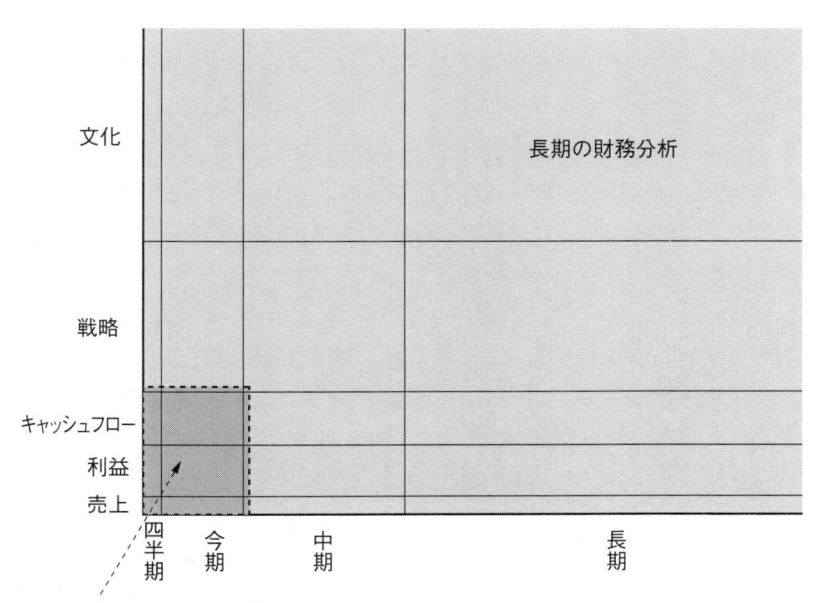

文化		長期の財務分析	
戦略			
キャッシュフロー			
利益			
売上			
	四半期／今期	中期	長期

短期の財務分析

第2章 数字のもつ意味がわかる「4つの視点」

第3章

7ステップ財務分析法

　第3章では，財務分析を難しくしているポイントを，7つのステップに分解して説明します。後半では，「7ステップ財務分析法」を使ってコマツの長期の財務分析をし，第2章でしたコマツの短期の財務分析との違いを浮き彫りにします。そこから，長期の財務分析のポイントである「傾向を追う」，「分岐点に着目する」，「原因と結果で考える」を導きます。

① 7ステップ財務分析法とフレームワーク

　第2章では，コマツを例に「**4つの視点**」を使って財務分析しました。コマツの2年の財務諸表を元に財務分析をしましたので，「短期の財務分析」と名づけました。

　図表1に財務分析のフローを表しました。「財務分析スタート」をご覧ください。財務分析について，多くの人が取るアプローチを点線で表しました。多くの人は，**第2章**でやったように，分析の対象期間は2年です。仮に，期間が3〜5年に及ぶことがあるかもしれませんが，3〜5年に及んでも後で説明する**「戦略や文化の視点が入らない」**という意味において2年と変わりません。

図表1

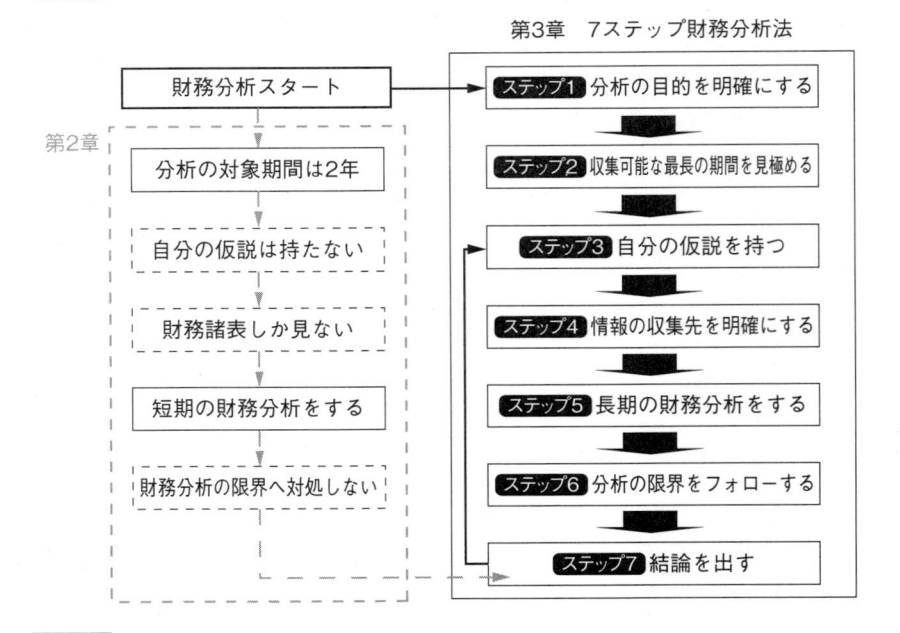

第3章　7ステップ財務分析法

財務分析スタート → ステップ1 分析の目的を明確にする

第2章
- 分析の対象期間は2年
- 自分の仮説は持たない
- 財務諸表しか見ない
- 短期の財務分析をする
- 財務分析の限界へ対処しない

ステップ2 収集可能な最長の期間を見極める
ステップ3 自分の仮説を持つ
ステップ4 情報の収集先を明確にする
ステップ5 長期の財務分析をする
ステップ6 分析の限界をフォローする
ステップ7 結論を出す

仮説については，多くの場合自分の仮説を持たず，財務分析をするに当たって使う情報は財務諸表のみです。そして，財務分析から出てくる関心や疑問点については特にフォローすることもなく，最後の ステップ7 の「結論を出す」へ行きます。**第2章**でした財務分析はこのような流れでした。

第3章では，長い時間軸の財務分析を「長期の財務分析」と呼び，長期の財務分析のポイントについて説明します。財務分析のポイントは，7つあります。一つ一つをステップとして考えることができますので，「7ステップ」と読み替えることができます。このステップに従って一つ一つ進める分析を「**7ステップ財務分析法**」と呼び，以下説明していきます。

長期の財務分析をする場合には，「**財務分析のフレームワーク**」を使うのが有効です。それは，長期の財務分析では，**第1章**で説明した，財務諸表に表れている結果と共に，**財務諸表には表れていない原因の部分も対象にする**からです。よって，「7ステップ財務分析法」に入る前に，財務分析のフレームワークについて説明します。

■財務分析のフレームワーク

財務分析のフレームワークとは，**財務分析，特に長期の財務分析をする際に使う地図の役割をする**ものです。フレームワークを使うことで，自分が「**会社のどの部分を意識しているのか**」，あるいは「**どの部分は意識していないのか**」整理するのに便利です。

ところで，みなさんは「会社」あるいは「企業」というと何をイメージするでしょうか？おそらく人によってそのイメージは違うでしょう。例えば，広辞苑で「企業」を調べてみると「生産・営利の目的で，生産要素を総合し，継続的に事業を経営すること。また，その経営の主体」と書いてあります。多くの人は，「営利」という部分に着目して会社を「利益追求する団体」と捉えています。私たちは，利益追求を否定しませんが，利益と共に**情熱**が会社にとって重要な要素だと考えています。

私たちは，会社をぐるぐる回る渦巻きと考えます。**図表2**をご覧ください。

会社というのは，**情熱**からスタートします（①の段階）。最初は形にならないぐらい弱いものかもしれませんが，失敗にもめげずにいろいろな試行錯誤を

図表2

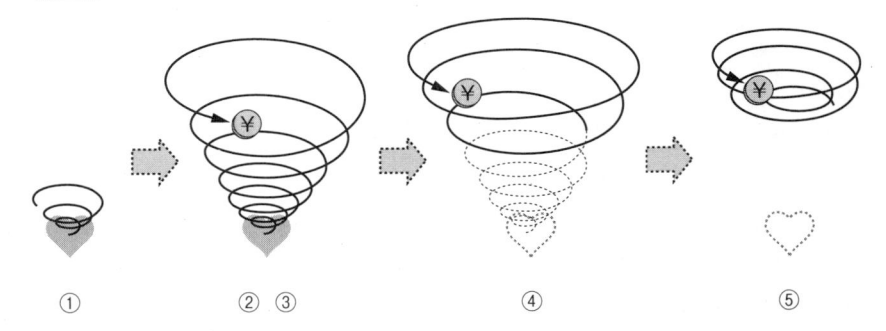

① ② ③ ④ ⑤

続けていくと，会社に強みが出てきて，機会に巡り合うと**情熱**が**お金**に結びつきます（②の段階）。さらにやり続けていくと渦巻きは**力強く大きく**なっていきます（③の段階）。多くの会社はあるところまで来ると当初あった**情熱を忘れて**しまいます。それでも**渦巻きの表面はぐるぐる回っています**（④の段階）。そのまま行くと**表面の力も弱く**なってしまいます（⑤の段階）。

　この渦巻きを取り出してみると**図表3**のように四角錐になります。四角推を

図表3

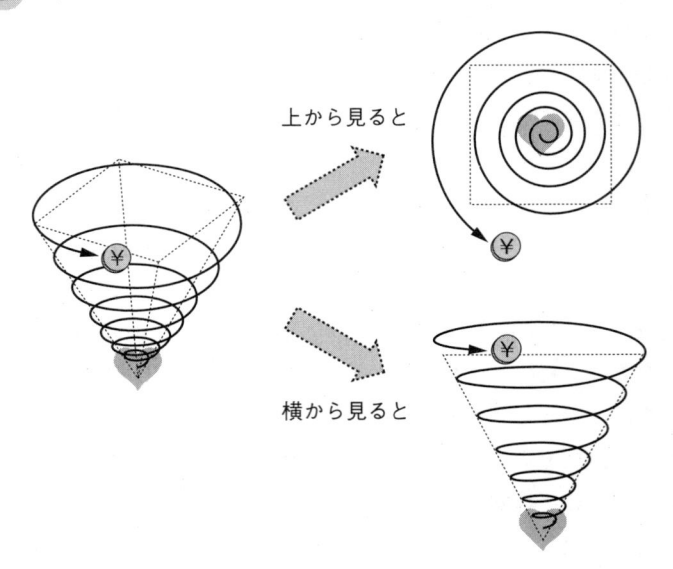

上から見ると

横から見ると

横から見ると逆三角形になりますが，これを「バリュートライアングル」といいます。同じように今度は上から見ると正四角形になります。ここに，「**5つの資産**」があります。では，各々説明していきます。

■バリュートライアングル™で会社の文化，戦略，成果を理解する

「バリュートライアングル」（図表4）を下から説明すると，まず「**情熱**」からスタートします。会社が情熱を持って，いろいろなチャレンジや継続的改善をしていくと，会社独自の「**文化**」が形成され，強みが生まれてきます。会社の強みを活かして，機会をうまく捉えることを「**戦略**」と言います。戦略が有効であると「**成果**」が出てきます。このような会社の**文化，戦略，成果**を表したものが「バリュートライアングル」です。**成果は，財務諸表に表れている**部分であり，戦略と文化は財務諸表に表れていない部分になります。ここで言いたいのは，バリュートライアングルの**成果の部分は財務諸表に反映される**（より意識的）一方，**成果よりも下の部分は，将来の財務諸表の結果に影響を与える原因となりますが，今期の財務諸表に結果としてすべてが反映されているわけではない**（より無意識的），ということです。

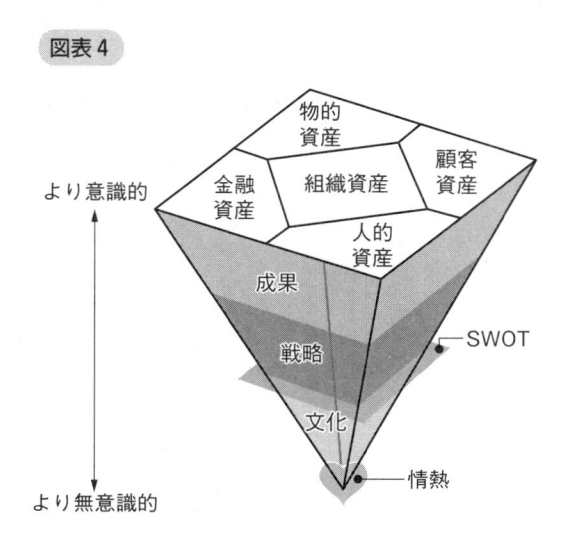

図表4

図表5

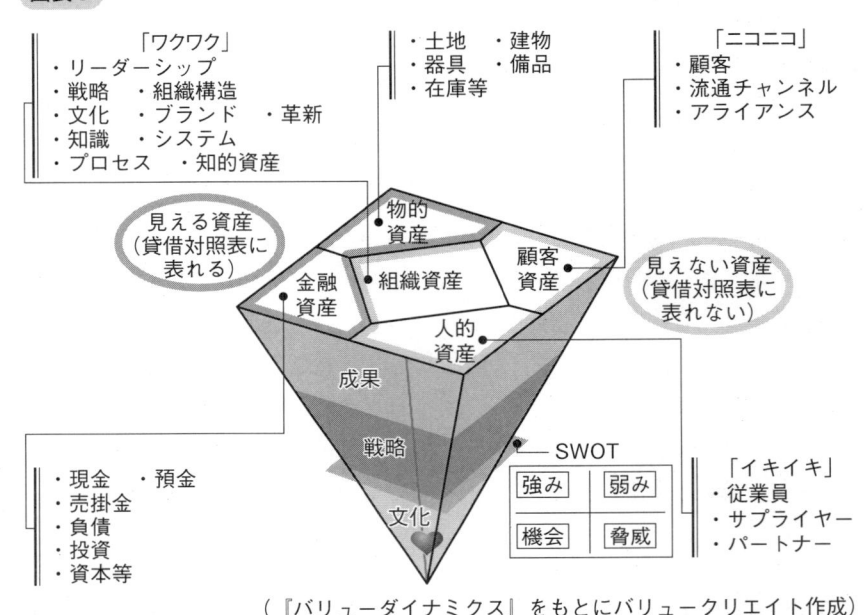

「ワクワク」
・リーダーシップ
・戦略 ・組織構造
・文化 ・ブランド ・革新
・知識 ・システム
・プロセス ・知的資産

・土地 ・建物
・器具 ・備品
・在庫等

「ニコニコ」
・顧客
・流通チャンネル
・アライアンス

見える資産
（貸借対照表に表れる）

物的資産
顧客資産
金融資産 組織資産
人的資産

見えない資産
（貸借対照表に表れない）

成果
戦略
文化

SWOT
| 強み | 弱み |
| 機会 | 脅威 |

・現金 ・預金
・売掛金
・負債
・投資
・資本等

「イキイキ」
・従業員
・サプライヤー
・パートナー

（『バリューダイナミクス』をもとにバリュークリエイト作成）

「バリュートライアングル」を上から説明すると，一番上の部分は**「日常の行動」**です。会社の現場では，社員が様々な利害関係者に対して活動を行っています。ある社員は，営業としてお客様へ製品・サービスを提供しています。ある社員は，人事として就職活動の学生に対して採用活動をしています。ある社員は，投資家に対して説明会を開いています。現場で活動している社員の日常の活動の積み重ねとして年度の**成果**が出てきます。会社に**戦略**があれば，成果は戦略の実行として出てきますので，**成果**のベースには**戦略**があります。さらには，会社に独自の会社らしさや**情熱**があれば**戦略**のベースにはさらに長期的な**「文化」**があることになります。**「文化」**と言うと「何のことを言っているのか？」と不思議に思う人も多いと思いますが，**「文化」**の本質は**「情熱」**あるいは「人間が誰しも持っている心の内側から自然に湧き出てくる素直な心」です。私たちはわかりやすく「ハートマーク」を使ったり「ワクワク感」と言ったりします。

私たちは誰でも，日常の行動に近い部分に対してより意識できるようにでき

ています。バリュートライアングルを掘って**下に行くほど意識する**ことが難しいようです。よって，短期的な成果が出なくなってくると，会社の文化や戦略が消えてしまい，成果だけになってしまう会社もあります。皮肉なもので，**成果だけを追うようになってしまうとより成果が出にくい体質になってさらに成果が出なくなっていきます**。悪循環になるのです。しかも当事者であるはずの経営者や社員は，悪循環に気づかないことが多いです。

このように**会社がどこまで意識して，実行しているのか**を表す図としてバリュートライアングルは便利です。

バリュートライアングルのまん中から少し下にあるのが**SWOT**です。**SWOT**とは，**強み**（Strengths），**弱み**（Weaknesses），**機会**（Opportunities），**脅威**（Threats）の略です。強みと弱みは，会社の内部の力を意味します。機会と脅威は，外部，特にマーケットやお客様との関係で使います。機会と脅威は外部の力を意味します。SWOTが戦略と文化の間のこの位置にあるのは，SWOTが戦略と文化の橋渡しと考えているからです。

SWOTというと，「各々の升目にたくさん記入をして整理した」と思っている人がいますが，それは誤解です。SWOTでは，「何が一番**会社の強み**であるのか」と「何が会社の今の状況あるいは今後での**最大の機会**となるのか」の両方から会社の方向性，つまり**戦略**を明確にすることが一番重要です。最初に大切なのは，会社のこれまで積み上げてきた**強み**を理解することですが，実際には意外と難しいです。なぜ難しいかというと，**強みは会社にとって「当たり前なこと」であることが多く，よって気づきにくいからです**。次に大切なのは，会社の今の状況あるいは今後での**最大の機会**に対する理解です。この理解も難しいのは同じです。なぜかというと，新たな最大の機会は**過去の延長では見つからない**からです。会社は常に最大の機会を追いかけているのですから，既に気づいている機会に対しては実現しているのが常です。ところがそんな状況でも**社会の変化や顧客のニーズの変化によって，新たな機会が出現している**ものです。新しい機会は少し視点を変えることで，あるいは見つける意思を持つことで見出す必要があります。よって，**機会**は，**こちらから「見つけ出す」という能動性**が問われます。会社によっては，「戦略を実行する中から機会を見出すこと」を，「戦略」と言っていることがありますが，これも誤解です。もし

これから機会を試行錯誤しながら見出すのであれば，戦略とは言わずに「チャレンジ」というべきです。ちなみに，「チャレンジ」はバリュートライアングルでは「文化」に含まれますので，日常の行動から見ると，さらに奥深くになります。

■5つの資産™で「見える資産」と「見えない資産」を理解する

①5つの資産とは

「5つの資産」（図表5）は，元々アーサー・アンダーセンが『バリューダイナミクス』（東洋経済新報社）で提唱したフレームワークです。

「5つの資産」の**左側**は，財務諸表に載る資産を表しており，「**見える資産**」と呼びます。「見える資産」には，**金融資産**や**物的資産**が含まれます。金融資産には，現金預金，有価証券等が含まれます。物的資産には，商品，製品等の棚卸資産や土地，建物，工場，機械等が含まれます。

一方，5つの資産の右側は，財務諸表には載らない資産で，「**見えない資産**」と呼びます。「見えない資産」と呼ぶと，不思議に感じる人も多いかもしれませんが，会社の外から見ると感じることが難しくても，実際に会社の中で働いている人にとっては実感できるようなことを「見えない資産」と言っています。「見えない資産」を「見えづらい資産」，「目では見えないが，心の眼で観ることができる資産」，「心に響く資産」と言う人もいます。

「見えない資産」には，**組織資産，人的資産，顧客資産**が含まれます。

組織資産とは，会社の文化や戦略を含む会社が持っている組織の力です。

人的資産とは，主に「会社で働く社員がイキイキと成長しているか」という社員の力です。社員の満足度（Employee Satisfaction）という言い方もできます。

顧客資産とは，顧客の満足度（CS＝Customer Satisfaction）です。

②5つの資産も「原因と結果」で考えると

私たちは，組織資産を「ワクワク」，人的資産を「イキイキ」，顧客資産を「ニコニコ」と一言で言っています。**ワクワク・イキイキ・ニコニコ，これらは会社の財務諸表には載りませんが，「原因」となって会社の将来の財務諸表**

へ「結果」として反映されると見ます。では，どのような活動が「原因」になるのか，例を挙げて説明します。

①組織資産の例

(ア) 例えば，会社が全社集会をして，会社のビジョンについて共有する会を開いたとします。従業員からすると，日々の仕事に忙殺されて会社の方向性について共有されていないといった時に，全社集会は全員のベクトルを合わせるよい「場」になります。この場合，**全社集会をして会社のビジョンを共有できればそれは組織資産です**。一方，財務諸表の観点から言うと，全社集会に社員全員が集まってホテルの一室を借り皆で食事をすると，全社集会に集まった社員の人件費，ホテルの一室を借りる部屋代，食事代は全て財務諸表上費用となります。全社集会の活動は今期の利益を押し上げることはしません。しかし全社集会の取り組みは，将来の売上高の増加あるいは利益の増加に結びつくと思うからこそ会社としては全社集会をするのです。

(イ) ある会社では，毎年売上高の約5％を研究開発費として計上しています。「自分たちのもの造りの技術で世界に貢献したい」と考え，5年先，10年先を見据えて研究開発を続けています。研究開発費は，財務諸表上では費用として計上される一方，**研究開発活動は，将来の売上高あるいは利益の増加に貢献**するため，5つの資産で考えると，**組織資産**あるいは**物的資産**として考えます。

(ウ) ある会社で，過去10年の財務分析をしたところ，競合他社に比べて売上高成長率でも営業利益率の改善でも劣っていることが明らかになりました。しかし，経営陣は「なぜ短期の業績が上がらないのか？」との疑問を投げかけてくるだけで，結果が求められるだけでした。社員は誰しも「うまくいかないのはしょうがない」と諦めていましたが，自社の強みと機会を整理してみたところ，新たなビジネスチャンスが見えてきました。**ミーティングに使う時間**は，参加者の人件費であり，これは費用として財務諸表上計上されます。しかし，5つの資産の観点から見ると，これは**組織資産**と**顧客資産**を高める活動と位置づけられます。実際，会社はその後売上高が伸び，営業利益率が劇的に改善されました。

②人的資産の例

(ア) ある会社では，会社の方針で採用活動を重視していました。**採用活動**は，行った期の売上高には全く寄与しませんし，使ったお金は全て費用として計上されます。よって利益は活動を行った期には増えません。ところが，毎年採用活動を行い5年10年と継続してくると，採用した社員が活躍するようになってきます。**採用した社員が活躍**することで，**売上高や営業利益が上がりやすい体質**になっている，つまり**人的資産**が高まっていると経営者は考えています。

(イ) ある会社では，教育研修を階層ごとに行っています。各々の階層で期待されている役割を理解し，必要とされるスキルを身につけてもらうためです。研修にかかる費用は，全て費用として計上されており，同じ期に売上高あるいは利益が増えているとは言えません。ところが継続的に行う研修は，「**人的資産の価値を高める取り組み**」ということで優先的に行われています。研修の取り組みの成果は必ずしも行った期に表れませんが，継続的に行うことで**将来の売上高の増加や営業利益の増加**に結びついていると経営者は考えています。

③顧客資産の例

(ア) 店舗販売をしているある会社では，これまで店舗で買い物をしていくお客様へのサービスレベルを気にしていませんでした。売上高が伸びているある店舗で理由を分析したところ，店舗先での接客のよさが原因であることがわかりました。そこで接客の質を全店舗で上げるよう努力したところ，1年後には会社全体として売上高が上がりました。1店舗での成功体験は，行った期の売上高や営業利益の増加としては僅かな金額ですが，全店舗で行うことで1年後の売上高の増加となって表れました。**接客の向上**は**顧客資産**の価値を高めたことになりますし，**将来の売上高あるいは営業利益の増加**となって表れました。

(イ) ある会社では，お客様からのクレームが増えていました。クレームは，誰にとっても後ろ向きになりがちな業務ですが，会社はクレーム対応がいいと逆にお客様が会社のファンになってくれることに気づきました。クレーム自体は前向きには取り組みにくい仕事であり，売上高や営業利

益を増やすことはありません。ところがクレーム対応をよくすることは，将来の売上高や営業利益を増やす活動だと会社は意識するようになりました，つまり**クレーム対応の良さ**は**顧客資産**の価値を高めることに繋がると会社では捉えるようになったのです。

③価値へ向けた投資と無駄なコストを区別することが重要

見えない資産の活動の内容を見てくると，損益計算書で費用として計上されているものの中でも，**将来の会社の売上高や営業利益の増加に貢献する費用**があることがわかりました。もちろん，会社の費用の中には将来の売上高や営業利益の増加には貢献しない費用もあります。**どこに線を引くのかは各社の経営者・管理者の考え方で大きく変わってくる**ことになりますが，もし将来の売上高や営業利益の増加に貢献する費用まで会社が削ってしまうと，削った期の利益は増えますが，将来の売上高や営業利益の増加は期待できなくなってしまいます。つまり，**気づかない間に将来の芽を摘んでしまう**ことになります。

図表6をご覧ください。損益計算書の構造を書きました。損益計算書は，収益と費用から成り立ち，差額として利益が計算されます。損益計算書上では，費用は一括りになっていますが，将来の売上高や利益の増加に結びつく費用を「**価値へ向けた投資**」と呼ぶとすると，**価値へ向けた投資**と「**無駄なコスト**」に分けることができます。「無駄なコスト」は，削減しても将来の売上高の減

図表6

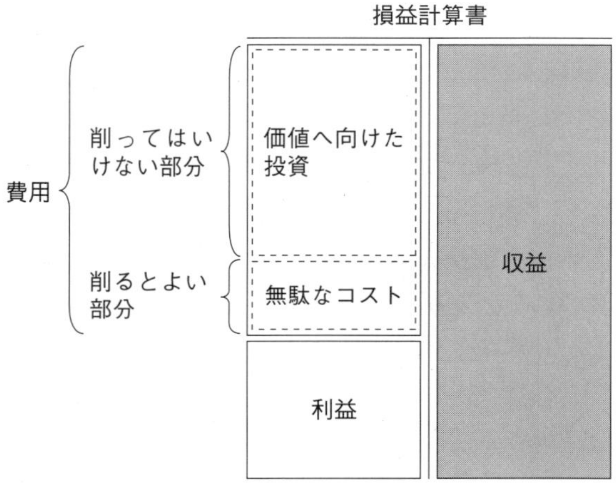

損益計算書

費用
- 削ってはいけない部分：価値へ向けた投資
- 削るとよい部分：無駄なコスト

利益

収益

少や利益の減少に向かわない費用ですから，**無駄なコストを削減するのは誰にとってもよいこと**です。

問題になるのは，削ってはいけない費用である「価値へ向けた投資」を削ってしまった場合です。もし削ってしまうと，削った期の利益は増えますが，将来増えるはずの売上高あるいは利益が増えなくなってしまいます。将来に対してよい成果が出にくい体質になっていきます。これは「よい方向への分岐が起きにくい」と言い換えることもできます。よって，会社は**「何が価値へ向けた投資になるのか」**と**「何が無駄なコストになるのか」**について**議論することが重要**です。個人投資家であれば，「価値へ向けた投資」を削っていないか見極めることが重要です。

■よい会社とは

会社の活動がうまくいっている様子が**図表7**です。一番左側は，会社が創業して間もない時期です。まだ財務諸表に表れる資産も小さいですが情熱がしっかりと根っこにあります。そして情熱を失わず少しずつ会社が成長していくにつれて右に移っていきます。一番右になると，財務諸表に表れる資産がずいぶんと大きくなりましたが，根っこの情熱はありますし，財務諸表には表れない「見えない資産」もしっかりとありますので，今後も会社は成長していくことが予想されます。つまり，**よい会社とは，文化と戦略の基礎の上に成果を出し**

図表7

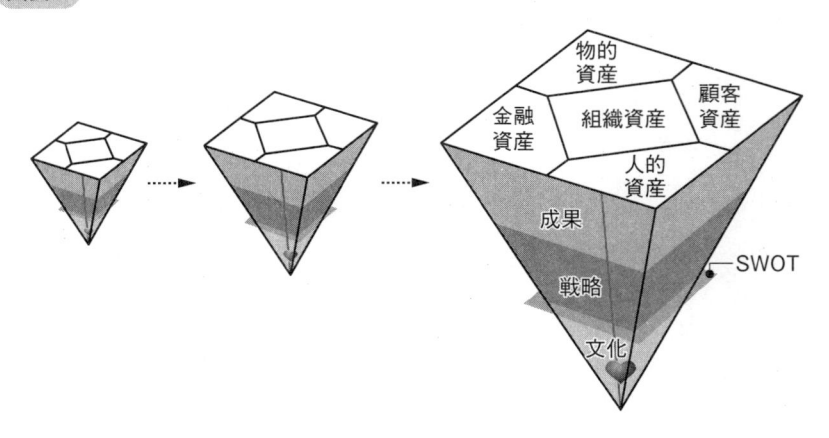

ている会社であり，**組織資産，人的資産，物的資産等の「見えない資産」が金融資産等に結びついている**状況を指します。逆にどんなに金融資産としての成果を一時的に出していても，持続していかないとよい会社とは言えないのです。

■フレームワークを使って長期の財務分析をすると

財務分析のフレームワークを使って長期の財務分析をする際に意識して欲しい点を書き出したものが図表8です。**金融資産と物的資産は，財務諸表に表れやすく，多くの項目が分析可能です。**一方，**顧客資産，人的資産，組織資産は，財務諸表に表れにくく，**一般的には「分析の限界」と認識してフォローすることで知りたい項目です。

①金融資産
金融資産では，過去の財務諸表から「4つの視点」を探ります。

②物的資産
物的資産のうち，「設備投資の状況」や「研究開発の状況」については財務諸表から読み取ることが可能です。「どのような新製品，サービスが出ているか？」については財務分析からはわかりませんので，フォローが必要になります。

③顧客資産
過去の「業界の成長」は，金融資産の過去の成長性と関連し，将来の「業界の成長」は，同じく金融資産でも将来の成長性と関連があります。「競争の状況」は成長性と共に収益性にも影響があります。「顧客満足度」や「クレームに対する対応」はBtoCモデルで読者が顧客として感じることができる部分です。

④人的資産
「採用」，「離職率」，「教育研修」等人的資産に関連する項目は財務諸表に表れにくいですが，これらの状況は長期的には財務諸表に影響を与える項目です。

⑤組織資産
①戦略

長期の財務分析の中で，成長性と収益性の状況は会社の過去の戦略が有効であったのか否かを知る手段として重視しています。そして，会社の現状の

図表8

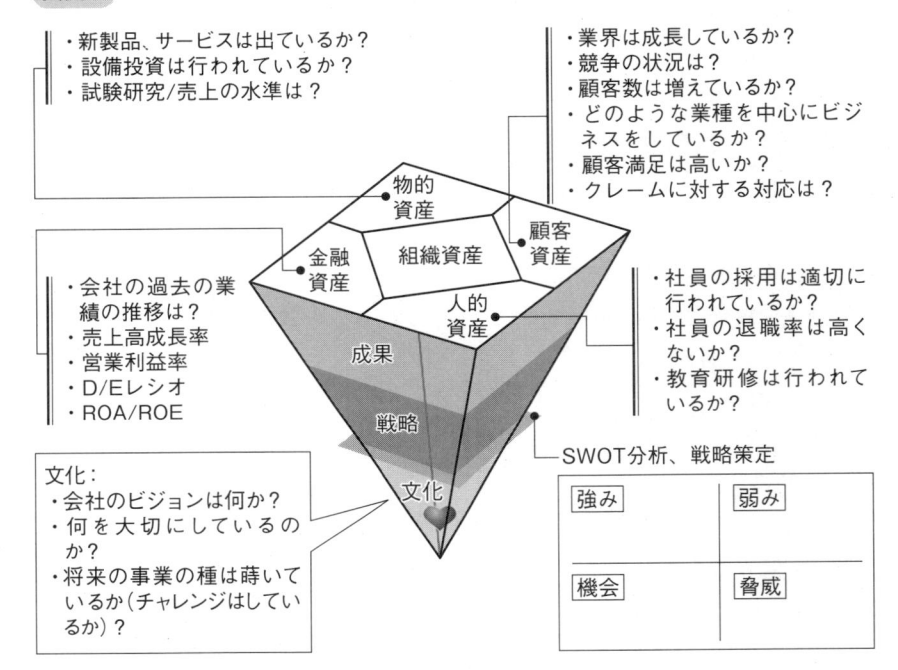

- ・新製品、サービスは出ているか？
- ・設備投資は行われているか？
- ・試験研究/売上の水準は？

- ・業界は成長しているか？
- ・競争の状況は？
- ・顧客数は増えているか？
- ・どのような業種を中心にビジネスをしているか？
- ・顧客満足は高いか？
- ・クレームに対する対応は？

物的資産 / 金融資産 / 組織資産 / 顧客資産 / 人的資産

成果 / 戦略 / 文化

- ・会社の過去の業績の推移は？
- ・売上高成長率
- ・営業利益率
- ・D/Eレシオ
- ・ROA/ROE

- ・社員の採用は適切に行われているか？
- ・社員の退職率は高くないか？
- ・教育研修は行われているか？

文化：
- ・会社のビジョンは何か？
- ・何を大切にしているのか？
- ・将来の事業の種は蒔いているか（チャレンジはしているか）？

SWOT分析、戦略策定

強み	弱み
機会	脅威

強みと機会から会社の今後の戦略をイメージすることができます。

②文化

　会社の「ビジョン」や「価値観（何を大切にしているのか）」あるいは「チャレンジ」は長期で財務分析を考える場合にぜひとも含めてほしい項目です。

　このようなフレームワークを実際に会社の経営に取り入れている会社もあります。例えば、「青山フラワーマーケット」を展開している株式会社パークコーポレーションでは、実際にフレームワークを取り入れて経営をしています。ご関心のある方は、http://www.park–corp.jp/company/inoue_page/before_index.html をご覧ください。

　では、フレームワークの説明が終わったところで、「**7ステップ財務分析法**」に入りましょう。

❷ ステップ1
分析の目的を明確にする

■知らない間に何らかのメガネをかけていることがある

　私は，30代の頃，財務分析スキルさえ身につければどんな会社でも分析できるし，どんな人とも話が通じると思っていました。ところが，経験を積むうちにただ単に財務分析スキルを身につけても，**財務分析をする目的**は何か，過去**何年の財務分析**をするか，過去の財務分析から**会社の将来を視野にいれる**ところまでもっていくのか等を意識しないと，**話が通じない**ことがわかってきました。

　私は，ある大手都市銀行の30代の中堅社員に，定期的に企業価値創造についての研修をしています。参加した受講生は毎回楽しく企業価値創造について学んでいますが，最初の研修ではとても苦労しました。

　私は，過去２年分の財務諸表を分析してもらい，そのうえで企業価値について話をしようと，まず参加者にある上場企業の財務諸表を分析してもらいました。

　さすがに優秀な銀行員です。10分でみなさん分析が終了しました。

　私は，「いまさら結果について議論する必要もないだろう」と思いました。なぜなら，参加者は日々様々な会社の財務諸表を分析しているプロです。一方，自分も業界は違いますが，公認会計士として様々な会社の財務諸表を分析してきたプロです。分析した結果の数値が違うこともないだろうし，意味合いにもズレなどないと思いました。

　ところが，これが大失敗だったのです。

　財務分析をした後，企業価値について学び，さらにどのように企業価値を創造するのか，間接金融の担い手である銀行員としてどのように融資先に対してアドバイスできるのか，と議論を展開していきました。通常，この辺になるとみなさん，目を輝かせて乗ってくるはずなのですが，なぜか乗りが悪いのです。

そして乗りが悪いまま1日の研修が終わってしまいました。

アンケートの結果を見ても「ためになりました」,「参考にさせていただきます」などのコメントはありましたが, 総じて思ったほど高い評価にもならず「なんかちょっと盛り上がらなかったな」と思いました。

そんな気持ちを, 当日参加していた銀行の研修スタッフにぶつけてみました。スタッフも, 私と同じように感じていたようでした。事前に打ち合わせしたときには,「ここでおそらく盛り上がるでしょうね」とか「ここの部分ではおそらく食いついてきますよ」とか言っていた部分で意外と冷めた感じを受けたようでした。

「なぜだろうか?」とお互い話を進めていくと, 研修の最初にやった財務分析に話が及びました。

どうやら問題の根っこはあの財務分析にあったのです。

銀行員の仕事の一つは, 預金者から預かったお金をこれから必要としている会社に対して貸し出していくことで, 法人与信業務と言います。与信をするのですから, 当然**「いくら貸すことができるのか」あるいは「貸したお金は回収できるのか」ということが財務分析の主目的**になります。与信を目的とするのであれば, **第2章**で説明した「4つの視点」のうち**安全性**に着目するのは当然です。具体的には, 通常過去3年から5年の財務諸表を分析して安全性の検討をします。ここでのポイントは**「安全性」**とともに**「過去」**です。安全性と過去に着目するのは, 銀行員にとって「当たり前のこと」なのです。

一方, **企業価値**を考えると, **同じ財務諸表でも見るポイントが違って**きます。企業価値とは「将来のFCF（フリーキャッシュフロー）を現在価値に割り引く」ことから導かれます（なお, 本書は企業価値の本ではないので,「現在価値に割り引く」の意味合いについての説明は割愛します。関心がある人は, 私たちが書いた『企業価値評価の基本と仕組みがよ～くわかる本』(秀和システム) をご覧ください)。これは「4つの視点」のうち将来の**成長性**と**収益性**に着目することです。つまり,**「会社は今後どれだけ成長するのだろうか」**とか**「会社の利益率は今後どれだけ高まっていくのだろうか」**ということが財務分析の中心になります。ここでのポイントは**「成長性・収益性」**とともに**「将来」**です。

参加者と私の間に同じ財務分析と言っても「**安全性**」vs「**成長性・収益性**」と共に「**過去**」vs「**将来**」という大きなギャップが横たわっていたのです。特に後者は重大です。

　どういうことかというと，参加者はいつもと同じように「会社は過去3〜5年間どのような業績だったのだろうか」という「過去」に重きをおいて分析したのですが，私は「会社はこれから将来どうなりますか」という「将来」に重きをおいて分析してほしかったのです。

　みなさん，メガネをしているうえから，さらに別のメガネをかけた経験はありますか。私は，何回かコンタクトレンズをしている上からさらに度の入ったメガネをしたことがあります。そうすると，いままでとてもよく見えていたものが見えなくなりますし，気分が悪くなってきます。参加者は，まさにそのような気分を味わって一日過ごしたのです。これでは評価がよいはずがありません。

　こんなやり取りをスタッフとしていてたどり着いたのは，参加者にまず「自分たちは財務分析を通じて**安全性**に着目して会社の**過去3〜5年の分析**をしているのだ」と**気づいてもらう**ことです。そして「**裸眼**」になったところで，同じ財務諸表を分析して「自分たちは財務分析を通じて**成長性・収益性**に着目して会社の**将来を分析していくのだ**」という別の**メガネ**をしてもらうことが必要だったのです。

　このように気づきましたので，2回目からはメガネを外す儀式を最初に入れることにしました。実際にやってみると，1回目とは見違えるほど参加者の評価は高くなりました。

　銀行員も私も，同じように数字に強いプロですが，「**見る意図や目的が違ってくると，財務分析のアプローチや意味合いが全く違ってくる**」ということを私は失敗から学んだのです。今回の例では分野は違っていても，プロ同士の会話でしたから，議論をしていくうちに問題点も明確になり解決できました。ところが必ずしもこのようにうまくいく場合だけではありません。

■目的に応じてメガネを選択する必要がある

　実は，同じ財務分析と言っても，私たちは目的に応じて知らず知らずにいろ

んなレンズを使い分けて分析しているのです。

例えば，季節変動の激しいビジネスで，ある特定の季節の業績を見たい場合には，四半期の数字を見ると便利です。ところが同じ会社でも，会社が過去にどのような戦略を取っていて，戦略が有効であったか否かについて議論をしたい場合には，四半期の業績を追っていても分かりません。

ところが，財務分析する際に，「**自分は何の目的のために財務分析しているのか**」と自問しながら分析している人は**意外と少ない**のではないでしょうか。あるいは，「目的を達成するために最適のアプローチを取っているのか」となるとさらに怪しくなってくると思います。

本来遠くを見たいのであれば，望遠鏡や双眼鏡で遠くを眺める必要があります。しかし，実際には自分が顕微鏡で見ていたとすると，自分の本来の意図とは違った分析をしていることになります。逆に，顕微鏡が必要であるにも関わらず双眼鏡を使っていると，いつまでたっても目的は達成されません。つまり，**目的に応じてメガネを選択**する必要があるのです。

■会社を取り巻く利害関係者ごとに財務分析の目的は違う

ところで，みなさんは財務分析をどのような目的からするのでしょうか。**図表9**に会社を中心に様々な利害関係者を載せました。

①金融市場

会社の回りにどのような利害関係者がいるかと言えば，例えば，金融市場から会社を見る人々には**投資家**や**銀行**がいます。投資家には，機関投資家もいれば個人投資家もいます。もし読者が投資家か銀行員であれば，金融市場から会社を分析していることになります。

投資家であれば，投資対象として会社を考え分析するでしょう。つまり，いい投資先を見つけるために財務分析をするのです。投資対象といっても，実はいろんなタイプの投資家がいます。ある個人投資家は，自分が好きな会社，応援したい会社を見つけると会社に投資します。投資した会社の株価が上がれば嬉しいが，上がらなくてもそれほど気にしないそうです。投資した会社が10年，20年単位で成長していくことを楽しみにしているようで，会社の将来がどうなるのかという点に対して投資をしています。一方，別の個人投資家は，何より

図表9

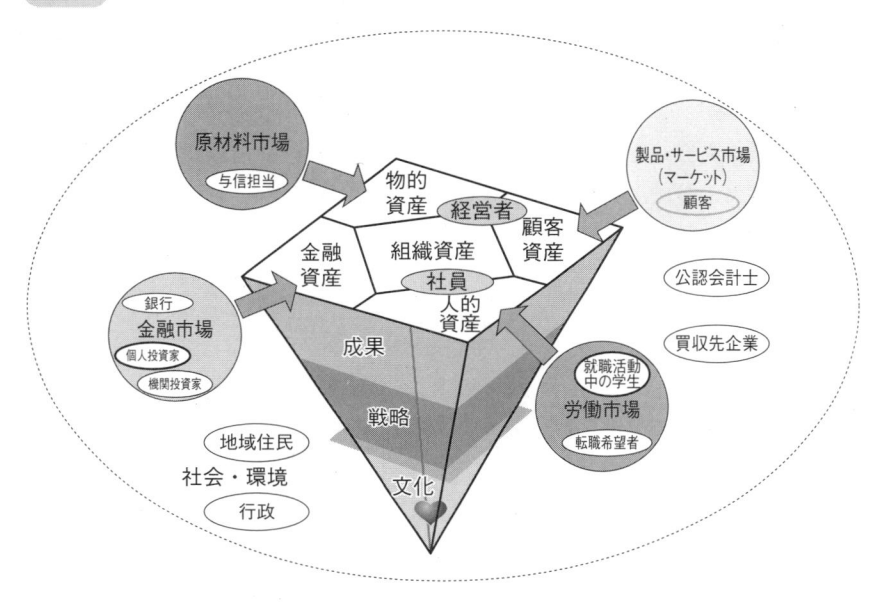

（図：原材料市場・与信担当、製品・サービス市場（マーケット）・顧客、金融市場・銀行・個人投資家・機関投資家、労働市場・就職活動中の学生・転職希望者、公認会計士、買収先企業、地域住民・社会・環境・行政が、中央の会社（物的資産・顧客資産・組織資産・金融資産・人的資産・経営者・社員／成果・戦略・文化）を取り囲む図）

も配当と株主優待を楽しみにしています。その人は，百貨店の株を保有していて，毎期送られてくる株主向けの割引券をとても楽しみにしています。過去の会社の株主優待の実績を元に投資を決めたそうです。

一方，銀行は融資の対象として会社を分析します。既に銀行員への研修の箇所で説明したように，「融資することは可能か」，「いくらまで融資できるのか」，あるいは「回収は可能だろうか」という観点から会社を分析することになります。

②原材料市場

原材料市場から会社への矢印は，会社を顧客として**原材料を販売している会社**を表しています。もし顧客企業の与信を担当している人であれば，原材料市場から会社を分析していることになります。与信であれば，「顧客企業へいくらの与信まで設定することが可能か」，債権回収が滞っている場合には「債権回収に問題はないか」という観点から会社を分析します。与信の場合も，過去の取引実績があるか否かというのは重要ですし，過去の取引実績の良否によって取引額が決まってきます。

③製品・サービス市場（マーケット）

製品・サービス市場とは，会社にとって**顧客**となります。顧客が会社を財務分析することは通常ありません。

④労働市場

労働市場から会社を見る人々には，**就職活動中の学生**や**転職希望者**がいます。例えば，読者が就職活動中の学生であれば，労働市場から会社を分析していることになります。「自分の関心がある会社が伸びているのかどうか」，あるいは「倒産する危険性はないか」とかいろんなことが気になるでしょう。もしかしたら「初任給がいくらか」とか「福利厚生制度がどうなっているのか」ということが気になっているかもしれません。

⑤自社の視点

会社の分析はまだあります。これまでは，外部の利害関係者が会社を分析するという，「外から見た会社をどのように分析するのか」という視点で見てきましたが，「**会社自身**がどのように自分の会社を分析するのか」あるいは「**経営者や社員**として自社をどのように分析するのか」という視点です。

⑥その他

私が**公認会計士**の仕事をしていたときには，「会社が作成した財務諸表が適正か否か」という観点から監査をする過程において財務分析をしました。あるいは，ある会社が別の会社を買収する場合に，財務諸表を入手して買収調査の一環として財務分析をしました。

このように財務分析と言っても，会社を取り巻く様々な利害関係者が各々の目的を達成するために様々な視点から財務分析をしているのです。そして，**目的が違えば財務分析のポイントやアプローチは違ってきてしかるべき**です。私が銀行の研修で経験したようなことは，いろいろなところで起こっているのです。

3 ステップ2 収集可能な最長の期間を見極める

■目的と分析の期間の関係は

会社を取り巻く利害関係者との関係で財務分析の目的を見てきましたが，時間軸との関係で整理したのが**図表10**です。

縦軸は，「将来どのくらいの期間を視野に入れて分析するのか」あるいは「イメージするのか」という軸にしました。上に行けば，「長期にわたる将来を視野に入れて考える」となりますし，下に行けば「短期的な将来しか考えない」となります。横軸は，「過去についてどのくらいの期間財務分析するのか」という軸にしました。右に行けば，「過去について長期で分析する」となりますし，左に行けば行くほど「短期しか分析しない」ということになります。

図表10

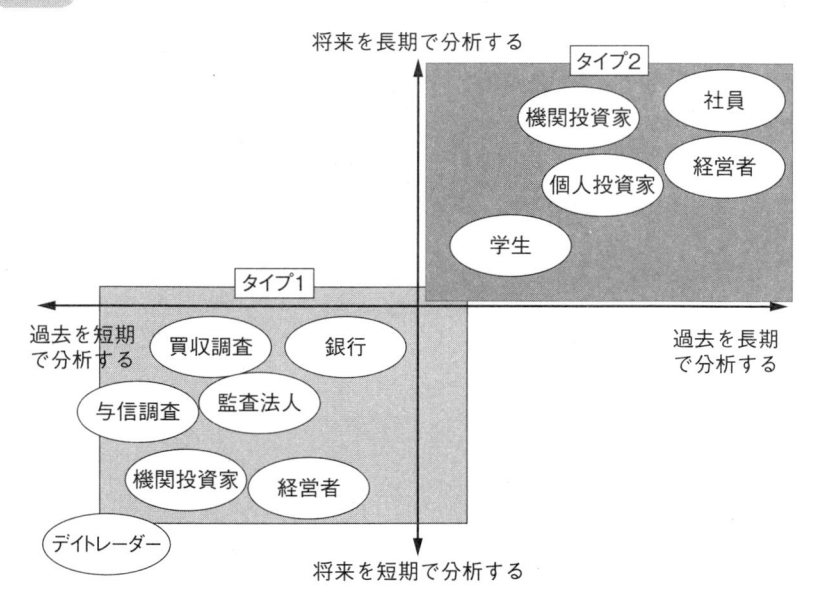

将来を長期で分析する

タイプ2: 機関投資家, 社員, 個人投資家, 経営者, 学生

タイプ1: 買収調査, 銀行, 与信調査, 監査法人, 機関投資家, 経営者, デイトレーダー

過去を短期で分析する ← → 過去を長期で分析する

将来を短期で分析する

このような2軸で考えて，様々な利害関係者を私のこれまでの経験を元にマッピングしました。一番左下には，デイトレーダーがきます。デイトレーダーは，日々の株価の動きから株の売買をする人です。デイトレーダーの時間軸は，「デイ（日々）」でしょうから財務分析は必要ありません。

　それ以外の左下の象限の多くは，プロとして財務分析している人々です。仕事の一環として財務分析している人々と話をしていて感じるのは，「意外と会社を短期的に見ている」ということです。もちろん，全員がそうだと言うつもりはありませんが。

　例えば，機関投資家が決算説明会でどのようなことを質問するのか聞いていると，質問が足元の数字の確認だけということがあります。「この四半期のAセグメントの売上高を教えてください」とか「次の四半期でも今の傾向は続きますか」というように，会社に対して関心を持っているというよりも，既に聞きたい質問を用意して回答を得たいために聞いている場合があります。もう少し長い時間軸で，「会社がどのような方向へ行っているのか」と聞くような質問があってもよさそうですが，そのような質問が出ないまま説明会が終わってしまうことがあります。あるいは，証券アナリストが書くアナリストレポートを見ても，同様のことを感じることがあります。会社が発表している数字とか見込みが書かれているだけ，というレポートもあります。このようなタイプのアナリストを左下の「機関投資家」と書きました。とにかく目の前の業績にこだわり，会社の長期的な方向性に関心が薄いタイプです。

　既に書きましたが，監査法人の監査の過程でする財務分析は，短期の財務分析が中心になります。具体的には，昨年と今年の財務諸表を中心に財務分析をするのです。将来に対しても1年程度しか分析しません。銀行が与信の過程でする財務分析も過去3〜5年の財務分析が中心です。

　一方，右上の象限にはどのような人たちが入るでしょうか？

　まず，会社で働く「社員」を右上に持ってきました。一部の社員はすぐ会社を辞めてしまうので，財務分析は必要ないでしょうが，それ以外の多くの社員は，これからも勤め続けることを前提としています。そうであれば，会社の将来の一部には責任があるはずですから，自分の会社の過去を5〜10年分析することを通じて理解を深めてほしいものです。創業から分析すると，創業時の苦

労や，なぜ今のような社風になってきたのか，ということも学べます。それを会社の理念や文化と呼べば，理念や文化は意識して継承していかないと風化してしまいます。誰が継承するのかといえば，働いている一人一人の社員になります。過去から学んだことを通じて，将来に対する分析まで広げて具体的な行動へと結びつけてほしいものです。

次に来るのが，**個人投資家**です。個人投資家にはデイトレーダーがいる一方で，一つの会社の株を長期間保有している人もいます。あるいは，自分の好きな会社を長い眼で応援している個人投資家もいます。あるいは配当を楽しみに，特定の会社の株を保有している人もいます。このような個人投資家に共通するのは，短期で株を売買するのではなく，自分の嗜好に合わせて長期に株式市場と付き合っていくタイプです。

次が**就職活動をこれからする「学生」**です。一部の学生は，勤めてもすぐに辞めてしまいますが，多くの学生は，一度勤めたらある程度の期間勤めることを前提に就職活動をします。そうであれば，勤める先の会社の分析も，ある程度長い時間軸ですることが必要です。

最後が，機関投資家です。機関投資家の中には，会社の過去の分析を長期でしっかり行うと共に，会社の将来についてもじっくり検討して投資をする機関投資家がいます。このようなタイプの機関投資家は，財務分析についても過去も未来も長期で分析します。例えば，「30年間にわたって輝き続ける会社に投資をする」という目的で運用をしているコモンズ投信株式会社（http://www.commons30.jp/）という独立系投信会社があります。私は，長期を視野に入れた投信会社が今後社会に対して大きな貢献をしていくと感じています。

ところで，経営者はどのように考えているのでしょうか？　私の経験では，2つのタイプに分かれます。1つのタイプは長期で過去と将来を考えるタイプです。もう1つは，長期は考えずに短期しか考えていないタイプです。もちろん，前者のタイプは短期のことも考えています。経営者として当然です。しかし，「短期のことだけ考えているわけではない」という点で後者の経営者と違っています。

このように見てきますと，財務分析する期間は，大きく2つのタイプに分け

ることができます。タイプ1は，主に**過去も将来も短期の財務分析を中心に行うグループ**です。多くの財務分析をしているプロはここに入ります。タイプ1の特徴は，財務分析の軸足が，「**成果中心である**」ということです。

タイプ2は，**主に過去も将来も長期で財務分析を行うグループ**です。タイプ2の特徴は，財務分析の軸足が「**成果とともに原因も含まれる**」という点です。**タイプ1とタイプ2では，自ずと財務分析のポイントやアプローチが違ってくることになります。**

■将来を長期で分析するとは

ところで，「将来を長期で分析する」というのはどういうことでしょうか？

一般的には「将来を長期で分析する」というと，「過去の延長で将来を考える」となりがちです。つまり，過去の分析の結果を受けて，結果の傾向の延長線上に将来を描くようなアプローチです。しかも，この場合の過去はあまり思わしくない過去であることが多いです。よって，いまの思わしくない状況を今後も長期にわたって続けていくという意味で「将来を長期で分析する」と考える人が多いです。残念ながら，これは間違いです。もしそうであれば，将来を長期で分析する意味は全くありません。

図表11をご覧ください。ある会社が過去からFCF（フリーキャッシュフロー）が少しずつ下がっているとします。過去の財務分析からわかることは，FCFの変化率がマイナスで続いているということです。この場合に「将来を長期で分析する」というと，今の傾向の延長線上であるA点を将来として描きがちです。つまり，図表上に表したように，将来もいまの延長線でFCFが下がっていくとなります。

しかし，これでは過去を分析した意味が活かされません。過去の分析からFCFがずっと下がっているとわかったら，10年単位で財務分析を行い，「**過去10年で取った戦略があったのか**」，あったなら「**なぜうまくいかなかったのか**」ということを議論して，「**今後はどうすればよいのか**」を導くことが分析の役割のはずです。この点については後ほどコマツの例で分析しますので確認してください。

そうであれば，「将来を長期で分析する」には，**過去の現実を直視しながら**

図表11

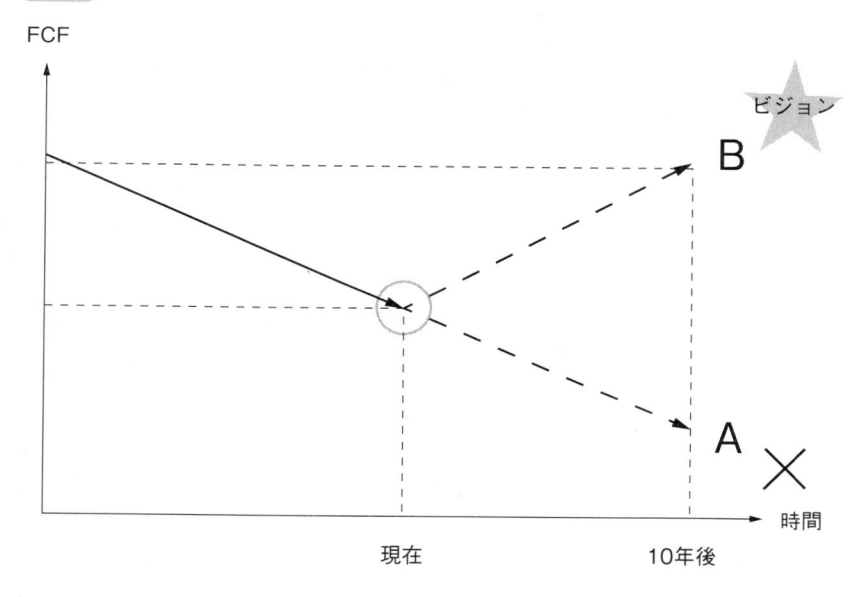

FCF / ビジョン / B / A / 時間 / 現在 / 10年後

も，いまの延長線ではない未来であるB点をどのように描くのかがポイントです。よって「まず，会社のビジョンを描く」，そこからさらに「戦略を描く」ということが重要になるのです。**ビジョンにしろ，戦略にしろ，未来を描き「会社の意思」を入れるのが重要です。会社の「意思」を入れることを通じて，現在を「分岐点」に変える「力」を生み出すことが可能になります。**

財務分析を通じて，未来を見る場合に，スキーをしている時にどこを見て滑っているか，という話をします。初心者はどうしても自分の足元を見て滑ってしまいますが，上級者が誰しも言うように，本当は自分の進むべき方向の先の遠くを見るのがうまく滑るコツなのです。

私は，財務分析でも同じことが言えると思います。過去1年の業績を見て将来1年の業績を考えるというのは，スキーの例で言えば若かりし頃の私のボーゲンと一緒です。確かに足元をしっかり見ていますが，自分がどの方向へ向かっているのか，さらには自分がどこに行きたいのかが見えていません。

よく会社の人が「未来なんて分かりっこないよ」と言うことがあります。確かにそうかもしれません。でもいつも私はスキーの話をします。もし未来を見

ることを諦めて1年先しか見ないのであれば私のボーゲンと一緒だと。「**未来なんて分かりっこないよ**」と思ってもぐっと堪えて見る努力をする，そうすると見え方そのものが変わってくるのは，これまでいろいろな会社のトップに経営アドバイスをしてきてつくづく感じることです。

4 ステップ3 自分の仮説を持つ

■「自分の仮説を持つ」とは

「自分の仮説を持つ」というのは，**分析する会社に対するイメージを何でもいいから書き出しておく**，ということです。例えば，「会社の過去10年の売上高は〇％成長している」とか「会社の過去10年の収益性は横ばいである」とか「会社の過去10年の安全性は増している」等，会社の過去10年程度に対する**「４つの視点」からの自分のイメージを書き出しておくことです。数字的なイメージが涌かない場合には，なんとなく自分が持っているイメージでも全く構いません**。後に分析する6社の例を見るとわかるように，数字で語ることが難しければ数字を使わず，自分として持っているイメージを書き出しておくだけでもかまいません。例えば，「国内のマーケットが成熟しているから，会社の売上も増えていないに違いない」あるいは，「会社はＡという事業で名前を知っているから，Ａという事業をしているに違いない，さらに言えばそれ以外の事業はしていないに違いない」という具合です。**仮説が間違っていても気にすることはありません**。逆に，間違っている方が会社に対する理解が深まると思います。ぜひ，一言でもかまいませんので書くようにしましょう。

■ほとんどの人は仮説を持たない

財務分析をする際，多くの人は自分の仮説を持って分析にあたることはありません。逆に「情報収集の前や分析する前に自分の仮説を持つ」と言うと驚かれます。

仮説を持たないのは，①仮説を持つ必要性を感じていない，②仮説の持ち方がわからない，③仮説を持つと失敗するから，などいくつか理由があります。

①仮説を持つ必要性を感じていない

多くの人は，仮説を持つ必要性を感じていません。「仮説」というだけで，

「なんだか面倒くさいもの」,「なるべく関わりたくないもの」と決めつけます。その理由は,②と③に関連しています。

②仮説の持ち方が分からない

「仮説を持つ」と言っても**どう持ったらよいのかわからない**のです。これは「学校の勉強に起因しているのではないか」と私は思っています。どういうことかというと, 学校では, 教科書が与えられ, 教科書を読んで, 教科書から試験が出て, 試験の結果で成績がつくようになっています。いまの学校ではもう少し様々な工夫がされているようですが, 基本的には「情報が与えられ, それについて答える」という図式は今も残っています。よって, 私たちの多くは, 何も情報のない中から,「こうではないか」とか,「こうなるのではないか」と考える力が鍛えられていません。逆に, 何もないところから仮説を立てることを「いい加減なこと」あるいは「不真面目なこと」として忌み嫌っている節もあります。

③仮説を持つと失敗するから

自分なりの仮説を持って臨み, 情報を収集して分析を進めていくと, 事実が自分の立てた仮説と違ってくることがわかります。**多くの人は「自分の立てた仮説は間違っていた」**と思ってしまい, それ以上**仮説に関わることを止めて**しまいます。

ところが,「もし立てた仮説が違っていたとわかったらそれは成功だ」となったらどうでしょう。多くの人は,「立てた仮説が間違っているのに何が成功だ」と不思議に思うでしょうが, **立てた仮説が間違っていたと知るのは,「会社に対する理解が進んだ」という意味では大成功**なのです。

仮説を持つことに関しては, 本当は「仮説を持つと失敗する」のではなくて,「当初立てた仮説が違っているとわかった瞬間に仮説と関わることを止めてしまうのが失敗」なのです。例えば「会社の過去10年の売上高は10％成長している」と仮説を立てたとします。実際に会社の財務諸表から過去10年の売上高はまったく変化がなかったとします。多くの人は, ここで「自分の仮説は間違っていた」と責任を自分に向けてしまいます。もし「なぜ自分は10％成長していると考えたのだろうか。一方実際はほとんど変化がなかった。なぜ変化していないのだろうか。日本でしかビジネスはしていないのだろうか。競合企業も同

じように伸びていないのだろうか。そもそも業界はこの10年で伸びているのだろうか」等いろいろな素朴な疑問が出てくればしめたものです。

「**素朴な疑問を持つ**」ことは重要です。私は，素朴な疑問を持つことをとても重視しています。なぜなら**素朴な疑問を持つことは，分析をしている会社に対する関心が出てきていることを意味する**からです。知的好奇心が芽生えてきているのです。よく，「会社に対して関心を持て」とか「知的好奇心を持て」とか言う人がいますが，まったくナンセンスだと感じることがあります。そんなことを言って関心や知的好奇心が増すのは稀だからです。逆に，どんなに出来損ないの仮説でも仮説を持てば，その後に実際に仮説とは違っている現実と向き合うことになります。その時に芽生える素朴な疑問は，他でもない分析している人が持っている疑問点ですからとても意味があります。

なぜかというと，人間は疑問を持つと，「脳が自然に疑問に対する解答を発見するように自然に動き出す」のです。私は，なぜ脳がそのような働きをするのか専門家ではないのでわかりませんが，過去の経験とか周りを見ていると，**明らかに疑問を持つ前と後で人は変わります**。よって，疑問を持っていると，自然にそれ以降の自分の行動に変化が出てきます。例えば，私の例で言うと，**第4章，第5章，第6章**で取り上げる会社を分析してみると，それ以降会社に関連のある記事を見ると，以前より増して興味深く記事を読むようになりました。多くの人は，人間が誰でも持っているこの力を過小評価しています。あまりにも身近すぎて気づいていないのでしょうか。あるいは自分にはそんな力はないと諦めているのでしょうか。

■どのような仮説を持てばよいか？

「仮説を持て」と言われても，多くの人は「どのように仮説を持ったらよいのかわからない」と思いますので，ここで**簡単な仮説の持ち方**について説明します。ここで**第1章**で説明した財務諸表の特徴が生きてきます。財務諸表は10年前も現在も10年後も制度会計の変化で開示が変わることがありますが，財務諸表の構造に変化はありません。よって，基本的には売上高，営業利益率，D/Eレシオ，ROAやROEは10年前も現在も10年後もあります。どの指標も数字で表すことができますし，変化として表れてきます。これを使うのです。

図表12

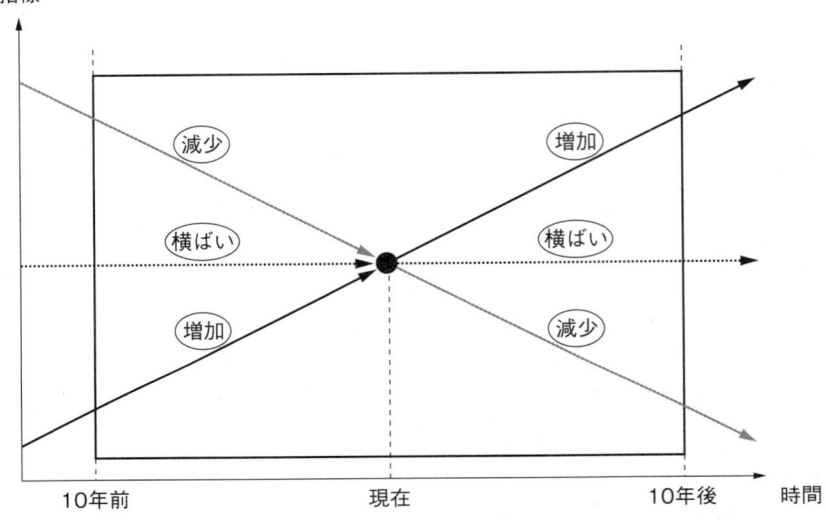

指標

減少　　　　　　　　増加

横ばい　　　　　　　横ばい

増加　　　　　　　　減少

10年前　　　　現在　　　　10年後　　時間

　図表12をご覧ください。縦軸は，「指標」としています。具体的には，売上高，営業利益率，D/Eレシオ，ROAやROEなどです。どの指標でも基本的には同じですが，売上高や営業利益率が簡単でしょう。横軸は，現在を中心に過去10年程度，将来10年程度で考えます。もっと短い時間軸，例えば，3年や5年でもよいのですが，会社の戦略ぐらいまで分析の対象とする長期の財務分析であれば，10年程度は見ておきたいです。

　いま指標として売上高を選んで考えてみましょう。

　過去から現在にかけては，3つの仮説しかありません。それは，過去10年で**売上高は増えているのか**（実線），**横ばいか**（破線），**減っているか**（網かけ線）です。増えているあるいは減っている仮説の場合には，「〇%程度」という変化率も合わせて入れます。

　過去についての仮説は，実際に財務諸表を見れば検証することは可能です。

　将来に対しても同様に仮説を立てることができます。**現在から将来にかけても，3つの仮説**しかありません。それは，今後10年で**売上は増えていくのか**（実線），**横ばいか**（破線），**減っていくのか**（網かけ線）です。増えている，

あるいは減っている仮説の場合には，「○％程度」という変化率も合わせて入れると良いです。

過去と将来の組み合わせでいうと**9つの組み合わせ**が可能となります。多くの人は，過去の延長線上で将来の仮説も持つかもしれません。その場合には3つの仮説を持てばよいことになります。それ以外の仮説は，要は現在が**「分岐点」**になっていることを意味しています。**「分岐点」**については後ほど説明します。

過去が減少していて，現在で反転して，将来上昇するケースは，所謂「V字回復」と言われるケースになります。

一点ここで注意が必要なのは，**「過去の仮説と将来の仮説では意味合いが違う」**ことです。

過去の仮説は，既に事実として探せば発見できるものです。よって，過去の会社の事実に対する仮説，例えば過去10年の会社の売上成長率は事実と照らし合わせることで**「そこから何を学ぶか」が重要**です。そして，**学びは現在から将来へ向けて活かすことが重要**です。失敗している人をよくよく見ると，①過去から何も学んでいない（ただ単に嘆いているだけ），②過去から学んだことを活かす視点がない（ただ諦めているだけ）ケースが多いです。

一方，将来の仮説は，これから創られる現実に対する仮説になります。よって，「将来こうしたい」とか**「将来こうなってほしい」等自分の意思を入れる**ことが大切です。

もし「意思」と言って難しさを感じるようなら，「ワクワク感」と言い換えてもいいでしょう。なぜこのようなことをわざわざ言うかというと，それは多くの人が将来の仮説に「意思」や「ワクワク感」を入れないで仮説を立てることが多いからです。特に業績が悪い会社ほど，この傾向が強くあります。もし将来の仮説に「意思」や「ワクワク感」を入れないとなると「現状に流されている」と言ってもいいでしょう。

⑤ ステップ4
情報の収集先を明確にする

■情報の入手先を絞る

よく企業研修で「外部情報を使ってどのように会社分析をするのか」というテーマでお話する機会があります。研修では，こちらが外部情報から企業情報を収集して事前に分析し，当日参加者と一緒に分析して考えていくというものです。参加者が大企業に勤めている社員の場合には，私たちが意外と身近なところから的確な情報を取ってくるのでびっくりされることがあります。

ここでは，どのように情報を取ってくればよいのか簡単に説明します。そして**第4章，第5章，第6章**の目的別財務分析の中でより具体的に説明します。

最初に，「情報の入手先は無限にある」ことを意識するべきです。いまの時代，情報は至るところにあります。会社のHPに行って見ているだけですぐに何時間も時間が過ぎてしまいます。あるいはインターネットで検索しただけでも読みきれない情報が流れています。よって，**財務分析する場合には情報先を絞った方がいい**のです。情報先を絞らないと，**単なる情報収集**だけで分かった気になってしまい，**財部分析に至らない**からです。

■どこから情報を入手するか
①会社のHP

まず，私たちがよく使うのは財務分析対象**企業のHP**です。HPに行って投資家・株主情報（会社によって呼び方は違います）のページに飛び，会社の過去の財務情報を取り出します。

財務諸表を取り出したら，売上高，営業利益を過去できるだけ長い時間軸で取り出してきます。長い期間の数字は決算短信では見つけることは難しく，アニュアルレポートを発行している会社の場合には，アニュアルレポートのファイナンシャルサマリーのページに行くと，まとまった数字を取ることが可能で

す。過去10年分の数字が開示されていれば，直近のアニュアルレポートから過去10年分の数字を取り，次に10年前のアニュアルレポートからその前10年の数字を取れれば，アニュアルレポートを2冊見るだけで過去20年分の数字を取ることすら可能です。

売上高と営業利益は「4つの視点」で言うと成長性と収益性の指標になります。もしD/EレシオやROA/ROEを併せて取れれば，財務分析の「4つの視点」の全ての指標が揃います。

次に入手した情報をエクセルに打ち込んでグラフにしてアウトプットします。ここから数字の傾向や分岐点を掴むことが可能になります。同時にグラフを眺めながら疑問点や関心がでてきた事項を書き出します。

②株価検索

上場企業で株価を知りたい場合には，ヤフーファイナンスかMSNで検索します。株価の期間はできるだけ長期で見たいので，ヤフーファイナンスなら過去10年，MSNなら過去25年の株価チャートを入手します。

③業界のHP

「会社が属する業界が成長しているのか，縮小しているのか」は知りたいところです。そこで，関連する業界のHPへ行ってできるだけ長い期間の業界の推移について追います。業界のHPがない場合には，ヤフーやグーグルの検索で「○○業界　規模」という感じで調べます。いろいろな調査機関が発表している図表に無料でアクセスできることがあり，それらを入手することもあります。

業界の同業の企業については，四季報CDROMで検索すると，調べている会社と同じと思われる会社が出てきます。さらに，出てきた会社の過去の推移を調べることもあります。

④アナリストレポート

場合によっては，業界や長期にわたる分析をしたアナリストレポートを入手します。短期のレポートは，通常数字のアップデイトでしかないので，入手してもあまり参考にならないケースが多いようです。

⑤eol

就職活動中の学生に話を聞くと，eolを使っている人もいるようです。eol

については**第6章**で説明します。

■情報収集に際して留意する点とは

　私たちが特に注意しているのは、「真っ白なキャンバスにできるだけ自分の頭で考えて一つ一つ点を打ったり、点と点を結びつけて線を引くようにしている」ことです。ちょっと油断すると、目の前にある情報を一生懸命読み込んで分かったつもりになることがありますが、あまり意味がありません。**情報を入手する過程で知識を詰め込むことは「百害あって一理なし」**です。

　ぜひ読者の皆さんは自分の頭で考えることを大切にしてください。実際にやってみると、結局自分の頭で考えた方が、長い眼で見ればより財務分析の力は付くものです。「急がば回れ」です。

6 ステップ5 長期の財務分析をする

■企業ステージごとに「4つの視点」で考えると

　財務分析から何を読み取ればよいでしょうか。指標自体はたくさんありますが，ぜひとも押さえておいて欲しいのは**第2章**で説明した「4つの視点」と関連する指標です。一方，「4つの視点」は，事業ステージに応じて重視する視点が違ってきます。会社が複数の事業をしている場合には，各々の事業がどのステージにあるのか検討する必要がありますが，ここでは簡略化のために，会社が1つの事業しかしていないとの仮定で説明します。

　会社の事業ステージは，**図表13**に示したように，チャレンジ期（あるいは創

図表13

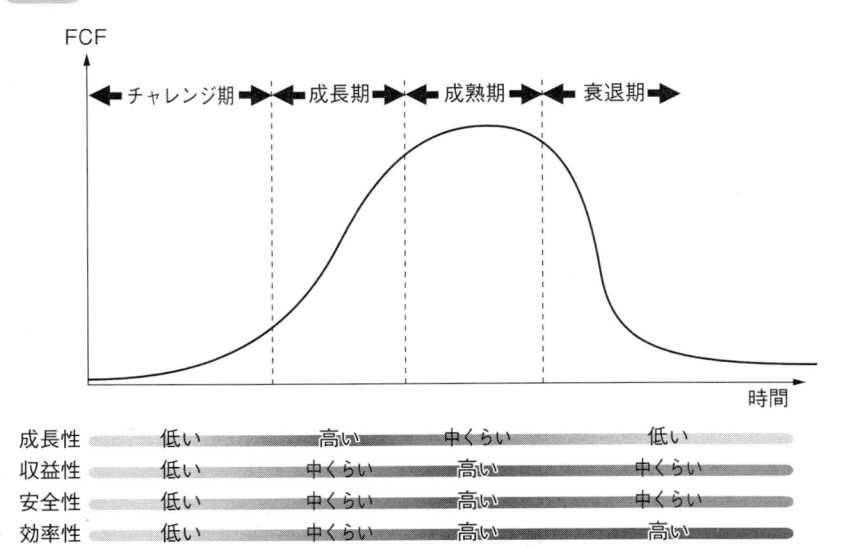

	チャレンジ期	成長期	成熟期	衰退期
成長性	低い	高い	中くらい	低い
収益性	低い	中くらい	高い	中くらい
安全性	低い	中くらい	高い	中くらい
効率性	低い	中くらい	高い	高い

（注）この図はあくまでもイメージです。

業期），成長期，成熟期，衰退期に分けることができます。

①チャレンジ期

チャレンジ期とは，創業間もなく，どこにマーケットのニーズがあるのかも明確ではなく，自社に強みがないケースもあり，試行錯誤しながら進んでいく時期です。「4つの視点」のどの指標を取ってもよい数字が出ないのが通常です。売上高を上げないと，安全性の状況によっては会社が潰れるリスクも高い状況です。

②成長期

成長期とは，チャレンジ期にやっていた様々な試行錯誤の中から少しずつ強みが形成され，マーケットのニーズも分かってきて，機会を捉えることができるようになった時期です。「4つの視点」の中では，**成長性が高く**なります。損益分岐点の状況によって**収益性が高く**なることもある一方で，利益率が十分取れないと，いつまで経っても**収益性が改善しないケース**もあります。運転資本を多く必要とする事業の場合には，効率性の指標も悪いケースもあり，安全性に悪い影響を与えることもあります。

③成熟期

成熟期とは，会社の成長が高成長から低成長に変わってくる時期をいいます。よって**成長性は低く**なります。一方，会社がよいポジションにあれば**収益性，安全性，効率性**は高くなります。

④衰退期

衰退期は，成熟期がさらに進んだ時期をいいます。通常，**成長性**だけでなく，**収益性と安全性も低く**なってきます。一方，**効率性は**既に設備等の減価償却が済んでいる等，**高い**ケースがあります。

■変化は直線ではなく曲線である

図表13を見て，「あれっ？」と思った読者もいるかもしれません。線が直線ではなく，曲線で描かれています。これまでは，話を単純化するために，全て変化を直線で説明してきました。実際の会社の変化は，**直線ではなくて曲線**になることが多いのです。正確には，短期的には直線に見える会社の変化は，長期の時間軸で見ると曲線になる，ということです。

図表14

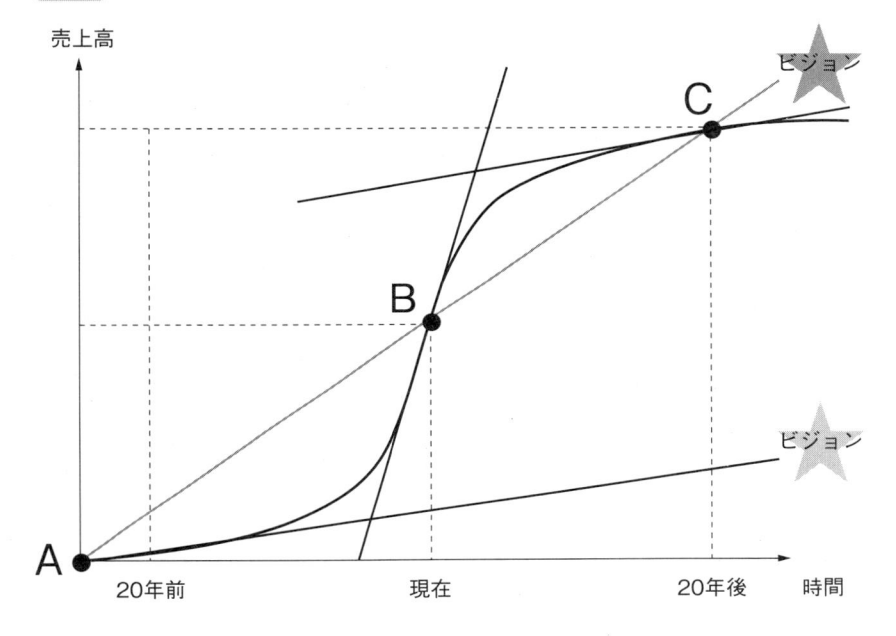

売上高／20年前／現在／20年後／時間／ビジョン／A／B／C

　これは、長期の財務分析をする上で大切な点なので、少し説明をします。**図表14**をご覧ください。

　点Aは、チャレンジ期で、通常会社の方向性もなかなか定まらず、試行錯誤をしながら進んでいきます。よって、成長性は低いことが多く、過去の延長から導かれる将来は低いものとなりがちです。会社が、強みを形成し、機会を捉え始めると売上高が急激に増え始め、成長率が高まってきます。点Bは成長期にある会社の状況です。そして、成長期にある会社も時間軸を伸ばしていくと成熟期（点C）になります。点Cを現在から20年経った時点だとすると、点Cから点A、点Bを結べば直線ができあがります。我々は、将来に対して、直線的な見方をしがちですが、**実際の表れ方は曲線**になります。

　点Aから点Bに向かう**チャレンジ期**には、**過去の現実よりも高い目線で将来を見る**ことが大切ですし実際的です。私は、ベンチャー企業が高い目標を掲げることを「いい加減なこと」だと思っていました。その後、いろいろな会社に経営アドバイスをする中で、実際に会社が変わっていく姿を見るにつけ、高

い目標をもつことの素晴らしさや合理性を理解するようになりました。よって，今では「ベンチャー企業に限らず成熟企業や衰退期にある会社が高い目標を掲げることは素晴らしいことだ」と思っています。

　一方，点Bから点Cに向かう**成長期から成熟期への移行は**，過去の現実よりも**低い目線**，つまり将来に対して**慎重**である方が重要になります。

7 ステップ6
分析の限界をフォローする

■財務分析の限界

　財務分析には**限界**があることも知っておくことが大切です。財務分析の仕方が分かってくると，誰しもだんだん分析することが楽しくなってきます。そうすると，**思わず分析の力を過信して**思わぬ失敗をすることになります。

①将来は分からない

　第1章の財務分析の特徴で説明したように（12ページ），まず何よりも「財務分析は，あくまでも**過去の財務諸表の分析**をしているだけで**将来については何も言ってない**」ということを知っておくべきです。言われてみると当たり前のことですが，これが意外とわかっていないことがあります。

　たとえば，こんな例がありました。ある日本の会社がアメリカの現地企業の買収にとても熱心で，買収調査の依頼が来ました。依頼を受けて実際に現地の会社に行ってみると，確かに過去の業績は申し分がありません。売上高にしても利益にしてもしっかり出ている会社でした。

　ところが，被買収対象企業が作っている将来の財務諸表を分析していると気になることが出てきました。売上高を平均単価と平均数量に分けてみたところ，将来の平均単価の見通しが高いことに気づいたのです。確かに過去の平均単価と比べてみるとそれほど大きく乖離しているわけではないので，それだけでは特に問題とは言えないです。ところが，現場の社員と話をして見通しを何気なく聞いてみると，「おそらく今後単価は下がっていくに違いない」とのことでした。

　現場の第一線の社員は，私たちが買収調査の目的で来ていることは知っていますが，質問の意図まではそれほど気にしていないものです。誠実な人であれば，自分の専門領域についてとても熱心に持論を語ってくれます。

　私たちはこの事実に注目し，「今後平均単価が下がっていくと仮定すると，現

在の買収価格は高すぎるので買収はしないほうがよい」との結論に達しました。
　ところが，買収するつもりだった会社は私たちの結論を受け入れようとはしなかったのです。結局，別の問題点が浮上したことによって買収は成立しませんでした。
　それから数年したある時，買収に関わっていた人と話をする機会がありました。何気なく「そういえば数年前に関わったあの会社いまどうなっていますか？」と聞いたところ，「なんと，あの後本当に単価が下がっていき赤字に転落したんですよ」というではありませんか。「もし投資をしていたら」と思うとぞっとする一コマでした。
　こんな経験がありましたので，私は過去の財務諸表を分析する際には「自分は過去の財務諸表を分析しているのだ，**過去がどうであろうと必ずしも将来は分からない**」と考えるようにしています。

②見えない資産をイメージできない

　財務分析の２つ目の限界は，財務諸表はあくまでも会社の「見える資産」については極めてよく表しているといえる一方，**「見えない資産」については表していない**という点です。
　会社を５つの資産で考えると，ページ40で説明したように，見える資産は結果についてよく表していますが，見えない資産については表していません。将来の売上高や営業利益を高める原因である，「見えない資産」については，財務諸表から読み取ることはできないと理解しておく必要があります。
　この関係を表したのが**図表15**です。「５つの資産」のうち物的資産と金融資産は財務諸表に載る「見える資産」です。組織資産，人的資産，顧客資産は財務諸表に載らない「見えない資産」です。**過去の「見えない資産」の活動の結果として現在の「見える資産」を考えることができ（①の矢印），あるいは現在の「見えない資産」の活動の結果が将来の「見える資産」として考えること**ができます。例えば，ページ41で挙げた「見えない資産」の例示は全て，将来の見える資産をよくする活動となります。
　逆に，**現在の見える資産の状況も，会社の見えない資産にフィードバック**されていきます（②の矢印）。例えば，会社の過去の実績から成長性も収益性も業界内で劣っているとすると，それは会社の戦略が有効ではない，ということ

図表15

見える資産

結果 — 物的資産 ①
金融資産 — 組織資産 — 顧客資産
② 人的資産 — 原因
成果
戦略
文化

見えない資産

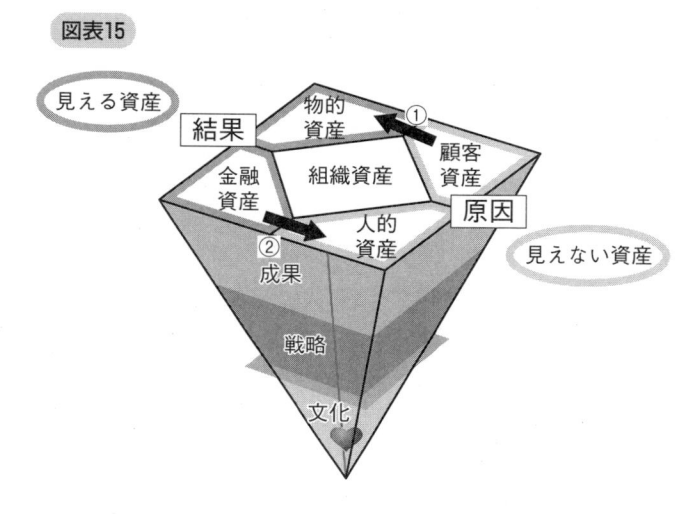

で会社の戦略（組織資産）を見直すきっかけになるのです。

■財務分析の限界をフォローする

①限界があるからフォローする価値がある

　財務分析の限界をフォローせずに出される結論は，得てして独りよがりで薄っぺらになりがちです。ところが，「財務分析の限界」に気づかないがゆえに，財務分析だけで結論を出してしてしまう人が多いです。逆に，財務分析の過程で出てきた自分の**疑問点や関心事項を解決**していくと，**会社に対する理解が深まっ**ていきます。

　なぜ，多くの人はせっかく出てきた疑問点や関心事項をそのままにしておくのかというと，**フォローの仕方を知らない**からだと思われます。よって以下，フォローの仕方について簡単に触れておきます。

②足を使う

　なによりも大切なのは，「関心があることや疑問点は**分かりそうな人に聞きに行く**」ことです。

　例えば，私は，ある会社の財務分析をしている中で，会社の広報活動について関心を持つことがありました。そこで，知り合いの広告代理店の人に聞きに行きました。そうすると，詳しく，広告と広報の違いについて教えてくれまし

た。その話をたまたま私たちの投資先の社長にしたところ、社長は以前広報の仕事を10年ぐらいしていたプロだということがわかりました。私が、社長にさらに詳しく広報について聞いたのは言うまでもありません。

　ここから言えることは、関心があることや疑問があることは知っていそうな人に「**とりあえず聞いてみる**」ということです。ここで大切なのは、「**とりあえず**」です。聞いてみると、聞いた人は知らなくても知っている人を紹介してくれることもあります。次に言えることは、関心があることや疑問があることは日常の中で会う人に話してみるということです。近況報告の一環として「最近こんなことに関心があります」あるいは「最近こんなことに疑問を持っています」という具合にしてみると、意外と多くの人が反応してくれます。

　外部情報から分析をする場合には、誰に対しても何でも聞くことができますが、社員が内部情報を使って財務分析をする場合には、「誰に対しても構わず聞く」というわけにはいきません。その場合には、社内で同じことをやってみてください。大企業であれば、知らない部署を訪ねてみるのもいいでしょう。

　私は、社会に出て5年目の人に、彼が社会人になった5年前から3ヶ月に1回の頻度でコーチングをしています。彼が勤めているのは、従業員が1万人以上いるグローバル企業です。彼と話をしている中で、会社の担当部署に聞きにいってみればいいと思えるテーマが出てきました。彼は最初、躊躇しました。大企業の中で働いていると、自分の関心事項を聞きに知らない部署に行くのは戸惑いを感じるようです。ところが実際に行ってみると、逆にとても感謝されました。相手からしても、自分の領域に社内で関心を持っている若手に出会うのは気持ちのいいものなのです。この経験がきっかけで、彼は何かあればすぐに社内の知らない人にコンタクトするようになりました。嫌がられることも当然ありますが、概ね好感を持たれているようです。何よりも、社内に自分の関心のあるテーマで広くネットワークを持っているのは、彼の人生にとってもとても大きな資産（人的資産）になるはずです。

③イベントに行く

　話を聞きに行くのと共に大切にしたいのが**イベント**です。業界の展示会に行くと、業界についての理解が増すでしょうし、出展している会社の担当者に話を聞いてみると、製品に対する理解も増してきます。

④業界の専門家に聞く

　財務分析をしていて，関心や疑問が湧いてきたときに業界のことについて知りたいことがある場合には，**業界に実際に問い合わせ**をすることがあります。例えば，コマツの財務分析をしている際に，今後の業界の方向性について関心が出てきて，社団法人　日本建設機械工業会に問い合わせをしましたが，目的をお話したところ，とても丁寧に対応いただきました。

⑤日経テレコン21を使う

　自分の疑問点や関心のあるテーマについてさらに調べるために，私たちはしばしば**日経テレコン21**を使って**会社検索**や**テーマ検索**をします。自分の分析している会社についての疑問点や関心のあるテーマについて，会社名とキーワードを入力すると関連記事が出てきます。自分の疑問点や関心のあるテーマに関連して「なるほど！」と発見がある記事についてはすべて線を引いておきます。

　疑問点の中で特に知りたいが日経テレコン21の検索では出てこなかった疑問点に限り，その疑問点を解くために該当しそうなアニュアルレポートあるいは決算説明会資料を読みます。読んでいくとそれ以外にも面白い記事が出てきます。どうしても「これはメモを取っておきたい！」という箇所に限りラインマーカーを引いておくなりメモをします。

⑥顧客の視点は重要である

　会社の分析をどの立場からするにしても，「**顧客の視点**」は重要です。B to Cの場合であれば，自分が実際に顧客として経験することをお勧めします。たとえば，ゲーム業界に属する会社を調べるのであれば，実際にゲームを自分で買ってみるのです。あるいはゲームに詳しい人に話を聞いてみると目を輝かせながら話をしてくれるものです。B to B企業の場合には，なかなか聞きに行くことは難しいですが，知り合いに聞いてみると，知り合いの向こう側には業界や会社に詳しい人がいたりするものです。

⑦本を読む

　会社分析をしていると自然に会社に対する関心が増してきます。そういう時に，**分析している会社についての本を読む**と，数字では読み取ることのできない「見えない資産」について学べることが出てきます。よって，分析対象企業についての本を読むのもお勧めです。

8 ステップ7 結論を出す

■結論は財務分析の目的によって違ってくる

分析の限界のフォローが終わると、いよいよ結論です。

結論は、**財務分析の目的に対して出します**。社員による財務分析であれば、例えば「自社の過去の長期の財務分析から学べる点を抽出し、会社の経営の方向性を考える」という目的に対しては、結論は「①何を過去の長期の財務分析から学んだか、②会社の将来の経営の方向性は何か」の2つを含みます。前者は過去に関する分析結果ですし、後者はそれを受けての将来に関する自分の理解の整理になります。5つの資産で言うと、前者は主に見える資産（物的資産と顧客資産）に関する理解になり、後者は主に見えない資産（組織資産、人的資産、顧客資産）での整理になります。

たまに、分析をした結果として当初の目的の設定自体が明確ではなく、ピントがぼやけていることに気づきます。あるいは目的が的外れであったと気づくこともあります。私は、**分析した結果としてピントがぼけていたり、的外れであったと気づくことは前向きに捉えています**。最初から**適切な目的を設定することはそれほど簡単なことではない**からです。実際に財務分析をして、失敗してその経験から学んで少しずつ適切な目的を設定できるようになってきます。

■結論は明確に、理由を詳しく書くのがポイント

どのケースにしろ、財務分析の結論は**過去の分析、将来へ向けた分析の両方において明確に出す**のがポイントです。多くの財務分析、特に短期の財務分析では、過去を対象に結論が良いのか悪いのかの議論だけになりがちです。ところが長期の財務分析では、過去に対しては、仮に**悪い業績であってもその現実と向き合うことが重要**で、「その結果から何を学ぶことができるのか」、「よって将来へ向けて何を変えなければいけないのか」を導き出すことが重要となり

ます。将来に対しても、将来の成果とともに、将来の売上高や営業利益を生み出す、原因を明確にしておくことが重要となります。それは、「5つの資産」の観点では、組織資産、人的資産、顧客資産として「どのような活動を今後行っていくのか」を含みます。バリュートライアングルで言うと、「どのようなチャレンジをするのか」や「会社の強みや機会を明確にすること」が重要となります。よって、これらの「将来の売上高や営業利益を増やす原因をどれだけ明確にしておくか」という点を結論に含めておくと、将来においてより有益な財務分析となります。

「結論は明確に、理由を詳しく書く」のには、別の理由もあります。それは、分析した結果を半年とか1年後見直すと、**過去に書いた分析の目的や結果や理由をすっかり忘れていることが多い**からです。

■結論は方向性で出し10年単位で幅を検証する

いろんな会社を過去に財務分析してきて感じるのは、「財務分析の検証は10年単位ぐらいでしないとうまくいかない」ということです。1年単位で財務分析を行うと、どうしても「財務分析の結果が当たったのか、外れたのか」という点に目が行きます。短期の財務分析は、既に説明したように何年やったとしても長期の財務分析にはなりません。よって、将来に対しては、**10年単位ぐらいで方向性**を出し、**10年間ぐらいで検証**する中からさらに会社の将来の**売上高や営業利益を増やす原因**を探していくことが重要だと思います。

図表16をご覧ください。今、過去10年の財務分析を行い、今後10年間の方向性を幅で出しました。現在から実線が2つ出ていますが、上の線が楽観シナリオ、下の線が悲観シナリオになります。この2つの線の間に会社の実績があれば、一応当初立てた仮説の範囲内であると考えます。もし2本の線よりも上に行くあるいは下に行く方向性になった場合には、「なぜそのような実績になったのか」の検証が必要になります。**そこから何か学べる点があるに違いない**ですし、学んだ点は将来に生かすことができます。

今、当初の分析から10年が経過したとします。会社の実績は破線で表しました。過去10年については、実際に経験を積んでいますので、過去については手に取るように分かるようになっているはずです。一方、将来に対しては、また

図表16

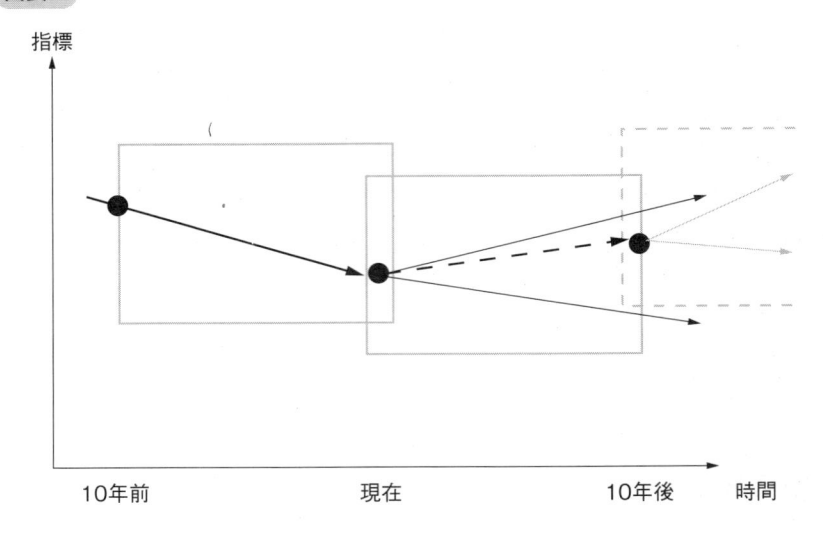

指標 ／ 10年前 ／ 現在 ／ 10年後 ／ 時間

幅で考えることで更に将来に対する**分析力が増していく**ことになります。

■継続的に改善する

　図表1の「 ステップ7 結論を出す」から「 ステップ3 自分の仮説を持つ」に矢印が行っています。この矢印は1回やった財務分析に対し**「機会があるごとに改善を行っていくこと」**を意味します。

　例えば，毎年の決算が出た後定期的に行い，アップデイトするなかから継続的に改善していきます。毎年見るべき点は，**結果よりも当初立てた仮説の検証**です。毎年実績が出てくることで，当初立てた仮説を見直すことができます。もし当初立てた仮説の方向性が違っていれば，より妥当な仮説を立てる必要があるでしょう。あるいは，新聞や雑誌の記事から，分析をした会社に影響のある要因が出てきたら，該当箇所をコピーするとともに，検討を加えてみます。改善は，毎年だけではなく，2008年秋以降の世界的な不景気のように，大きく環境が変わった場合にも大切です。

　このように仮説→検証→仮説→検証…，という形で**継続的改善**を行っていくと，**財務分析の力が飛躍的についてきます**。財務分析の力とは，長期の過去か

ら学び，将来を見通す力と言い換えてもよいでしょう。そして，「将来を見通す力」はこのように実際の経験から少しずつ少しずつ高めることが可能です。

■財務分析は面白い

　長期の財務分析を通じて，「**将来を見通す力**」をつけることができると気づくと，俄然財務分析は面白くなってきます。「将来を見通す力」は，「将来を創る力」でもあります。**どのような将来を創るのかイメージがなければ，現実を作り出していくことは難しい**です。多くの人が「難しい」という理由で将来を創ることを諦めているように思えてなりません。これからの時代，益々自分たちで未来を創っていく必要性は増してくるでしょう。実際，多くの会社にアドバイスをしてきて，会社が未来を自分たちで創っていく現場に居合わせると，**今後益々未来を創っていく会社とそうでない会社の2極化が進んでいくのではないか**と感じます。

⑨ 「7ステップ財務分析法」でコマツの長期の財務分析をしよう

「7ステップ財務分析法」に従って以下進めていきます。

ステップ1　何が変わるのか
分析の目的を明確にする

ここでは，「**第2章でやった短期の財務分析と長期の財務分析では何が変わってくるのかを知る**」という目的で財務分析をしてみます。

ステップ2　1996〜2009年の14年
収集可能な最長の期間を見極める

分析の対象期間は，会社のHPにアクセスして取ってくることができる一番長い期間としました。**1996年から2009年までの14年**です。

長期の財務分析をする場合には，少し工夫が必要です。長期の財務分析も短期の財務分析と同じように，数字を比較して差額や比率から会社を理解することはもちろん可能です。しかし，**図表17**以降で示すように，グラフにする方がより分かりやすくなります。グラフは，エクセル上に財務諸表の数字を並べ，少し工夫することで作成できます。

ステップ3　売上も収益性も横ばい？
自分の仮説を持つ

短期の財務分析から，2008年と2009年を比較すると，コマツの業績が悪化していることが分かっています。私は，コマツの過去の業績についての知識はありませんが，ここでは，「コマツの過去10年の**売上高は横ばいで収益性も横ばいである**」との仮説を持ってみます。

ステップ4　財務諸表，説明会資料，そして本
情報の収集先を明確にする

情報の収集先は，HPの株主・投資家情報にある**財務諸表**とします。さらに，疑問点を解決するためにのみ**説明会資料**を読むことにします。最後に，コマツ

に関連する**本**を読むことにしました。

ステップ5 長期の財務分析をする 「4つの視点」で見てみる

では、実際に「4つの視点」から分析していきましょう。

①成長性の分析

まずは、売上高の変化から見ます。**図表17の棒グラフはコマツの売上高を表しています。売上高の変化を見ると、2002年までの変化は緩慢であるのに対して、2002年以降2008年まで売上高は急激に伸びていることが分かります。第2章**で既に分析して知っているように、2009年は10％売上高が減少しましたが、その前6年間の売上高の成長率は年率14％ととても高い水準で来ていたことが分かります。さらに2006年、2007年、2008年の3年で見ると、売上高は年率18％伸びています。今回の世界的な不況の前がバブルであったと考えると、コマツの2009年の売上高の減少が10％程度で済んでいるのは、「**コマツは比較的健闘している**」という見方もできます。さらに、今回の世界的な不況の底がどこかはいまだ（2009年11月現在）判然とはしませんが、仮に2010年で底を打つと仮定すると、「2010年の売上高が2002年当時よりも高くなっていれば、結果としてコマツはより成長している」ということも言えます。

②収益性の分析

一方、営業利益率ですが、**図表17**の折れ線グラフをご覧ください。営業利益率は2002年までは減少傾向にありました。ところが**2002年以降は増加傾向**に変わっています。増加傾向は**2008年で終わり2009年は7％下がった**のは既に計算した通りです。

③安全性の分析

有利子負債の額とD/Eレシオの推移について見てみましょう。**図表18**をご覧ください。D/Eレシオは2003年まで上がっています。2003年以降2007年まではD/Eレシオは下がってきており、2007年以降上昇傾向にあります。2009年のD/Eレシオは0.7倍で、2008年の0.5倍から0.2倍高くなっています。長期の時間軸で見ると、**いまの0.7倍は過去の水準からみると必ずしも高い水準ではないこと、2007年以降D/Eレシオは上昇傾向**にあることなどが読み取れます。

図表17

(単位:百万円)　売上高と営業利益率(右軸)の推移

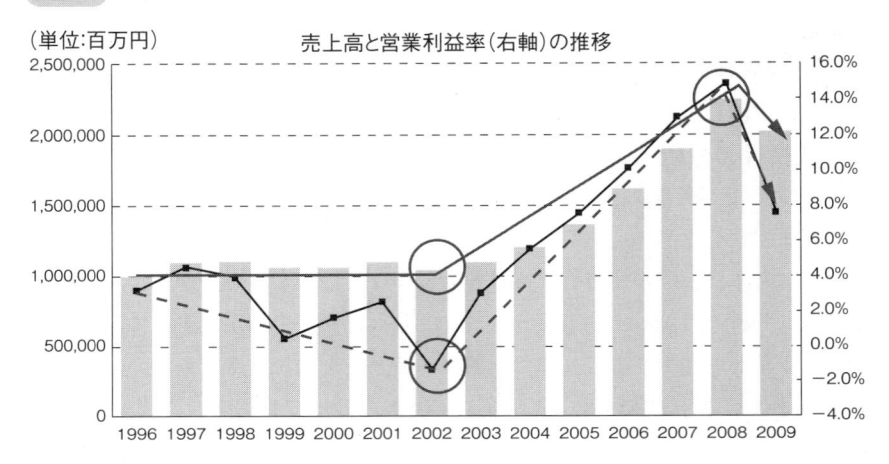

図表18

(単位:百万円)　有利子負債とD/Eレシオ(右軸)の推移

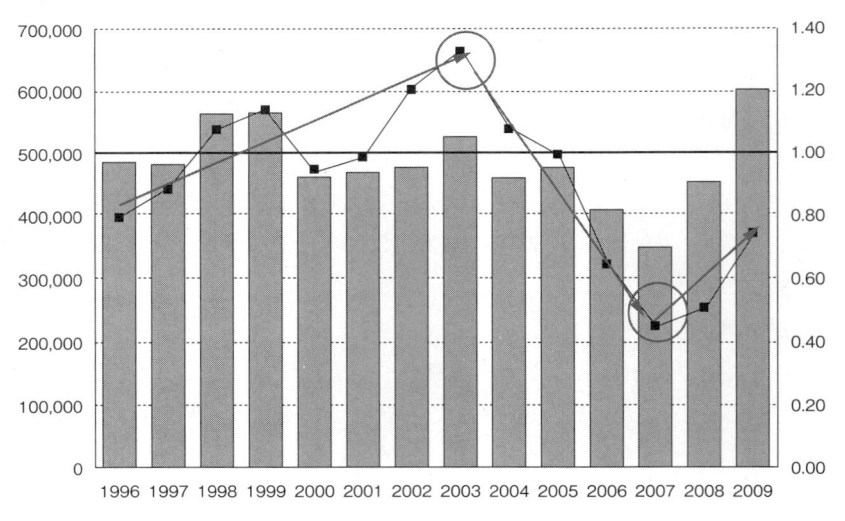

④効率性の分析

最後に効率性ですが、ここでは効率性としてROEの変化を見ます(**図表19**)。ROEは、コマツは1996年以降2001年までは横ばいで、2002年に急激に下

図表19

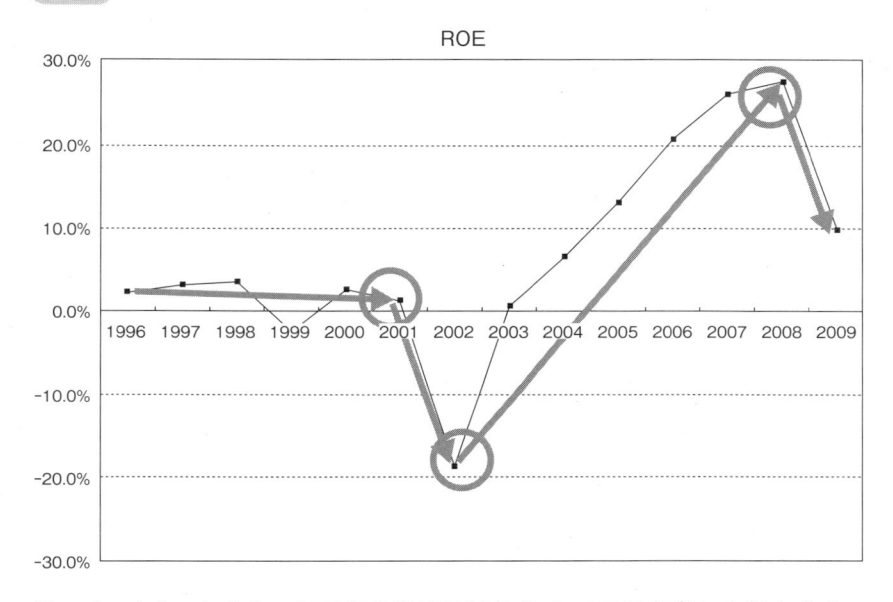

ROE

がっています。しかし，2003年以降は2008年までROEは急激に上昇します。2009年のROEの水準は，2008年と比較すると16％下がっていますが，「過去のコマツの水準から見るとまだまだ**高い水準**である」と言えます。

このように，長い期間を対象に財務分析すると，短期の財務分析とは違った視点で会社を理解することができますし，会社に対する理解が深まってくることが分かったと思います。

⑤ここまでのまとめと疑問点

「4つの視点」でコマツの1996年から2009年までを分析しました。実際に分析してみると，売上高の推移にしても，営業利益率の変化にしても，**2002年前後と2008年前後に「何かが起こっているに違いない」**と考えられます。私は，2002年や2008年のような年を，「**過去から続いていた一定の傾向が変化した年**」と考え「**分岐点**」と言っています。そして，「**分岐点**」の前後には，「**何らかの強い力が会社に働いているに違いない**」と考えます。力は，会社の内側から働くこともあるでしょうし，外側から働くこともあるでしょう。さらには，「な

ぜ力が働いているのか」、「どのような力が働いているのか」とあれこれイメージを膨らませます。

　一方，私が立てた仮説「コマツの過去10年の売上高は横ばいで収益性も横ばいである」が**まったく現実と違っている**ことがわかります。そして以下のような点が素朴な疑問として涌いてきます。

疑問① (2002年以降の業績の伸び)	成長性，収益性ともに2002年以降急激に伸びているが，それはコマツがどのような戦略を取ったからなのでしょうか？
疑問② (2002年以前の業績の方向性)	一方，2002年までは，2002年以降と比べると対照的なほど売上高は緩慢な伸びでしたし，営業利益率は減少傾向でした。これはなぜなのでしょうか？
疑問③ (2002年の分岐点)	2002年前後にその鍵はあるように思えますが，何があったのでしょうか？
疑問④ (2008年の分岐点)	2008年前後にもう一つの鍵がありますが，それは何だったのでしょうか？

　「いろんな疑問点を持つ」ことは重要です。「なぜ売上高は伸びたのだろうか」、「なぜ営業利益率は下がっていったのだろうか」、「なぜここから方向性が変わったのだろうか」等数字やグラフを見ているといろんな疑問が湧いてきます。できれば**疑問点は，一つ一つ丁寧に書き留めておいてください**。このように書いても，実際に書き出す人は少ないです。しかし，本当に書き出してフォローすると，会社に対する理解が深まります。

　仕事をしていて「**優秀な人はよい問いを発する人だ**」と感じることがあります。いわゆる「**質問力**」といわれる力です。多くの人は意識しませんが、「**どのような問いを発するか」によって、「どのような回答を得られるのか」決まってきます**。ところが，財務分析をしている中で，どのような問いを発するのか意識していない人が多いです。

> ステップ6 分析の限界をフォローする
本から思わぬ発見が

少し脱線しましたので，話を疑問点に戻しましょう。

以上のような疑問点を持つと，それに対する解決策も浮かんできます。

まず，一番簡単なのが，**疑問④**（2008年の分岐点）でしょう。疑問④は2008年9月のリーマンショックに端を発する**世界的な不況**の影響です。

それ以外の疑問に対する回答は，実は財務分析からは読み取ることはできません。「財務分析の限界」です。

たとえば，**疑問①**（2002年以降の業績の伸び）に対しては，コマツのHPを覗いたところ，2008年の決算説明会資料に参考となる資料を見つけました。

図表20をご覧ください。コマツの主要7建機の需要が台数ベースで1991年から2008年まで出ています。これを見ると，伸びているのは，中国とその他の地域（アジア，オセアニア，CIS，中近東，アフリカ，中南米の合計）です。な

図表20

コマツ2008年3月期決算の概要
＜建設機械・車両＞　建設・鉱山機械の地域別需要見通し

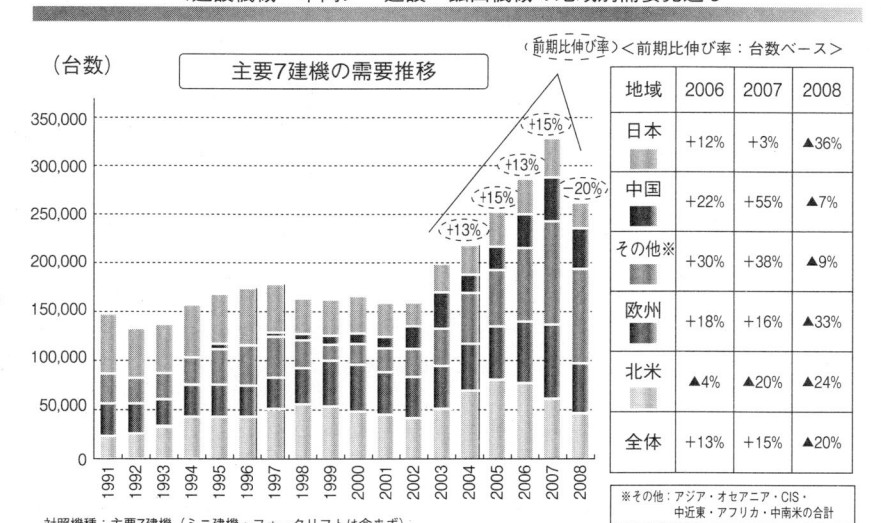

主要7建機の需要推移

地域	2006	2007	2008
日本	+12%	+3%	▲36%
中国	+22%	+55%	▲7%
その他※	+30%	+38%	▲9%
欧州	+18%	+16%	▲33%
北米	▲4%	▲20%	▲24%
全体	+13%	+15%	▲20%

※その他：アジア・オセアニア・CIS・中近東・アフリカ・中南米の合計

対象機種：主要7建機（ミニ建機・フォークリフトは含まず）
①クローラー式油圧ショベル　②ホイール式油圧ショベル　③ブルドーザー
④ホイールローダー　⑤ダンプトラック　⑥アーティキュレート式ダンプトラック　⑦モーターグレーダー

コマツ2008年3月期決算説明会資料をもとにバリュークリエイト作成

お，コマツは CIS（Commonwealth of Independent States の略語）を，「ロシアなど旧ソビエト連邦の構成共和国で形成された独立国家共同体」と定義しています。

中国とその他の地域が伸びている一方で，日本はそれほど伸びていませんし，北米は減少していることが分かります。この前後の説明会資料から分かることは，「**中国とその他の地域を**コマツは「グレーターアジア」と定義して**注力**していること」，「このような**コマツの戦略が，売上高の成長の牽引役になっていること**」です。

疑問②と疑問③に対して何かいいヒントはないかと思っていたところ，知り合いの証券アナリストから，コマツの代表取締役兼 CEO であった坂根正弘氏が書いた『限りないダントツ経営への挑戦』（日科技連）という本を紹介されました。以下文中から引用します。

> 「90年代には全部で13あった国内工場のうち4工場を閉鎖した苦い経験があり，**2002年3月期の連結決算では営業赤字130億円，最終赤字800億円という"どん底"を味わってきただけに，**再び日本国内に新工場を稼動させる日を迎える喜びはひとしおである。(p7)（太字は著者が付ける）」

ここから読み取れることは，一つは，「90年代はかなりコマツにとって厳しい時代であった」ということです。これは90年代の営業利益率が少しずつ下がっていることからも頷けます。もう一つは，「2002年3月期の決算は"どん底"であった」ということです。よって90年代の厳しさという傾向は改まることなく，「2002年3月期に営業利益がマイナスになる」という結果を迎えたのです。そしてここが「どん底であった」と言っています。

では，「どのようにこの"どん底"を乗り越えたのか？」という点が気になってきますが，この点については以下の記述が参考になります。

> 「私が，社長に就任したのは2001年6月，ちょうど会社創立八十周年の年だったが，その翌年三月期の決算は前述のように会社始まって以来の巨額赤字を計上した。最悪の時期に経営のバトンタッチを引き継いだのである。**この危機を乗り越えるには，現実を直視して，経営の構造改革に踏み切るしか道はないと腹をくくった。**(p8)

> （太字は著者が付ける）」

　まず注目したいのは，「現実を直視し」，「腹をくくった」，「構造改革」いう部分です。90年代から続いている苦境は，結局2002年3月期に営業赤字という結果として表れることになりました。ところが，**この最悪の結果**が「**現実を直視し腹をくくって構造改革をする**」という**将来への原因**になっているのです。

　多くの会社が，コマツの2002年の結果を迎えても「現実を直視」することもできず，「腹をくくる」こともできず，表面的な小手先の構造改革になることが多いのではないでしょうか？

　しかし，コマツは，とてつもない厳しい現実に向き合ったのです。90年代うまくいかなかったという現実，2002年営業赤字を迎えたという現実等，本当に気の滅入るような現実に向き合ったのです。

　そして，腹をくくって構造改革に臨みました。

> 「まず，その当時，コマツの弱点になっていた三つの過剰（雇用・設備・債務の過剰）を解消し，固定費を削減する必要があった。そこで，「一回だけの大手術」と宣言して社員にお願いしたのは，希望退職の実施だった。1,100人の人たちがこれに応えてくれた。さらに，複雑化しすぎていた機種構成の統合や子会社の整理，エレクトロニクス事業の改革も断行した。主力事業である建設・鉱山機械，産業機械・車両への「選択と集中」を鮮明にしたのだ。この改革が実を結び，固定費の削減額は500億円に達した。(p8～9)」

　ここで注目したいのが，「複雑化しすぎていた機種構成の統合や子会社の整理，エレクトロニクス事業の改革」と「主力事業である建設・鉱山機械，産業機械・車両への「選択と集中」」です。ここから読み取れるのは，成熟している日本市場のニーズに応えているうちに**機種構成が複雑になりすぎ，しかも，そのような対応が売上高の成長（成長性）にも営業利益率の改善（収益性）にも向かわない**，という「袋小路の状況」になっていたということです。さらに，エレクトロニクス事業は，コマツにとって将来性のある事業としてずっとチャレンジをしてきた事業ですが，**より強みがあり機会がある分野であるグレーターアジアに注力するために，「エレクトロニクス事業から手を引く」という苦渋の選択をしている**ことです。最後に，結果として「固定費の削減額が500

億円に達した」ということです。

　財務分析としては，**固定費**の削減についてはもう少し解説が必要です。
　固定費とは，会社の費用の構造を**変動費，つまり売上高の増減と連動する費用**と，**固定費，つまり売上高の増減とは関係なく一定額発生する費用**に分けた中から出てくる概念です。会社から発生する費用を，変動費か固定費に分けて考え，「**会社がどのくらいの売上高の水準になると利益が発生するのか**」という分析手法を「**損益分岐点分析**」と言います。すべての費用をきれいに変動費か固定費に分けられるものではありませんので，「おおまかにでも全体の費用構造を理解する」という意味合いでとても意味のある分析手法です。
　損益分岐点分析は，図で表すと**図表21**のようになります。
　まず，費用を変動費と固定費に分けます。固定費を見ると，売上高の変化に関わらず，固定費のラインが一定になっています。固定費の上に，売上高に変動する変動費を乗せます。固定費と変動費を合わせたものが総費用線です。売上高線は，45度のラインで，**総費用線と売上高線が交わる部分（A点）**が**損益分岐点売上高**となります。
　総費用線と売上高線に挟まれた部分が，利益または損失となります。A点よ

図表21

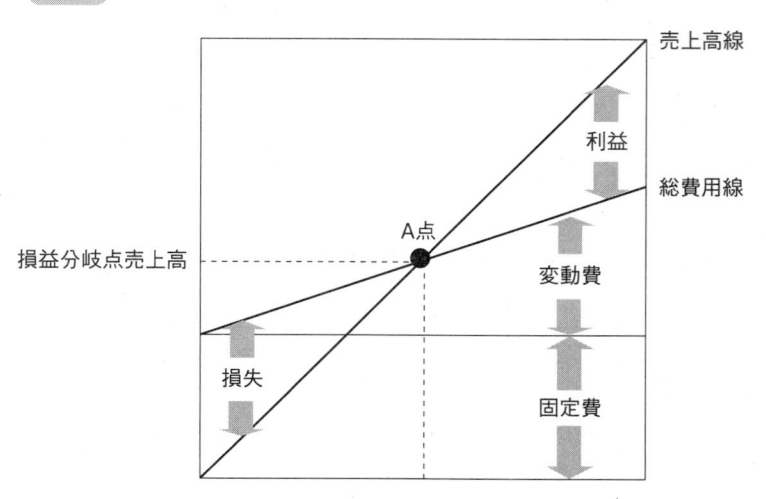

図表22

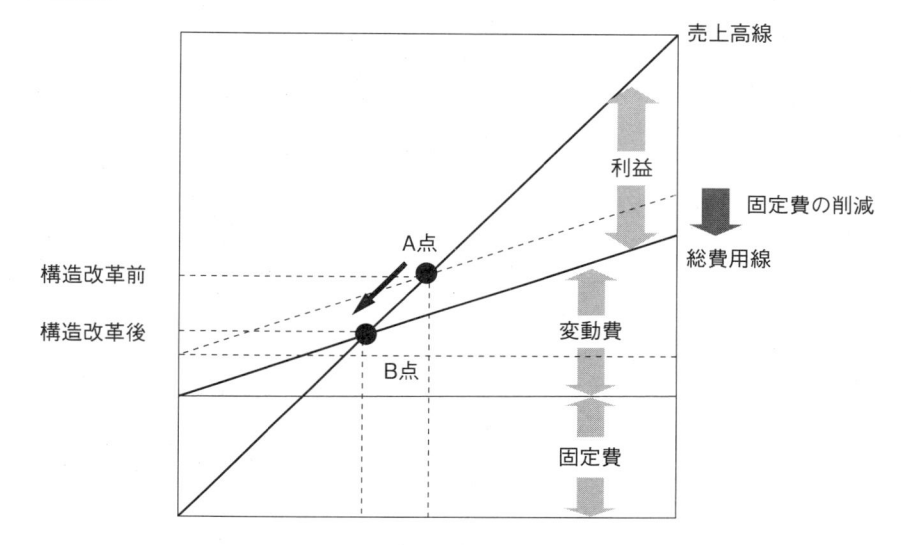

りも下に売上高があると損失になり、上になると利益になることがわかります。

コマツの取り組みを表したのが**図表22**です。

コマツは、構造改革の結果として、固定費を500億円削減しました。図の中の矢印の部分の「固定費の削減」がそれを表します。変動費の割合については触れていませんので、固定費が下がったところから同じ変動費線を引きます。結果としての総費用線は、固定費が削減された分だけ下がっています。

構造改革後の損益分岐点売上高がB点で、A点から移っていることが分かります。B点は、別の言い方をすると、「より少ない売上高で損益分岐点を実現できる売上高」であり、「**利益になりやすい体質**になった」のです。

ステップ7　長期の財務分析のポイント（結論を出す）

このように、長い期間を対象に財務分析すると、短期の財務分析とは違った視点で会社を理解することができますし、会社に対する理解が深まってくることが分かったと思います。分析の目的は、「第2章でやった短期の財務分析と長期の財務分析では何が変わってくるのかを知る」でした。結論については、「長期の財務分析のポイント」として以下にまとめました。

①長期の財務分析のポイントとは

長期の財務分析のポイントは3つあります。一つが「**傾向を追う**」，もう一つが「**分岐点に注目する**」，最後が「**原因と結果で考える**」です。

▶傾向を追う

「傾向を追う」というのは，「**数字のトレンドに方向性を見出す**」ということです。数字のトレンドが「上がっているのか，下がっているのか，それとも横ばいなのか」という方向性で数字を追うことを意味します。**1年1年の変化を追うのではなく，10年単位ぐらいでどちらの方向に行っているのか知るのが重要**です。通常，**傾向が続くのは，「何らかの力」が働いている**ということです。その裏に何か理由なり原因があります。ちなみに，既にお気づきの読者もいるでしょうが，コマツのグラフに引かれている線が傾向の方向性を表しています。5年とか10年，あるいはそれ以上長い時間軸で表れている方向性を知るのが傾向ですから，「1年，1年の変化はそれほど気にせず線を引くこと」がポイントとなります。

図表23をご覧ください。いま，営業利益率が10％のA社とB社があるとします。今年度の営業利益率だけを見ると両者の営業利益率の水準はまったく同じです。

ところが，当年度だけではなく，過去10年ぐらいの営業利益率の推移を見てみると，A社は「過去から少しずつ営業利益率を上げてきていて現在10％となっていること」がわかります。一方，B社は，「過去の営業利益率の水準は高かったものが少しずつ下がってきていて現在10％となっている」のです。

ここから将来どうなるかを考えてみると，「もし今の傾向がこのまま続くと仮定すると」A社の営業利益率は今後10％から少しずつ上がっていくことがイメージできます。一方，B社の営業利益率は，今後10％から少しずつ下がっていくことがイメージできます。

ここから言えることは，過去1，2年の分析では見えてきませんが，10～20年ぐらい分析してくると，「過去からの傾向を読み取ることができること」と，「**傾向から今後どうなるのか，という仮説を立てることが可能になること**」です。

コマツのケースで見ると，1990年代は，なかなか体質改善ができずに苦労し

図表23

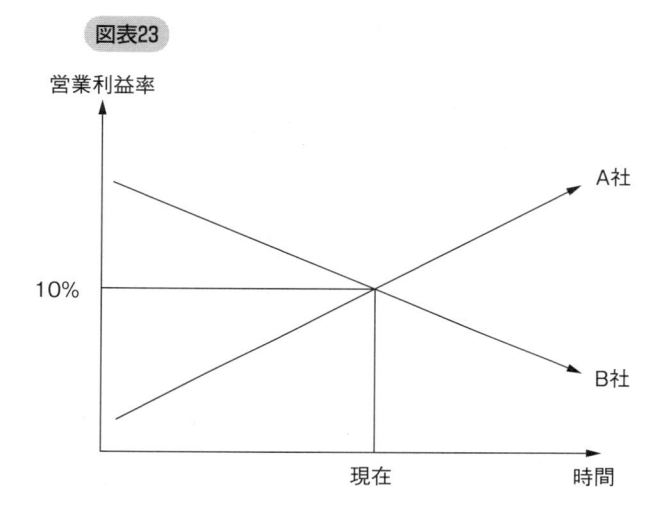

営業利益率／10%／現在／時間／A社／B社

ていたことが浮かび上がってきました。傾向は，実際に1990年代の数字となって表れています。しかも数字への表れ方は，「4つの視点」の売上高成長率（成長性），営業利益率（収益性），D/Eレシオ（安全性），ROE（効率性）のどの指標が悪いのかということではなくて，**どの数字も結果として思わしくない方向へ出ている**のです。これは，既に**第1章**で説明したように，各々の指標が連関しているためです。この傾向は，2002年まで続くことになります。ここから導かれることは，「**長い時間軸で傾向として数字として表れている裏側には，会社の戦略が絡んでいる**」ということです。戦略があり，しかもその戦略が有効であれば傾向として良い方向へ向かっているはずです。逆に，戦略がない，あるいは戦略はあるが機能していない場合には，うまくいかない方向へ向かうことになります。

▶分岐点に着目する

「分岐点に着目する」というのは，「ある傾向が別の傾向に変わる際の節目になる年に注目すること」を意味します。その前後に何かが起こっているのが普通です。財務分析する場合に，全ての年の会社の情報を読むのも一つの方法ですが，分岐点に着目すると，「**なぜ変化が起こったのか？**」という疑問点を**持って会社情報を読む**ので，理由を簡単に発見できますし，発見が的をついて

いることが多いです。ちなみに，コマツのグラフに書かれている○が分岐点になります。

コマツの売上高と営業利益率の推移で言うと，2002年と2008年が分岐点になります。実際，坂根氏によると，2002年は"どん底"であり，「現実を直視して」「腹をくくり」「構造改革」に向かう年でしたので，まさにコマツにとって2002年は分岐点であったと言えるでしょう。分岐点を発見できたのは，長い時間軸で財務分析を行い，傾向を読み取るとともに，傾向から傾向への移り変わりへ着目して分岐点として明確にして調べたからに他なりません。よって，会社への理解を深めるためには，**分岐点に着目する**ことが重要となってきます。

▶原因と結果で考える

「原因と結果で考える」というのは，分岐点の前後を更に調べていくと，「将来の変化が起こるための原因が，分岐点の前後にあることが多い」ということと関連しています。これは「種が蒔かれる感じ」と似ています。分岐点の前後に種が蒔かれ，少しずつ少しずつ育てていくと，あるとき売上高や営業利益率の変化となって，「実となって刈り取られる」というイメージです。

1年・2年だけの分析では，結果しか見えませんので，なかなか原因が見えてきません。ところが，分析の期間を長くしてくると，**結果を生み出すための様々な原因が分岐点の前後にある**ことが分かってきます。

結果も原因へ影響を与えています。たとえば，傾向として良い方向へ行っているのであれば，原因が的を射ていたことになりますから，**さらに原因を研ぎ澄ませていけば，さらに良い結果に導かれる**ことになります。

一方，結果が悪い，あるいは種を蒔いたにも関わらず結果が出ないこともあります。多くの人は，結果を見るだけで終わることが多いですが，悪い結果は，今後の原因として使えます。私は，会社にアドバイスする場合でも，**「結果が出ない，あるいは悪い結果が出ていること」**を好意的に捉えます。なぜなら，「うまく行ってない原因があるからこそ結果も出ていない」からです。

コマツのケースで見ると，2002年が"どん底"であったからこそ，「現実を直視して」「腹をくくって」「構造改革」に取り組むことができた，と見ることができます。そして，コマツの意思とその後の実行が原因となって2003年以降の財務諸表に数字となって表れてきていると考えることができます。

短期的な分析に終始している人は，結果の部分だけを見て満足しています。しかし，第1章の財務分析の特徴で説明したように（12ページ），「短期の財務分析が結果を表す」ということに気づくと，短期の財務分析では表れない原因を分析の期間を長くすることで含めることが可能になります。

②財務分析から将来を見ることはできないか

　私は，私たちが経営アドバイスしている会社の社員に，「10年後会社はどうなっていますか？」という質問をすることがあります。あるいは，研修をしている際に，参加者に「いま分析している会社の10年後はどうなっていますか？」と話を向けることがあります。

　そうすると，多くの人は「10年後なんてどうなっているか分かるわけがないじゃないですか」とか「さあ，どうなっているのですかね～」というような反応です。中には，「なんでそんなくだらない質問をするんだ」といって不機嫌になる人すらいます。どうやら多くの人は将来について考えることが苦手のようです。

　私は，いろいろな会社にアドバイスする中で，短期の財務分析ができることも大切ですが，時間軸を長くして分析することがより重要だと気づきました。それは，まさにコマツの分析で，2年の対比で分析するのと，長期で分析するのでは単に時間軸を長くした以上の内容を理解できるからです。

　確かに，財務分析をする人すべてが長い期間分析する必要はないでしょう。しかし，どうせ分析するなら長い期間分析した方が良い人もいるはずです。

　しかも，多くの人は，過去の財務分析をしただけで終わっていないでしょうか。しかし，**過去の財務分析を通じて未来を自分なりに考えるきっかけにする**ことはできないでしょうか。

　図表24をご覧ください。過去1年の変化を見る財務分析を細線で表しました。私が，過去1年の財務分析をすると，私は，現在と1年前を比較して現状を考えることになります。特に議論しませんでしたが，将来についてはここから1年先ぐらいのことであればなんらかの結論を導くことが出来るかもしれません。「虫の眼」です。

　一方，長期の財務分析を太線で表しました。過去の財務分析する期間を長くするとコマツの分析をして見たように，会社の戦略に対しての理解が深まって

図表24

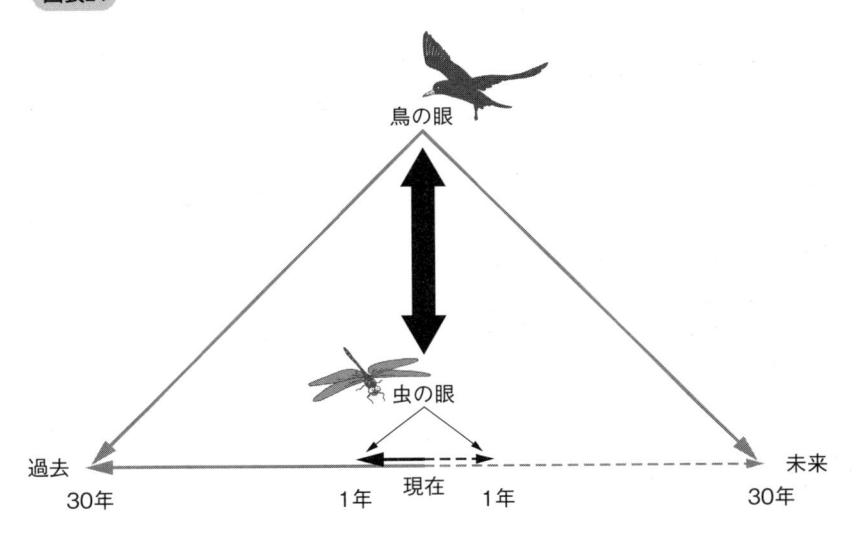

鳥の眼

虫の眼

過去　　　　　　　　　　現在　　　　　　　　　　未来
30年　　　　　1年　　　　　　1年　　　　　　　30年

きます。このような視点を身につけると，逆に将来に対しても会社の戦略を意識しながら分析することが可能です。それは，同時に財務分析を通じて，**「長期的な将来を見据えることが可能になる」**ことを意味します。「鳥の眼」です。

　いろいろな人と話をしていると，世の中の方向性はより**「虫の眼」**になっているように思います。今では四半期開示が義務付けられていますから，さらに「虫の眼」の精度が上がっているように思います。私は，足元の業績を見ることも大切なことだと思います。よって，「虫の眼」の価値を否定するものではありません。しかしながら，**短期の延長が長期になるとも思えませんし，「虫の眼」は「鳥の眼」と複眼で見ることで初めて各々のよさが出てくる**のだと思います。

第4章

実践編① 社員として
――質の高いマネジメントを可能にする

　第4章，第5章，第6章では，第3章で学んだ知識をベースに，財務分析の目的ごとにどのような点に留意すると，より楽しく，楽に，早く，効果的に財務分析できるのか考えていきます。

　第4章では社員としての財務分析を取り上げます。社員がする財務分析の目的は，「自分がより質の高い仕事をするため」です。「過去から学び」，「未来を描く」ことを中心におきます。

> **ステップ1** 分析の目的を明確にする

① 過去から学び未来を描く

　社員が財務分析をする目的は,「よりよい会社を創るため,より身近にはより質の高い仕事をするために,過去から学び未来を描く」です。さらには,「描いた未来像を実現する中から仮説,検証を繰り返して実際に会社の売上高や営業利益率を増やしていくこと」とします。よって,**社員による財務分析**では,「**過去から学び**」,「**未来を描く**」ことを重視します。

■過去から学ぶ

　「過去から学ぶ」ということでは,最近こんなことがありました。少し脱線しますがお付き合いください。

　私は,2009年の4月からあるご縁をきっかけに慶応義塾大学ビジネススクールで「集中企業研究」という科目を教えています。私自身は慶応出身ではないので,まず慶応の歴史を調べてみようと思いました。そして,目に留まったのが北康利氏の書いた『福沢諭吉　国を支えて国を頼らず』（講談社）です。

　私の中では,「慶応は私学の中で日本を代表するブランド校」というイメージを持っていましたので「創業から今日まで順調に来たのではないか」との仮説を持って本を読みました。読みながらイメージしたのが**図表1**です。

　学生数を縦軸に,時間軸を横軸に取りました。慶応は150年の歴史があるので,時期を3つに分けました。そして,最初の50年をチャレンジ期,次の50年を成長期,直近の50年を成熟期としました。これはあくまでも私のイメージですから,実際に学生数をプロットしてみると違うことをご了承ください。

　北氏の本を読んで私が驚いたのは,私がイメージしていた以上に最初の50年で苦労している慶応の姿でした。今となってはまったくイメージすることすらできないほどです。最初の50年のところだけ本から抜粋してまとめたのが,**図表2**になります。

第4章 実践編① 社員として──質の高いマネジメントを可能にする

図表1

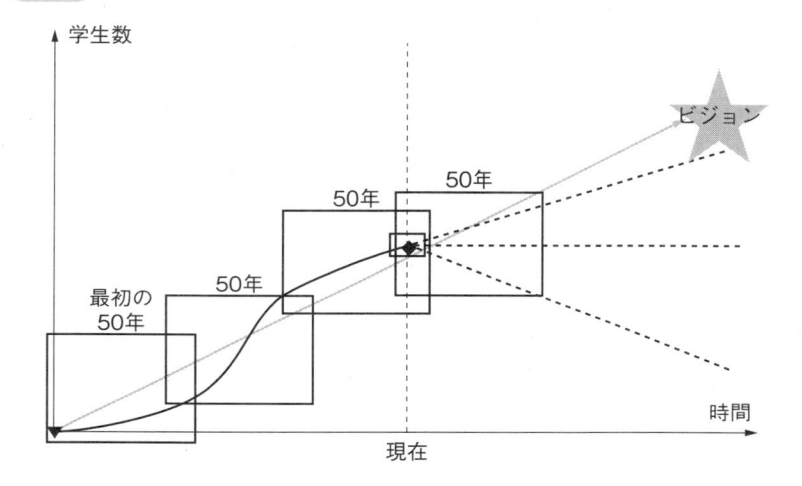

（学生数・時間のグラフ：最初の50年、50年、50年、50年と区切り、現在の位置からビジョンへ向かうS字カーブ）

図表2

創立期の学生数の推移
最初の50年

- 押しも押されぬ都下最大の私塾となって
- 学生数の減少に悩まされていた
- 大阪、京都に開校と閉鎖
- 諭吉は廃塾を決意（p225）
- 経営危機に陥った（p222）
- 諭吉の死と存続の危機（p345）
- 政府が官立学校育成に力を注いだことから、慶應義塾は再び経営危機に直面する（p268）

横軸：創立（年） 0 創立（1858年）, 9, 10, 13, 14, 17, 20, 22, 26, 43
縦軸：学生数（人） 0〜400

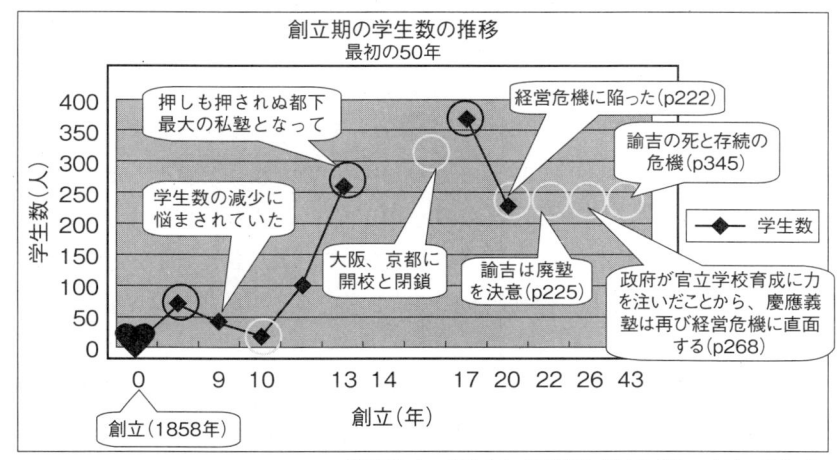

『福沢諭吉 国を支えて国を頼らず』よりバリュークリエイト作成

　慶応義塾の創立は、1858年です。創立当初は調子よくいったようですが、創立して10年目頃に最初の危機が来ます。危機の部分には白い丸をつけました。その後勢いづき、創立13年目には、「押しも押されぬ都下最大の私塾」となります。ところが創立20年目以降は危機の連続で、その中でも最大の危機は創立

43年目の「諭吉の死」でした。「このような危機の連続を乗り越えて今日の慶応があるのか」と思うと，最初とは違った目で慶応を見ている自分に気づきました。

慶応の例から言えることは，歴史の長い組織では，創立間もないチャレンジ期の記憶は通常残っていないでしょうが，**「過去，特に創立の時期まで戻ってみると学べることがたくさんある」**ということです。変化の激しい時代には，「チャレンジすること」が重要性を増してきます。ところが組織が続いていくとチャレンジすることは通常希薄になるものです。「チャレンジの火種はどこにあるのか？」，それは過去の歴史の中に眠っているものです。

■未来を描く
①10年後の会社の姿をイメージする

過去から学ぶべきことを学んだら，次に目線を未来に向けてみましょう。仮に自分が会社の経営者になったとして，**会社の10年後をイメージ**して，それを**「5つの資産」**と**「バリュートライアングル」**に埋めてみます。10年後をイメージする中で，設けた仮定についてもすべて書き出しておきます。

②10年後なんてイメージできる訳がない？

「10年後の会社の姿をイメージする」と言うと，その反応は大きく2つのタイプに分かれます。一方は，「それは，面白そうですね。大変そうだけどぜひやってみましょう」と言って，とりあえず10年後の姿を描いてしまう会社です。他方は，「そんなこと不可能だ」と言って諦めてしまう会社です。ところが，実際に10年経ってみると，両社ともに存続していますし，会社の10年間を振り返ることが可能となっています。

過去10年を振り返って見ると，一見両者の間には違いがないように見えますが，実際には大きな違いが生まれています。実際に10年間「将来を見ながら」試行錯誤してきた会社は，**知らず知らずの間に「将来を見通す力」をつけている**のです。一方，後者の会社は10年前と変わらず，将来には悲観的で足元だけ見ています。まさに「継続は力なり」と実感する瞬間です。

③いずれみな経営者になるとしたら

このような経験をすると，**「将来を見通す力」**は，「別に天才経営者でなくて

も身につけることができる」という結論になります。逆に，天才経営者と言われている人の本を読んでみても，実は私たち凡人と同じようなことをしている記述に行き当たります。つまり，「**将来は見えないものである。でも『駄目で元々』と思って一歩を踏み出し，諦めずに見えない中で見ようとして実際に行動し続けていくと，少しずつ見通すことができるようになってくる。さらに推し進めていくとかなり見通すことができるようになってくる**」というものです。逆説的ですが，「**見えないからこそしっかり見ようとする力が問われてくる**」のです。

④経営者になる前に経営者の視点を見につけることは可能か？

「将来を見通す力」が経営者として身につけるべきスキルの一つだとすると，大企業であれば**図表3**のような見方ができます。例えば，いま読者が30歳だとします。勤めている会社の社長が60代だとすると，30歳の読者の世代が社長になるにはあと30年「時間」があります。そうであれば，社長になるまでに，10年単位の仮説，検証を3回することができるのです。30歳から40歳までで1回，40歳から50歳までで1回，50歳から60歳までで1回の計3回です。

30代で始めるとよいと思うのは，30代が多くの場合，**現場から**管理者やマネジメントに変わる時期であるからです。これは，視点を変えれば，人的資産（一緒に働く仲間を育て成長させる視点）や組織資産（自分の任されている分

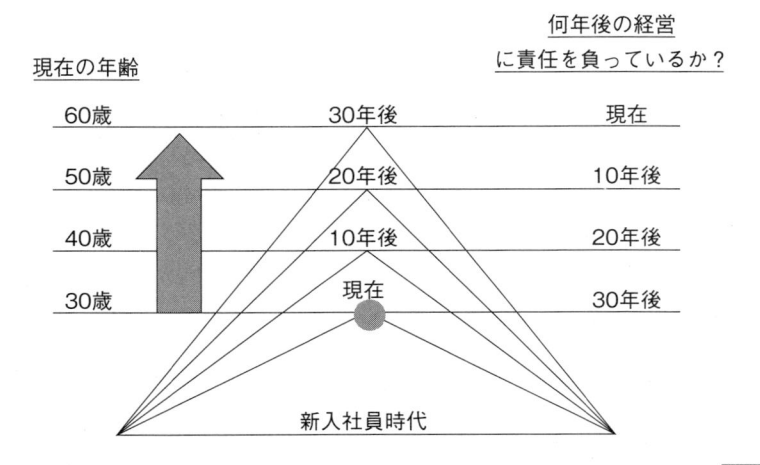

図表3

現在の年齢		何年後の経営に責任を負っているか？
60歳	30年後	現在
50歳	20年後	10年後
40歳	10年後	20年後
30歳	現在	30年後
	新入社員時代	

第4章 実践編① 社員として——質の高いマネジメントを可能にする

野での戦略や文化）を実践していく年代と言い換えることもできます。よって，全社の責任レベルではなく，責任範囲は小さいかもしれませんが，**小さな範囲では既に組織資産や人的資産，もちろん顧客資産に責任を負い始めている**のが30代なのです。通常，任されている本人にこのような意識はありませんので，できれば意図的に意識付けをしていくことが大切です。

　これは，40歳，50歳の人が手遅れということではありません。40歳の人にやってみて実際に手ごたえを感じることもあります。50歳の人だとおそらく，既に全社レベルの前の事業レベル，あるいはもっと小さい事業単位の責任者であることが多いので，実際に責任を持っている領域で具体的に10年後を考え実行していくのが効果的です。次のステップはトップマネジメントですから，その前の準備としてはとてもよい訓練になります。

ステップ2 収集可能な最長の期間を見極める

❷ できるだけ長期間で

　目的を達成するためには，できるだけ長い期間の財務諸表を入手します。できれば，20～30年分ぐらいの財務諸表が入手できるとよいです。もし可能であれば，**設立以来の財務諸表**が入手できるとさらによいです。もし，財務諸表のすべての情報の入手が難しい場合には，売上高と営業利益額の数字だけでも構いません。売上高と営業利益額の数字を，時系列でエクセルに入力してグラフに加工します。

> **ステップ3** 自分の仮説を持つ

❸ 間違っていても構わない

　ここで，「自分の仮説を持つ」とは，具体的には，「会社の過去，及び現在の状況についての自分の感じることを書き出す」ということです。特に**成長性**と**収益性**を意識しましょう。具体的には売上高であれば，例えば「会社の過去10年から20年単位で売上高が増えているのか，減っているのか」，「どのビジネスが増えているのか減っているのか。それはなぜか」について書き出しておくことです。同じように営業利益率についても書き出しておくとよいでしょう。安全性や効率性については一般的には意識することは少ないでしょうから，特に書き出しておくことはありません。

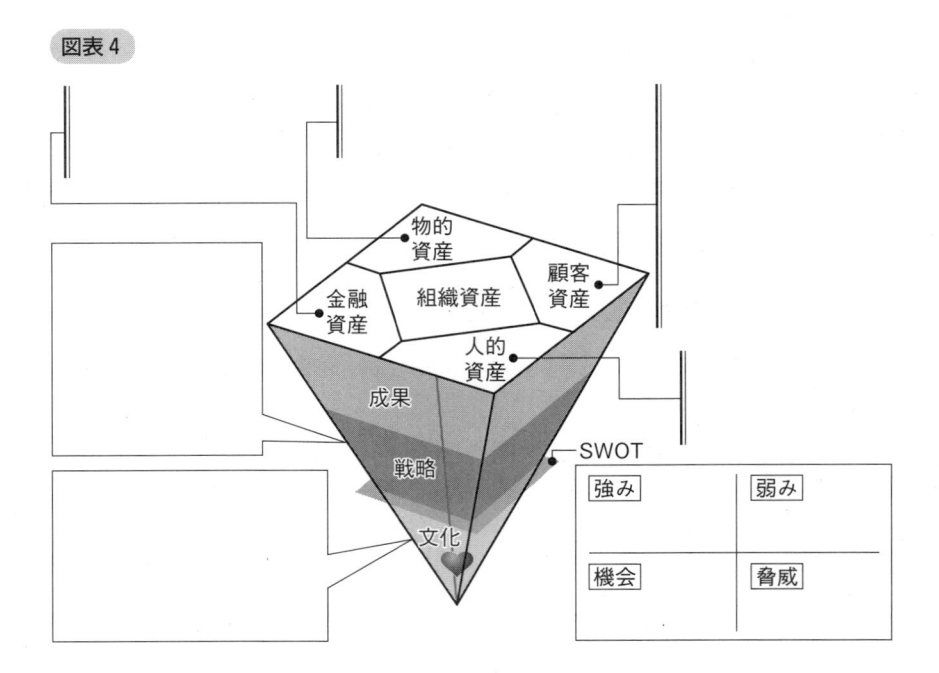

図表4

物的資産　組織資産　顧客資産　金融資産　人的資産

成果　戦略　文化

SWOT

強み	弱み
機会	脅威

図表5

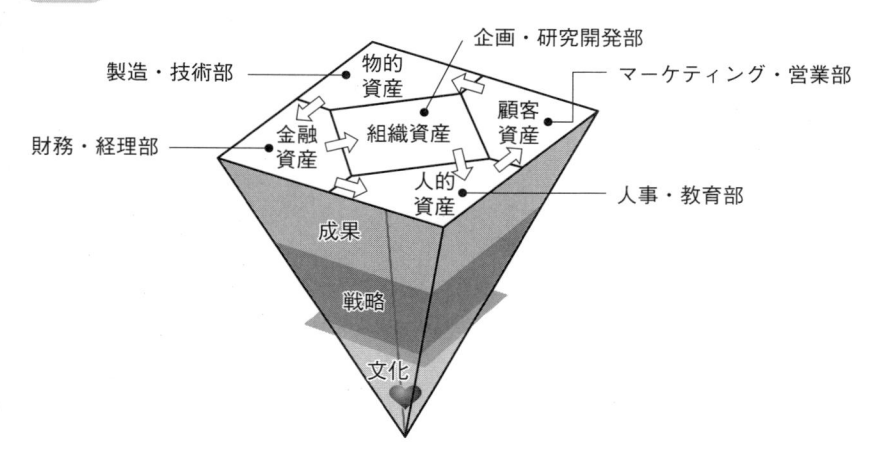

(図：逆ピラミッド型の図。上面に「物的資産」「組織資産」「金融資産」「顧客資産」「人的資産」が配置され、側面に「成果」「戦略」「文化」の層。各資産に対応する部署：製造・技術部→物的資産、企画・研究開発部、マーケティング・営業部→顧客資産、財務・経理部→金融資産、人事・教育部→人的資産)

　あるいは，**図表4**の「5つの資産」と「バリュートライアングル」を使って，会社に対する自分の理解を書き出しておいてもよいでしょう。

　私は，事業会社向けに社員研修をする際には，5人1組で**図表5**のように，「5つの資産」の各々の部署に関連のある人でチームを組んでゲームをします。まず，各担当の部分についてクイズをしてパズルを埋める感覚でイメージしてもらい空欄を埋めていきます。例えば，企画部や研究開発部の人が組織資産の欄を，人事部の人が人的資産の欄を，営業部の人が顧客資産の欄を，製造部の人が物的資産の欄を，経理部の人が金融資産の欄をという具合です。会社の文化の部分とSWOTと戦略の部分は全体に跨りますので，全体としてのクイズを出して考えます。各々のピースが埋まったら，次は，各担当の部分が矢印のようにうまく回っているか，部門の間に壁はできていないか，お客様の声をみな理解しているかなどの質問をしながら会社全体がスムーズに流れているか考えていきます。

　ポイントは「当たっている答えを書く」のではなくて**「間違っていても構わないからイメージしたことを何でも書く」**です。書き出してみると「情熱」や「ワクワク感」がどこにもないことに気づいて，みなで苦笑いすることもあります。

ステップ4　情報の収集先を明確にする

❹ 外部情報だけでも分析はできる

　社員が財務分析をする場合の情報収集は，外から見ると簡単そうに感じますが，実際にはいろいろ厄介なことがあります。例えば，社員の立場では「会社の情報」と言っても全ての情報にアクセスできるわけではなく，内部の情報を使うにも制限があったりします。

　よって，**会社全体の情報については**，全社の戦略や中期経営計画を作成するなど全社のプロジェクトに参加する機会のある人を除いては，基本的には株式公開企業であれば**外部情報を使うのが有効**です。外部情報だけからでもずいぶんと踏み込んだ分析ができるものです。

　一方，「全社の財務分析をするのでは，大きすぎて雲を掴むようだ」という場合には，自分にとって手ごろなレベルで分析するのでも構いません。レベルは，事業部ごとや支店別や営業所ごとなどが考えられます。分析する場合，唯一気をつける点は，「**５つの資産の全ての視点が入るレベルで分析する**」ということです。

　例えば，小売業のある店舗は，店長の店作りに対する想い（組織資産），店舗のSWOT分析（組織資産），従業員（人的資産），商品，店舗（物的資産），お客様（顧客資産），売上高，店舗損益（金融資産）等，５つの資産全てを含んでいれば財務分析の対象になります。一方，ある工場で分析する場合には，お客様（顧客資産）の部分が欠落するかもしれません。その場合には，工場の製品を担当している営業部と一緒に考えると５つの資産全てが揃い，分析を行うことが可能になります。

ステップ5 長期の財務分析をする

❺ 売上の大切さ

■売上，利益，キャッシュ残を重要な順に並べてみると

　既に，**第2章**で財務分析の基本は，「4つの視点」で，それは成長性，収益性，安全性，効率性だと説明しましたが，社員として財務分析をする場合には，もう少し踏み込む必要があります。それは，「経営していくうえで売上高（成長性），営業利益（収益性），キャッシュ残（安全性）を大切な順番に並べてみるとどうなるか？」という質問に対する答えを自分として持つことです（なお，ここでは効率性の視点は敢えて抜いています。実際に経営者にアドバイスする際にもかなり上級の方でないと，効率性の視点まで意識できないのが現状だからです）。

　実は，自分で実際にベンチャー企業を経営してみてはじめて，「この3つの順番をよく理解していなかった」ということに気づいたのです。10万人も従業員がいる大企業の中で一社員として働いていても，実感としてよく分かっていませんでした。

　自分たちで実際にゼロから会社を立ち上げてみて痛感したのは，「**売上高，営業利益，キャッシュ残の中で一番重要なのは売上高である**」ということです。当たり前のことなのですが，営業利益もキャッシュ残も売上高が上がらなければ残りようがありません。よって常に心の中で「売上高を伸ばそう！」あるいは「どうやったらもっと売上高が伸びるのか？」と自問自答することになります。会社の歴史が長い会社の人は，売上高があることを当たり前に思っていて，どうしても目線が利益に行きがちです。「これ以上売上高は伸びようないから，一定の売上高の中で利益を増やそう」という発想になりがちなのですが，これは危険です。なぜなら，**売上高に対する意識が希薄になると，売上高はより増えない方向性へ行ってしまう**からです。つまり，売上は増えないものだ⇒コストを削減しよう⇒利益がでる⇒（しばらくすると）売上が下がる⇒売上は増え

ないものだ⇒コストを削減しよう…という方向へ向かってしまいます。このような方向性を縮小均衡へ向かうという言い方をする人もいますが，実際にこのタイプの会社にアドバイスをすると，「縮小均衡へ向かっているのではなく（飛行機に例えると）墜落している」のが実際なのです。

　次に重要なのはキャッシュ残です。営業利益よりもキャッシュ残が重要です。売上高が伸びないとキャッシュ残も利益も残りようがありませんが，売上高が伸びてくると次に重要なのはキャッシュ残です。

　「キャッシュ残がゼロになる」というのは，会社が潰れてしまうことです。キャッシュがなくなると，どんなに利益が出ていたとしても会社は潰れてしまいます。いわゆる「黒字倒産」です。逆に，利益が出ずに損失を垂れ流していても，キャッシュ残がある限りにおいて会社は生き残ることができます。

　よって財務諸表を見る場合にも**「一番重要なのは売上高，次がキャッシュ残，最後が利益」**と覚えておいてください。

■売上高を伸ばそう！

　あなたは「売上高を伸ばそう！」という言葉を聞いてどのように感じますか。好意的に感じますか。あるいは否定的に感じますか。いろいろな会社にアドバイスしていると，「売上高を伸ばそう！」という言葉一つとっても反応は様々です。ある人は，「売上高を伸ばすのは素晴らしいことです。それだけ弊社の製品サービスがお客様から喜ばれているのですから」と好意的に捉えます。そうかと思うと，「これから日本の人口が減っていくというのに，まだそんな理想論を言っているのか。どうせノルマを達成するためにやっているだけだろ。俺は売上高なんて関心ないね」と否定的な人もいます。

　損益計算書に計上されている売上高は数字だけですが，我々は，**売上高の立て方**にもこだわりを持っているのです。そうであれば，売上高について考える際にもう少し工夫が必要です。

■質のよい売上とは？

　同じ売上でも**「質のよい売上」**と**「質の悪い売上」**があると仮定するとどういうことになるでしょうか？「質のよい売上」であれば，「売上を伸ばそう！」

図表6

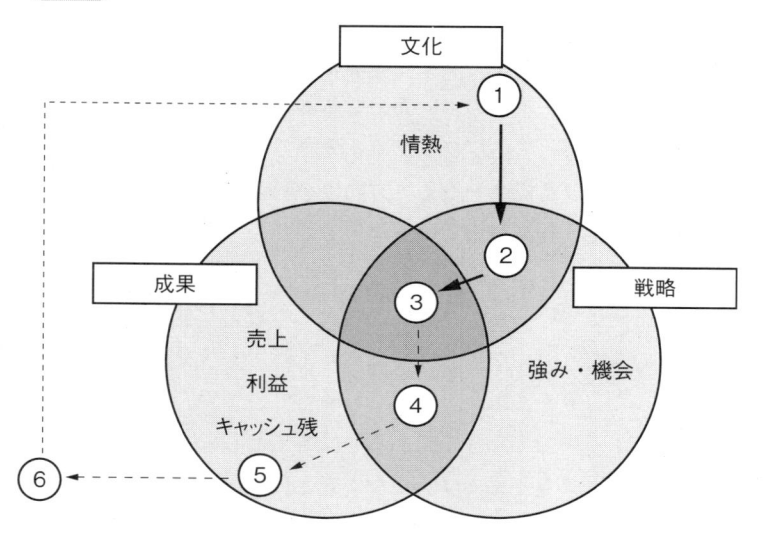

```
        ┌──────┐
        │ 文化 │
        └──────┘
          ①
         情熱
          ↓
┌──────┐  ②  ┌──────┐
│ 成果 │  ③  │ 戦略 │
└──────┘     └──────┘
  売上        強み・機会
  利益   ④
 キャッシュ残
⑥ ←---- ⑤
```

というとみな喜んでくれるでしょう。一方,「質の悪い売上」であれば否定的になる,と考えると一歩前進できそうです。

では,何をもって「質のよい売上」と「質の悪い売上」を分けるのでしょうか？ 我々がお客様にアドバイスする際には**第3章**で説明した「バリュートライアングル」の「情熱」,「戦略」,「成果」の3つの部分を使って質の良否を説明します。**図表6**をご覧ください。

最初は①の「情熱」です。私たちは,「文化」という言い方をしていますが,そう言うと硬い印象になりますので,ここでは「情熱」と言います。ここには一緒に働く仲間がワクワクしている様子,一生懸命いろいろなチャレンジをして失敗しても挫けず完成するまでやり通す様子,毎日コツコツと改善していく様子,お客様の期待を超えるようなサービスを提供したいと思う様子,チームワークをもって仕事を進めていく様子など組織として持っている様々な「情熱」を指します。

次の部分は,「強みと機会」です。私たちは,「戦略」と言います。ここには「会社として持っている強みを活かして,強みが一番活きるそして今後一番伸びる機会を捉えて方向性を明確にすること」を指します。

最後の部分は、「成果」です。実際に売上が伸び、キャッシュ残が増え、利益が出ることを指します。

このような3つの部分の中心にできる部分（③の部分）を、私たちは「社会に対する貢献」と呼び一番**質のよい売上**であると定義しています。

つまり、**自分たちがとてもワクワクする分野**で、自分たちの**強みを最大限に活かし**、今後一番**伸びる機会**を捉えて**方向性を明確**にし、**実際に売上が伸び、キャッシュ残が増え、利益が出ている**様子です。

実際、創業期から成長期に進んでいる会社や、公開後も成長期を続けている会社とお付き合いしていると、まさにこの真ん中の売上を上げていると感じます。実際にはいきなり③になるわけではありません。話を聞いていると、情熱があってもまったく成果が出ない時期を経験しています。そこからさらにいろんな試行錯誤をする中で②を経て、あるいは結果として②になって③になったということです。③になるまではなかなか売上にしろ、利益にしろ目立った成果は出ていないものです。そんな過程を経て③にたどり着いた会社にとっては、「売上を伸ばす！」はまさに「社会に対する貢献」になるわけで、とても嬉しい前向きな話になるのです。

一番質のよい売上が③だとすると、質の悪い売上は、質のレベルによりますが、④や⑤や⑥は質が下がっていく過程を描いています。

④はたとえば、それまで売上を伸ばすことに謙虚で誠実であった会社が、いつの間にか初心を忘れて傲慢になっていくようなイメージです。傲慢は、情熱とはまったく異なります。傲慢であってもそれまでの蓄えがありますから、しばらくは続くでしょうが、するべきチャレンジや改善を怠っていると自社の強みや機会も見失い、⑤や⑥のように成果が出ない体質になってしまいます。⑤は成果を出すためだけの売上を指します。でも**成果を出すためだけの売上は通常増えにくい**ものです。

それはなぜでしょうか？

働いている人に情熱もなく、会社としての強みもなく機会も乏しい部分で売上を伸ばそうとする、このような状況では通常売上を上げるのはとても難しい状況になるからです。

私がお客様に対して「売上高を伸ばそう！」という場合には、「社会に対し

て大きな貢献をしよう！」と同じ意味で言っています。つまり，3つの輪がすべて重なっている部分の売上高を指しています。なぜなら，その部分の売上高であれば追求する価値も可能性もありますし，実際に追求すれば実現することも可能でしょうが，それ以外の部分は極度に実現することが難しくなるからです。

「売上高を伸ばそう！」と聞いて否定的に思われた方，ぜひこの3つの輪のどこの部分の売上をイメージしたのか自分なりに検証してみてください。

■20代は貢献を意識する必要はない

「売上を伸ばそう！」＝「社会に対して大きな貢献をする！」と言ってきましたが，「売上高＝社会貢献」になるには，私は**人としての経験や成熟度がある程度必要**だと思っています。

何より私自身が20代には「売上高＝社会貢献」とはまったく考えていませんでした。20代の私は，日本で仕事よりも合コンとスキーにはまり，30代ではアメリカで仕事よりもゴルフと子育てにはまっていました。さすがに30代では「お客様の期待を超えるようなサービスを提供してお客様に喜んでほしい（顧客資産の視点）」とか「一緒に働く仲間がプロとして成長してほしい（人的資産の視点）」とか思うようになりましたが，「仕事＝社会貢献」とは考えていませんでした。

私は，**20代は仕事であろうがプライベートであろうが，「自分がワクワクすることをどんどんやったらよい」**と思っています。人間，自分がワクワクすることであれば前向きに取り組むことができますし，失敗しても乗り越えることができるからです。何よりも使い古された言葉ですが，「好きこそものの上手なれ」ですし，「失敗は成功の元」ですし，「失敗するからこそ成長がある」のだと思います。私は，**30代は「ワクワク＋成長」**と考えています。いろんなワクワクすることからチャレンジをし，改善をすることを通じて強みが出てくるのです。そこから機会を捉えると大きな成果が出てきます。

40代以降を私は「ワクワク＋成長＋貢献」だと考えています。**40代になって初めて貢献がでてくればよいのです**。私が「貢献」という言葉を好んで使うようになったのも，実は40代になってからです。20代や30代のときに「貢献」と

言われても「献血をする」とか「ボランティアをする」しか思い浮かびませんでした（私は，何も献血とかボランティアを否定しているのではありません）。

　ですから20代の読者で「売上高を伸ばそう！」＝「社会貢献」と言われて「？」と思う人はその気持ちを大切にしてください。そしてまず何よりも仕事であろうがプライベートであろうが，**自分のワクワクする気持ちを大切にしながらいろんな経験を積む**のがよいと思います。その経験は私自身の人生を振り返っても「正しい道」だと思います。もし「ワクワクすることがない」というのであれば，いろんな経験をしてみるとよいでしょう。実際やってみると，経験するうちの多くは「面白くもなんともないこと」でしょうが，1つや2つぐらいは自分の心が動く瞬間があるはずです。

> ステップ6　分析の限界をフォローする

❻ 疑問点を解決する

　以上の分析から出てきた疑問点や関心事項を書き出したら，次は実際に解決していきます。社員による財務分析から出てくる疑問点や関心事項は，通常4つのタイプに分かれます。

■会社の過去の歴史から導かれること

　会社に勤めて10年の人は，過去10年会社で起こっていることについてはおおまかに記憶に残っていると思います。同じように，会社に20年や30年勤めている人は20年，30年の歴史を経験しています。よって，20年前，30年前のことであれば，昔から会社にいる人に聞くのが一番です。もし，創業者が会社にいる場合には，ちょっと気が引けるでしょうが，ぜひ創業者に話を聞きに行くべきです。創業の想いとか創業当時の苦労，何がきっかけで会社が成長したか等知っておいて損はありませんし，実際に聞いてみると多くの人が「聞いてよかった！」と言います。

■専門分野や最新事情に関連すること

　専門分野であれば，社内で一番その分野に詳しい人に聞きに行きます。最新事情であれば，現場の第一線で働いている人に聞きに行きます。社内で聞いていくと，話の延長で外部の人の名前が出てくることがあります。「この専門分野であればA会社のBさんが一番詳しいよ」と聞いたら，メモを取っておきましょう。もし可能であれば，紹介してもらって話を聞きに行くのも良いでしょう。このように具体的に行動を起こしていくと，最初はまったく分からなかった分野のことでも，誰がその分野に一番詳しいか知っていれば，その後またアップデイトしたいときには，直接コンタクトすることができます。

■利害関係者の声を必要とすること

お客様の声（顧客資産），サプライヤーの声（物的資産），社員の声（人的資産），投資家の声（金融資産）を聞きたい場合には，問題のない範囲で関係部署の了解を得た上で実際に聞いてみるのがよいでしょう。多くの人が躊躇しますが，実際に手続きを踏めば実現可能ですし，実際に聞くと机で考えているだけのときとはまったく違った「生の声」を聞くことができますし，何を変えなければいけないか具体的に解決策が見えてくることが多くあります。

■会社の戦略や文化に関すること

会社の戦略や文化に関することは，本来トップマネジメントの責任領域なので，機会を作ってトップの話を聞くのがよいでしょう。ところが，意外と会社の戦略や文化が薄くなっている会社があります。戦略や文化の視点が薄くなっている会社の場合には，残念ながらトップマネジメントの話を聞いてもリアリティがなく空虚に聞こえるものです。そのような場合には，自分たちなりの会社の**戦略や文化のたたき台**を作るのがお勧めです。たたき台を作ったら，実際にそれに沿って無理のない範囲で行動してみましょう。フォーマルに動くのは問題があるでしょうが，インフォーマルに有志で動くだけでも会社にとってはよい影響が出てくるものです。何年かやっていると会社から認知されるようになりフォーマルな形になることすらあります。**第3章**で説明した「価値へ向けた投資」となるような活動は1年で成果が出ることはないですが，5年，10年単位で動いていく中で成果が出てくるものです。

> **ステップ7** 結論を出す

7 目的に対して結論を出す

　分析の限界をフォローしたら，これまでの理解を「**5つの資産**」と「**バリュートライアングル**」でまとめておきます。

　さらに，**目的に対して結論を出します**。会社の将来の方向性の原因は，「5つの資産」であれば，主に組織資産，人的資産，顧客資産の「見えない資産」の中に眠っています。一方，「バリュートライアングル」であれば，主に戦略と文化の中に眠っています。これらの原因をより意識でき，しかもその中身が豊かであれば，将来の財務諸表，例えば10年後の売上高や営業利益率，さらにはD/EレシオやROAが高まっていくのは必然的です。一方，もし意識することが少なく，「原因」が乏しく見るものがなければ，おそらく10年後の売上高等の指標も乏しいものになります。

　では，実際の会社を2社分析してみましょう。社員による財務分析の1社目が**住友金属工業株式会社**，2社目が**カルチュア・コンビニエンス・クラブ株式会社**です。

(社員として) ケース1
住友金属工業株式会社

ステップ1 　分析の目的を明確にする
目指すは「数字を使える」ビジネスパーソン

　社員による財務分析の1社目は，住友金属工業株式会社（以下「住金」といいます）です。今回は住金のご協力により，入社して5年目の亀岡さんが財務分析をします。

　亀岡さんは，2005年4月入社で，同年6月に和歌山製鉄所の生産管理部物流室に配属されました。物流室では，住金の主力製品のひとつである「シームレスパイプ」の出荷管理，在庫管理，品質管理を担当していました。2009年10月に，現在建設中のブラジル製鉄所の建設プロジェクトメンバーに抜擢され，現在は新製鉄所建設の推進メンバーの一人として活躍しています。亀岡さんは，前から「財務分析の勉強をしなければいけない」と思っていたそうですが，「世の中にたくさんの財務分析の本がありすぎて何から読んでいいのかわからない」ということで，一歩を踏み出せずにいたそうです。お会いして話を聞いてみると「いつかは数字を読んで実際のビジネスで使えるようなビジネスパーソンになりたい」と思っていることもわかりました。今回は，そんな亀岡さんと一緒に財務分析をしていきます。

　分析の目的は，「自社の過去の長期の財務分析から学べる点を抽出し，住金の経営と方向性を学び，現在の仕事に活かす」としました。

ステップ2 　収集可能な最長の期間を見極める
期間は過去31年

　社員として財務分析する場合，できるだけ長い期間を分析対象にします。住金は，毎年アニュアルレポートを発行し，「経営報告書」と呼んでいます。調べてみたところ，住金の経営報告書には，長期間の財務情報が盛り込まれていますので，今回は経営報告書を使って分析します。具体的には，主要な財務情報については，過去11年を集めることができました。一部の情報について

は，1978年から過去31年の情報がありましたので，31年の情報を使って分析します。

ステップ3 仮説が難しければイメージだけでも十分
（自分の仮説を持つ）

まず，亀岡さんに自社に対するイメージを語ってもらい，以下のように整理しました。

仮説① （経済環境）	2005年4月入社なので，今回の世界的な経済危機は初めての経験です。
仮説② （将来の方向性に対する不安）	2008年秋以降の急激な変化は現場で働いていて感じます。実際，自分のいた和歌山製鉄所では一部減産をしていますので，今後会社がどうなっていくのか不安に感じることがあります。
仮説③ （投資への不安）	一方，自分が関わっているプロジェクトは，会社にとって新しく重要だと思うのですが，足元の会社の状況を考えると「本当に建設して大丈夫なのか？」と不安になることがあります。

ステップ4 住金のHPを情報収集先とする
（情報の収集先を明確にする）

まず，住金のHPに行きます。HPに行ったところ，「投資家・株主情報」があり，その中に「経営報告書」があります。2009年版の経営報告書のp7とp8に「11年間財務データ」として，売上高，営業利益，D/Eレシオ，ROA等主要な財務指標が載っています（**図表7**）。これはとても便利です。p20には，1978年から2009年までの過去31年の売上高，経常利益と1株当たり当期純利益，設備投資額，従業員の推移がグラフになっていましたので使うことにします（**図表8**）。

住金の場合，多くの指標が既に経営報告書上でグラフになっていますので，それを活用することにします。グラフについては該当箇所で各々説明します。

図表7

11年間財務データ

	1998年度 (1999年3月期)	1999年度 (2000年3月期)	2000年度 (2001年3月期)	2001年度 (2002年3月期)
	単位：百万円			
業績				
売上高	1,347,004	1,424,104	1,497,641	1,349,528
営業利益	12,426	9,300	90,598	40,096
経常利益	−64,950	−63,791	23,626	748
税金等調整前当期純利益	−86,520	−212,990	20,777	−105,167
当期純利益	−69,469	−145,124	5,836	−104,720
設備投資（工事ベース・有形固定資産のみ）※1	137,300	106,600	77,000	74,600
減価償却費（有形固定資産のみ）※1	119,700	146,800	132,200	121,100
研究開発費 ※2	22,500	23,989	20,980	18,646
財政状態				
総資産	2,720,513	2,774,496	2,733,114	2,433,431
自己資本 ※3：				
株主資本＋評価・換算差額等 (2005年度以前、資本合計を指す)	502,249	341,598	368,116	274,432
純資産 ※3	530,197	389,659	415,620	325,917
借入残高：				
借入金＋社債＋コマーシャルペーパー	1,673,336	1,882,335	1,780,694	1,648,779
キャッシュ・フローの状況 ※4				
営業活動によるキャッシュ・フロー	—	46,711	158,721	18,478
投資活動によるキャッシュ・フロー	—	−80,516	9,982	39,633
財務活動によるキャッシュ・フロー	—	−101,028	−142,602	−89,466
フリーキャッシュ・フロー	—	−33,804	168,704	58,111
現金及び現金同等物の期末残高	—	79,274	101,092	70,390
1株当たり情報	単位：円			
当期純利益	−20.59	−39.95	1.61	−28.83
配当金（年間）	0	0	0	0
財務指標	単位：%			
ROS（売上高営業利益率）：				
営業利益÷売上高	0.9	0.7	6.0	3.0
ROA（総資産金利前経常利益率）：				
支払利息前経常利益÷総資産（期中平均）	−1.1	−0.9	2.2	1.1
ROE（自己資本当期純利益率）：				
当期純利益÷自己資本（期中平均）	−13.4	−34.4	1.6	−32.6
自己資本比率：				
当期純利益÷総資産	18.5	12.3	13.5	11.3
D/Eレシオ	単位：倍			
借入残高÷自己資本	3.33	5.51	4.84	6.01
PER（株価収益率）：				
株価÷1株当たり当期純利益	—	—	44.1	—
	単位：10億円			
期末時価総額	519.4	290.5	257.8	174.3
	単位：百万株			
発行済株式数	3,632.2	3,632.2	3,632.2	3,632.2
	単位：円			
年度末株価	143	80	71	48

※1 設備投資，減価償却費について，1998年度から2001年度まで，億円単位で算出しています。
※2 研究開発費について，1998年度は億円単位で算出しています。
※3 自己資本と純資産の差額は，少数株主持分になります。
※4 キャッシュ・フローについて，1998年度は計算していないため，記載していません。

2002年度 (2003年3月期)	2003年度 (2004年3月期)	2004年度 (2005年3月期)	2005年度 (2006年3月期)	2006年度 (2007年3月期)	2007年度 (2008年3月期)	2008年度 (2009年3月期)
単位：百万円							
1,224,633	1,120,855	1,236,920	1,552,765	1,602,720	1,744,572	1,844,422
69,828	93,041	182,878	305,804	303,774	274,396	226,052
41,309	68,715	173,245	280,733	327,676	298,218	225,736
33,278	39,901	169,577	306,183	341,725	281,298	194,459
17,076	30,792	110,864	221,252	226,725	180,547	97,327
50,906	67,190	60,374	82,679	135,868	178,887	158,697
91,762	78,371	79,238	75,255	72,291	102,565	109,854
13,555	13,590	14,732	16,427	18,769	20,102	22,120
2,122,370	2,001,727	1,923,142	2,113,391	2,301,556	2,418,310	2,452,535
328,754	376,036	483,237	720,866	880,807	901,946	857,697
347,632	399,428	517,311	762,172	924,798	949,303	904,371
1,415,303	1,171,216	885,918	679,778	717,984	883,888	990,010
161,127	220,820	277,389	311,943	171,833	230,043	190,582
58,329	−27,418	−12,013	−63,892	−108,934	−274,316	−214,977
−164,935	−240,841	−297,336	−258,367	−83,456	48,751	52,623
219,457	193,402	265,376	248,050	62,899	−44,273	−24,395
121,712	74,025	42,416	32,596	13,020	16,669	42,979
単位：円							
4.36	6.42	23.05	46.03	47.89	39.43	20.98
1.5	1.5	5.0	7.0	8.0	10.0	10.0
単位：％							
5.7	8.3	14.8	19.7	19.0	15.7	12.3
2.9	4.4	9.7	14.5	15.4	13.2	9.9
5.7	8.7	25.8	36.7	28.3	20.3	11.1
15.5	18.8	25.1	34.1	38.3	37.3	35.0
単位：倍							
4.31	3.11	1.83	0.94	0.82	0.98	1.15
12.4	21.6	8.4	11.0	12.7	9.6	9.4
単位10億円							
258.1	667.7	927.0	2,425.2	2,826.2	1,753.6	913.7
単位：百万株							
4,782.2	4,805.9	4,805.9	4,805.9	4,805.9	4,805.9	4,805.9
単位：円							
54	139	193	505	609	378	197

第4章 実践編① 社員として——質の高いマネジメントを可能にする

ステップ5　3つの時代
長期の財務分析をする

①まずは成長性の分析から

図表8-Ⅰ～8-Ⅳは，経営報告書のp20の売上高，経常利益と1株当たり当期純利益，設備投資額，従業員数の1978年度から2008年度までの推移のグラフです。

最初に，住金の成長性の分析から始めましょう。

図表8-Ⅰ

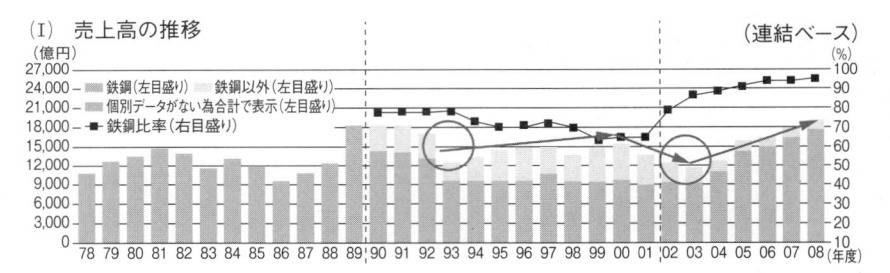

(Ⅰ) 売上高の推移　　　　　　　　　　　　　　　　（連結ベース）

凡例：
- 鉄鋼（左目盛り）
- 鉄鋼以外（左目盛り）
- 個別データがない為合計で表示（左目盛り）
- 鉄鋼比率（右目盛り）

縦軸左：（億円）0〜27,000　縦軸右：（%）10〜100　横軸：78〜08（年度）

まず，亀岡さんが注目したのが，1990年度以降「鉄鋼」と「鉄鋼以外」に売上高を分けていることです。1990年度以前のデータは個別データがないため区分されていませんが，1990年度以降で見ると，「鉄鋼比率」は1990年度が約80％であったのが，2001年度に向けて少しずつ下がっており，2001年度がボトムで約65％となっています。

一方，2001年度以降は，「鉄鋼」の比率は上がっており，2008年度には90％を超えています。

鉄鋼の「売上高の推移」を見ると，鉄鋼の売上高は，1993年度から2001年度までは概ね横ばいであることがわかります。一方，2001年度以降，鉄鋼の売上高は2008年度まで増えていることがわかります。

よって，亀岡さんは，1978年度から2008年度までを「大きく3つの時代に分けることができるのではないか」と考えました。一つが，1989年度までで，

「経済成長の時代」としました。次が1990年度から2001年度までで「多角化の時代」としました。最後が2002年度以降で「本業回帰の時代」としました。

以前，先輩から「1989年度までは，日本の経済成長と共に成長し，1990年度以降は，経済成長がピークを迎え，将来を危惧して多角化を志向したが結果としてうまくいかず，その経験から学んで，2002年度以降は本業に回帰した」と聞いたことがありました。実際，売上高の推移から自社の過去30年間を振り返ると，大きく3つの時代に分けることができるので，各々の時代に線を引いて分けることにしました。2005年に入社した亀岡さんにとっては，2005年以降の推移については理解できるものの，それ以前は先輩からの話で理解するしかなかったのですが，自社の過去の数字から理解することができることがわかりました。

過去30年の自社の売上高の推移が理解できたところで，次に直近10年の成長性を見てみます。売上高の推移を見ると，分岐点は2003年度であることがわかります。2003年度までは売上高が下降線を辿っていたのが，2003年度以降は2008年度まで上昇傾向にあります。過去5年の売上高の成長率は年率10.5％となっています。

②収益性

収益性は営業利益率で見ますが，今回は過去31年の推移を見ることができる**図表8-Ⅱ**を使うことを優先して，経常利益と1株当たり当期純利益の推移を見ることにしました。

図表8-Ⅱ

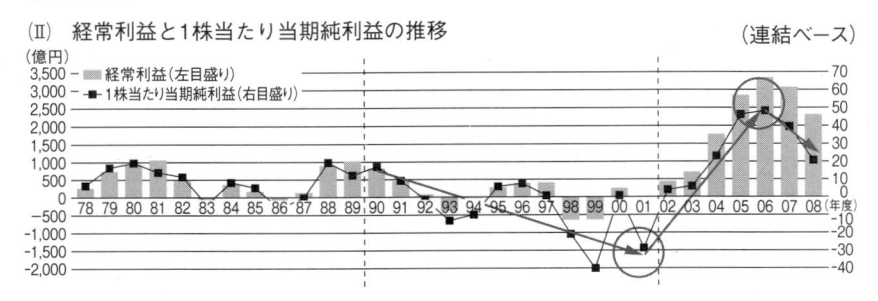

(Ⅱ) 経常利益と1株当たり当期純利益の推移 （連結ベース）

まず、住金の収益性を過去30年間で捉えてみましょう。

「経済成長の時代」は、一部に損が出ている年がありますが、基本的に利益基調であることがわかります。一方、「多角化の時代」の経常利益の水準は低く、1株当たり当期純利益も下降線を辿っていることがわかります。分岐点は、2001年度です。1990年度から2001年度までは下降線を辿っていた1株当たり当期純利益は、2002年度以降2006年度まで上昇傾向にあることがわかります。分岐点は、2006年度でそれ以降は下がっています。

過去30年間で見ると、「本業回帰の時代」である直近7年からが、一番経常利益が出ていることが経常利益の面積の大きさからわかります。次に利益が出ているのが、「経済成長の時代」です。「多角化の時代」は経常利益で見てもとても厳しい時代であることもわかりました。

次に、直近10年の収益性を見ましょう。分岐点は、既に見てきたように2001年度です。2002年度以降は経常利益が鰻登りであることがわかります。ちなみに、2006年度の経常利益は3,000億円を超えています。直近3年で見ると、分岐点は2006年度でしたが、それ以降下降していることから、亀岡さんは、「この下降線がどこまで続くのか、どこから反転するのか」について関心が出てきました。

③設備投資額の推移と従業員の推移

設備投資額の推移と従業員の推移は、通常の分析では見ませんが、今回は情報があるので軽く見ておきましょう。ちなみに、設備投資額の推移は、5つの

図表8-Ⅲ

(Ⅲ) 設備投資額の推移 　　　　　　　　　　　　　　　　　(連結ベース)

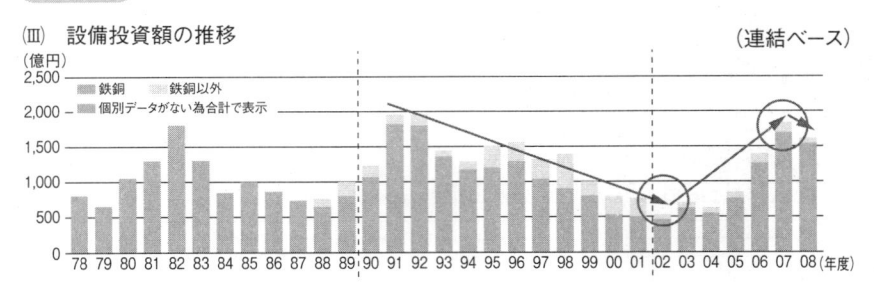

資産で見ると「物的資産」になり、従業員の推移は「人的資産」になります。

設備投資額は、「多角化の時代」に入った1991年度から2002年度に向かって下がっているのがわかります。1991年度の設備投資額は2,000億円に届くほどですが、2002年度は約500億円となっています。本来、設備投資額は将来の成長性や収益性を高めるために行うものですが、既に見てきたように、残念ながら、多角化の時代の設備投資はそれ以降の成長性、収益性には貢献していないようです。設備投資額の分岐点は、2002年度です。2002年度以降は少しずつ設備投資額が増えています。2007年度の設備投資額は1,500億円を超えています。そして、2007年度が分岐点となっています。

図表8-Ⅳ

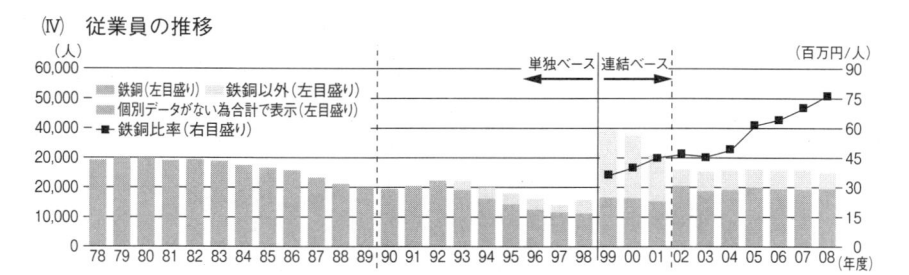

(Ⅳ) 従業員の推移

従業員の推移では、1998年度までが単独の数字、1999年度以降が連結ベースとなっていますが、1999年度の従業員数の半分以上が鉄鋼以外であったのが、その後小さくなっているのが分かります。一方、鉄鋼の従業員数は、2002年度以降2万人前後でほとんど変化していない点に亀岡さんは着目しました。2001年度以降鉄鋼の売上高は増えていますが、従業員数はほとんど増えていません。よって、従業員1人当たりの売上高が2001年度に45百万円/人だったのが2008年度には75百万円/人となっていることが分かります。亀岡さんは、「生産性の改善と共に従業員がより筋肉質になっているのではないか」と考えました。

従業員の推移を見ていて、亀岡さんが気づいたことがもう1つあります。それは、2009年の現在の状況は世界的な不景気で足元は厳しい状況ですが、新入

社員の採用人数は過去から変わっておらず採用し続けていることです。足元の業績が厳しくなると，採用人数を絞るのが一般的ですが，住金では絞らずにいるのです。

④安全性

安全性については，**図表9**をご覧ください。**図表9**は，D/Eレシオの推移（左軸）と自己資本比率の推移（右軸）で，経営報告書2009から抜粋しています。

D/Eレシオは，2001年度が分岐点で約6倍となっています。2001年度以降は急激に下がり続け，2005年度が約1倍となり，その後は約1倍前後を推移しています。収益性の分析で亀岡さんが気づいたように，2002年度以降住金の収益性が高まっているのと相関して，D/Eレシオは大幅に改善していることがわかります。

よって，前回の経済のボトムであった2002年と現在を比べると，厳しい状況であることには変わりはないですが，安全性の観点からみると，2002年当時よ

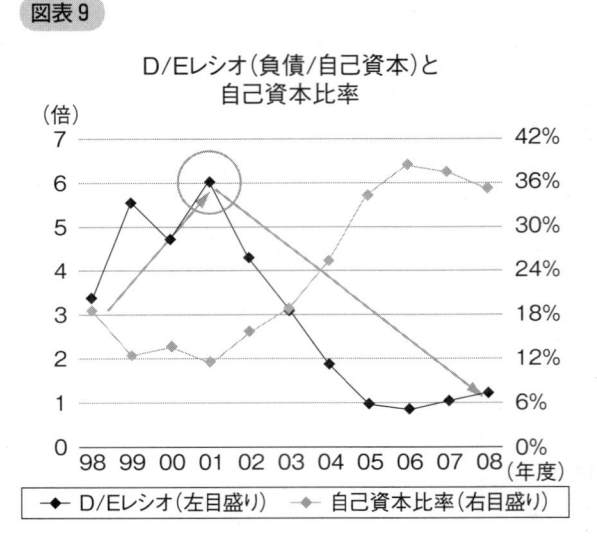

図表9

D/Eレシオ（負債/自己資本）と自己資本比率

りもD/Eレシオが大幅に改善していることがわかります。

⑤効率性

効率性の指標は、社員の場合ROAですが、その推移を表したのが**図表10**です。なお、本書では、ROAを経常利益と総資産の比率と定義していますが、住金では、支払利息前経常利益と総資産の比率と定義しています。既に**第2章**で説明したように、ROAは定義によって算式が違ってきますのでご注意ください。

住金のROAは、1998年度から2003年度まで少しずつ改善していることが分かります。2003年度以降はさらに高まり分岐点は2006年度で15.4％となっています。2006年度以降は下がっており2008年度は約10％です。

効率性については、亀岡さんが社内で意識しているのもROAとのことでした。具体的には、亀岡さんが担当していた物流の分野であれば、「1時間当たりで出荷できる製品を考える場合に、1時間で90トンであったのが、1時間で100トンに増えることで、お客さまの納期を満たし、かつ手元の在庫が減り、かつ売上高が増え、利益も増える。手元の在庫が減り利益が増えることで、より少ない資産（A）でより高い利益（R）を高めることになり、より効率的に

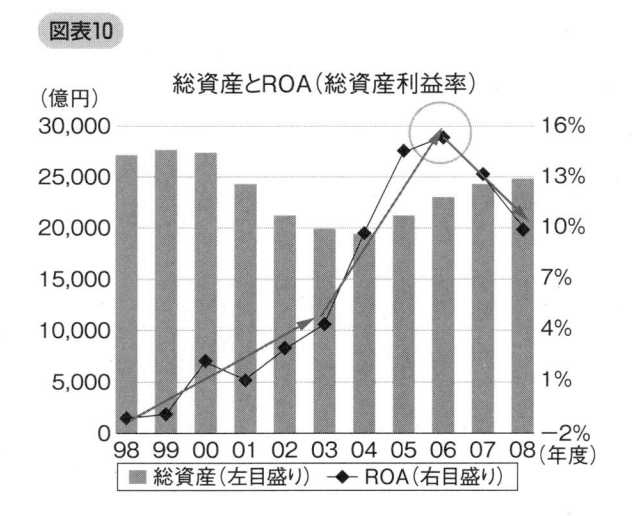

図表10 総資産とROA（総資産利益率）

なった」というふうに使うそうです。一定の資産あるいはより少ない資産で，より利益が上がる方向での活動であれば，ROAも高まることになりますので，同じ範疇の議論になります。

⑥ここまでのまとめと疑問点

ここまでのところで一度まとめますと以下のようになります。

仮説① （経済環境）	実際，売上高や経常利益の推移を見ると，2005年は上昇基調の途上であり，成長性だと2008年度，収益性だと2006年度の分岐点を境に下降線になっています。そして，2006年度以降は経常利益が下降しているなか，2008年秋以降の世界的な不景気の影響を受けていることがわかりました。よって，「現状は下降線にあるので自分が不安に感じるのも当然だ」と感じたようです。
仮説② （将来の方向性に対する不安）	「4つの視点」のうち収益性と効率性で下降線にありますので，自分が不安に感じるもの当然だと理解できました。さらに，経常利益のグラフから，亀岡さんは2002年度以降の利益水準が過去20年で比べるととても高いことに気づきました。同じ不景気の状況でも，現在と2001年度では大きく違うことに気づきました。
仮説③ （投資への不安）	財務分析から特に浮かび上がってくることはありませんでした。

ステップ6　分析の限界をフォローする
経営報告書から浮かび上がること

以上から浮かび上がってきた問題意識を持ちながら，経営報告書を読んでみることにしました。

住金の「経営報告書2009」を読んでみると以下のことが浮かび上がってきました。亀岡さんに，ポイントを5点まとめてもらいました。

1．まず，過去30年の業績の推移に対しては，「経営報告書2009」のp05に説明があり，以下のように分けてありました。

(ア) 戦後～1980年代
　① 経済環境
　　● 高度経済成長
　　● 経常利益率は1～6％の範囲で変動
　② 経営方針・施策
　　● 規模拡大策の推進
　　● オイルショック後は多角化推進
(イ) 1990年代
　① 経済環境
　　● バブル崩壊，「失われた10年」
　　● 利益は低迷
　② 経営方針・施策
　　● 持続的成長のために必要な投資の継続
　　● 「選択と集中」によるコア事業回帰
(ウ) 2002年～
　① 経済環境
　　● 世界的需要の拡大
　　● 経常利益率は10％超へ
　② 経営方針・施策
　　● 資産圧縮などの構造改革による体質強化
　　● 「差別化の加速」による「質」と「規模」のバランスの取れた成長

　亀岡さんは，「経営報告書2009」の過去31年のグラフから，自分なりに同じように3つに区分していたので，興味深かったようです。

　さらに，「経営報告書」のp19に「過去30年の活動から住金が何を学んだのか」の記述がありました。

> 「鉄は基礎産業素材です。景気循環の影響は不可避です。最近30年を見てもいくつかの波があり，それを乗り越える過程で住友金属は学んできました。
> 　日本の戦後高度経済成長は，1973年の第一次オイルショックで終わりました。住友金属は，売上高・粗鋼生産規模の大幅な拡大が見込めなくなったことにより，成長のエンジンを鉄以外の事業に求めはじめました。1990年前後の「バブル景気」の時代には，エレクトロニクス・新素材などの多角化事業に人材，資金などの経営資源を投入しました。しかし，その多くで資金を回収することができませんでした。
> 　財務安全性の改善には，大きな痛みが伴いました。この経験を経て，住友金属の従業員は，第一線に至るまで，収益の重要性について，それまでよりもより深く，より強く認識して行動するようになりました。
> 　一方で，このような時代においても，鉄鋼の製造現場第一線では，製品・プロセスの地道な改善・改良の努力は一貫して続けられました。苦しい時代の全従業員の努力が，2002年からの世界的な鉄鋼需要拡大局面に実を結び，現在の当社へとつながっています。
> 　住友金属は過去から学び，第一線の従業員に至るまで，収益をあげてステークホルダーの皆さまに貢献することを念頭に行動します：
> ①　コアビジネスに集中します。
> 　　キーワード：「強いところをより強く」
> ②　業績のダウンサイドリスクに強い収益体質を構築します。
> 　　キーワード：「質と規模のバランスある成長」
> ③　長期的に必要な研究や投資は続けます。
> 　　キーワード：「差別化の加速」
> 　これらのキーワードは「住金らしさ」を構成する要素のうちの大きな３つです。お客さまに高い価値をお届けすることにより，当社も成長し，社会の発展のお役に立つという考え方で，「鉄をつくり未来をつくる」という言葉につながります。」

　亀岡さんは，和歌山製鉄所にいる頃から，現場でも「強いところをより強く」や「質と規模のバランスある成長」という言葉はよく聞いていましたが，これらのキーワードが，住金が過去から学んできた歴史の上に成り立っているということを今回初めて知りました。多角化することにより，必ずしも自社の

強みがない分野にまで手を出したために財務体質が弱くなってしまった，という過去の経験があるからこそ，「強いところをより強く」していくことが重要だと気づくことができたのだとわかりました。

> 2．現状認識と将来への見通しについては経営報告書のp11の社長メッセージに以下のような記述があることを見つけました。

「08年度下期以降，経済環境が大きく悪化しました。09年度は当社の業績も大きく後退し，経常赤字を見込んでいます。しかし当社は，厳しい現状を直視しながらも，将来への準備を進めます。

① 09年度上期から下期にかけて収益の改善を見込んでおり，原材料キャリーオーバー（注）や棚卸資産評価損などの一過性の要因を除けば，09年度も通年で経常黒字を維持すると試算しています。
② 当社の状況は10年前と全く違っています。
  - コアビジネスに集中しています。
  - D/Eレシオをはじめとして，財務安全性が大きく改善しています。
  - 当社の主要顧客の一つであるエネルギー産業向けの市場では，主要な競争相手の数が減るなど，構造改革が進んでいます。原油価格も中長期的には安定すると考えています。
③ 世界の鉄鋼需要は，中長期的に中国，インド，ブラジルなどの新興国を中心に量の拡大と質の高度化を遂げると考えています。
　　私が社長就任以来掲げてきた，「差別化の加速」，「強いところをより強く」の戦略を堅持し，次の経済回復に備えます。02年度以前の収益変動パターンに戻ることはないと考えています。」

（注）原材料キャリーオーバー：当該年度に契約した鉄鉱石や原料炭を次年度に使用することで，過去高い価格で購入している原材料が残っているため将来に対してはマイナスの影響を与えること

亀岡さんが特に関心を持ったのは，「厳しい現状を直視しながらも，将来への準備を進めます」という部分です。亀岡さんは，会社も現状を厳しいと認識

図表11

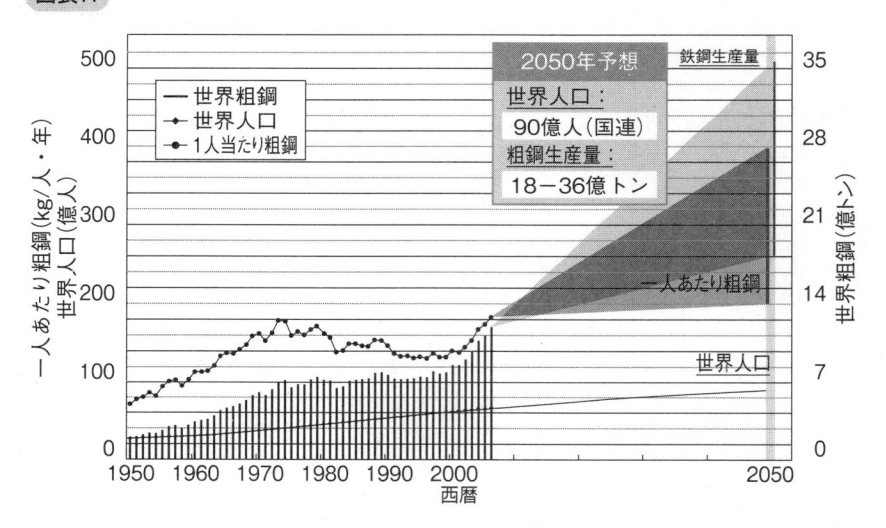

500 ─── 世界粗鋼
　　　─●─ 世界人口
　　　─●─ 1人当たり粗鋼

2050年予想
世界人口：90億人（国連）
粗鋼生産量：18－36億トン

一人あたり粗鋼
世界人口

している点で自分と一緒ですが，自分はそこで不安に感じている一方で，会社は「将来への準備を進めます」という点で違いがあることに気づきました。しかも，「将来への準備を進めます」というのは，「まさにいま自分が関わっているブラジル製鉄所の建設である」と再認識しました。ただ，まだ不安なのは，「現状の厳しさの後に景気が回復するのか否か？」という点でした。ところが，その点についても会社は「世界の鉄鋼需要は，中長期的に中国，インド，ブラジルの新興国を中心に量の拡大と質の高度化を遂げると考えています」と将来を明確に描いていることに気づきました。確かに，以前，プロジェクトに関わる際に，将来像の説明を受けた記憶がありますが，記憶は薄くなっていました。そして，そのときに渡された将来の世界人口と鉄鋼生産量と一人あたり粗鋼の予想のグラフを思い出しました。そのグラフは図表11です。それによると，2050年には世界人口は90億人，一人当たりの年間粗鋼量200～400kg/人・年とすると，粗鋼生産量は18～36億トンになるというものでした。

　亀岡さんと，話をしていて作ったのが**図表12**です。亀岡さんは，2005年に入

図表12

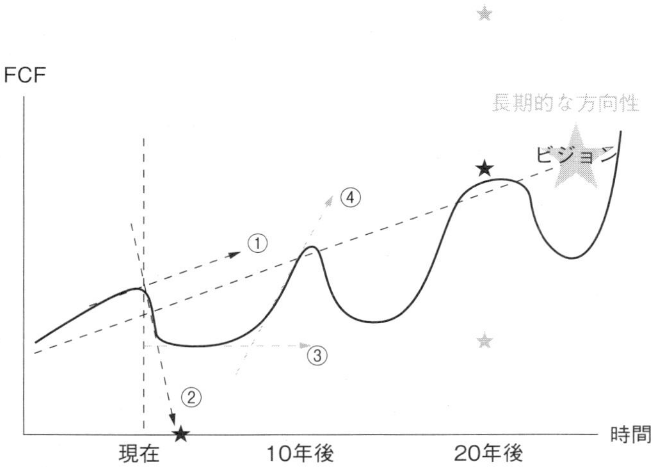
FCF
長期的な方向性
ビジョン
④
①
③
②
時間
現在
10年後
20年後

社して今回，初めて下降線を経験しています。少し前まで（具体的には2008年前半），「過去の延長でいけるのではないか？」と思っていた状況を①のラインで表しました。ところが，実際は急激な下降線を経験しています。そうなると，どうしても現状のラインの延長線で将来を見てしまうことに亀岡さんは気づいたのです。②の将来の延長線を☆印で表しました。現実はそのあとの動きを見ると少し違う動きをしました。どこかのタイミングで②のラインから③のラインに入っていきます。③のラインの延長は現状の延長ですが，②の延長が会社の存続が危うくなる状況であることと比べると随分と心持は違ってきます。

ところで，「長期的な方向性はどれでしょうか？」それは，残念ながら短期の延長線ではありません。長期的な方向性が短期の延長ではないからこそ，「長期的な方向性を見据えながら短期的な危機には慎重に対処する」という視点が生まれてくるのです。

亀岡さんにとって，この気づきはとても新鮮だったようです。自分が不安に思っていたのが，「現状が②や③のラインに入っているから」であること，「短

期的な方向性が必ずしも長期的な方向性とは一致しないこと」を学びました。

3．経営については，「社長メッセージ」の以下の文章が目に留まりました。

> 「私は，住友金属が10年，20年，さらにより長い将来にわたって持続的に成長できるように，ということを第一に考えて経営にあたっています。住友金属が，株主の皆さま・お客さま・地域社会の皆さま・従業員などステークホルダーの皆さまのお役に立つには，長期持続的に事業が成長することが不可欠だと考えるからです。」
> さらに
> 「住友金属は，400年の間に磨き抜かれた住友の事業精神と，100年間続いた住友金属のものづくりの歴史と伝統をもって，事業に打ち込んでまいりました。これからも，長期の視点でものづくりを続けていく決意です。」

亀岡さんは，会社の経営が短期を意識しながらも，同時に長期も重視して経営していることを再確認しました。確かに，現場にいても削れるコストは削る努力をする一方で，必要な設備投資や，研究開発や教育研修は削らずに行われている日常を思い出しました。

4．財務の安全性と今後の方向性については，「経営報告書」のp18の財務担当役員メッセージの以下の記述に関心を持ちました。

> 「08年度末の借入残高は9,900億円でした。持続的成長のための投資の結果，借入残高は05年度以降増加傾向ですが，02年度期初の約1兆6,500億円と比べると大幅に少ない水準です。自己資本比率は35.0％，D/Eレシオは1.15と，財務の安全性を確保しています。（中略）10年度以降は，極端な減産状態からの回復による営業キャッシュフローの改善，そして一連の投資支払いが09年をピークとして減少していくことから，改善に向かうものと予想しています。中長期的にD/Eレシオで1.0未満を目指していきます。」

自分の心配が，「財務の安全性が損なわれるのではないか？」との不安から来ていることに気づいた亀岡さんは，自社のD/Eレシオが「中長期的に1.0未満を目指している」こと知って安心しました。

> 5．最後に、亀岡さんが関わっているブラジルのプロジェクトについて、「経営報告書」のp23に記述がありました。

　それによると、エネルギー分野の市場環境は、「中長期的に成長が見込まれ」、「エネルギー開発環境がますます過酷になり、品質要求が高度化し」、「環境保全に貢献する製品のニーズが増大する」方向に向かっているようです。そんな環境の中で、住金の戦略は、「卓越した技術優位性とお客さまとの信頼関係をベースに、環境保全に貢献する高品質製品に注力し」、「ブラジルでのシームレスパイプ製造合弁事業を進め、スーパーハイエンドおよびハイエンドシームレスパイプの世界拡販・供給体制を確立する」というもので、これにより「今後の需要回復に備える」ということでした。

ステップ7　結論を出す　見えてきた自分の仕事の意味

①フレームワークでまとめてみると

　亀岡さんの住金に対するこれまでの理解を「5つの資産」と「バリュートライアングル」でまとめてもらったのが**図表13**です。

②結論

　分析の目的を「自社の過去の長期の財務分析から学べる点を抽出し、住金の経営と方向性を学び、現在の仕事に活かす」としました。結論は、「自社の過去の長期の財務分析からは、過去30年で、「経済成長の時代」、「多角化の時代」を経て、現在は「本業回帰」をしていること、現状は厳しいが「差別化の加速」、「強いところをより強く」の戦略を堅持していくこと、将来へ向けての準備は怠らないこと、その中で自分がやっているブラジル新製鉄所の建設は将来へ向けての準備であること」を再確認しました。最初は、現在の局面は厳しい中で不安に思っていましたし、「本当に建設して大丈夫なのか？」と不安にも思っていました。ところが、財務分析をして、さらに経営報告書を読んだところ、いまは会社を信じて自分の仕事に邁進しようと感じたようです。亀岡さんに、「10年後はどんな仕事をしていたいと思いますか？」と話を向けたところ、

図表13

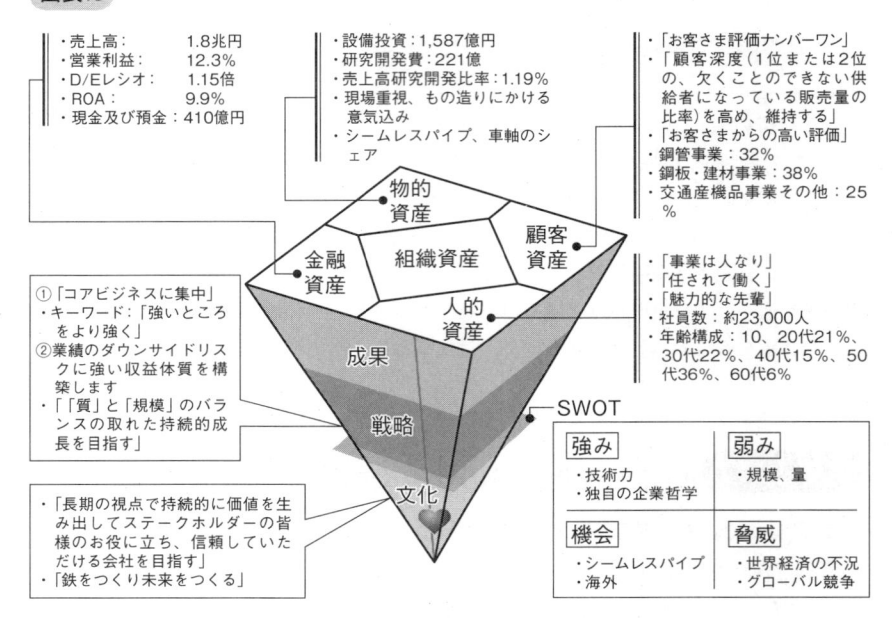

- ・売上高： 1.8兆円
- ・営業利益： 12.3%
- ・D/Eレシオ： 1.15倍
- ・ROA： 9.9%
- ・現金及び預金：410億円

- ・設備投資：1,587億円
- ・研究開発費：221億
- ・売上高研究開発比率：1.19%
- ・現場重視、もの造りにかける意気込み
- ・シームレスパイプ、車軸のシェア

- ・「お客さま評価ナンバーワン」
- ・「顧客深度（1位または2位の、欠くことのできない供給者になっている販売量の比率）を高め、維持する」
- ・「お客さまからの高い評価」
- ・鋼管事業：32%
- ・鋼板・建材事業：38%
- ・交通産機品事業その他：25%

①「コアビジネスに集中」
・キーワード：「強いところをより強く」
②業績のダウンサイドリスクに強い収益体質を構築します
・「質」と「規模」のバランスの取れた持続的成長を目指す

- ・「事業は人なり」
- ・「任されて働く」
- ・「魅力的な先輩」
- ・社員数：約23,000人
- ・年齢構成：10、20代21%、30代22%、40代15%、50代36%、60代6%

- ・「長期の視点で持続的に価値を生み出してステークホルダーの皆様のお役に立ち、信頼していただける会社を目指す」
- ・「鉄をつくり未来をつくる」

物的資産／金融資産／組織資産／顧客資産／人的資産
成果／戦略／文化

SWOT

強み	弱み
・技術力 ・独自の企業哲学	・規模、量

機会	脅威
・シームレスパイプ ・海外	・世界経済の不況 ・グローバル競争

「今回のブラジルのプロジェクトをぜひ成功させて，さらに海外のどこかで新しいプロジェクトに関われるような人間になりたい」との答えが返ってきました。

財務分析を終えて

　亀岡さんは，「今回実際に自社を財務分析してみて，ずいぶんと財務分析に対する印象が変わった」ということでした。財務分析をする前は，財務分析とは，一つの期，たとえば2009年3月期の財務諸表だけを見て，「売上高がいくらあって，利益がいくら増えて」という感じで，財務諸表から読み取れることを数字で確認することだと思っていたそうです。よって，過去30年とか過去10年を振り返るとは思っていませんでした。しかも，過去を振り返ることでたくさんのことが学べるので正直ビックリしました。いままで経営報告書は表紙し

か見たことがなかったのですが，自社の経営報告書を読むことが，実は一番の財務分析の勉強になると気づきました。

ケース2 カルチュア・コンビニエンス・クラブ株式会社
（社員として）

ステップ1 自社の「見えない資産」を探る
分析の目的を明確にする

社員による財務分析の2社目は、『TSUTAYA』や『Tポイント』でお馴染みのカルチュア・コンビニエンス・クラブ株式会社（以下「CCC」と言います）です。今回は、CCCのご協力により、管理本部の田中さん（仮名）と戦略本部の鈴木さん（仮名）と一緒に財務分析をします。

2人とも、CCCに1998年に入社して、2010年の4月で入社12年になる中堅社員です。田中さんは、入社後、最初の7年は子会社の現場で商物流をやっていました。2005年に企画に移り、2008年から現在の職場に移っています。鈴木さんは、入社後、新規事業であったディレクTVの業務に携わりました。2000年にTSUTAYAの中部地方での物件開発の仕事に携わり、2006年から現在の職場に移っています。2人とも、最初は現場に関わり、その後管理あるいは戦略の仕事に関わるという経歴で、比較的会社の数字に触れる機会が多いです。

分析の目的は、「公開情報から長期の財務分析を通じて自社の分析がどこまでできるのか？　公開情報には現れない自社の「見えない資産」は何か？」としました。

ステップ2 2000年に株式公開
収集可能な最長の期間を見極める

社員による財務分析は、できるだけ長期ですることが望ましいです。一部CCCから情報を入手した上で、過去10年の公開情報をもとに財務分析します。

ステップ3 分岐点は2006年
自分の仮説を持つ

まず、田中さんと鈴木さんが語った自社に対するイメージを整理しておきましょう。

仮説① (2006年までの成長)	1998年に入社以来，2006年までは階段を駆け上ってきたような勢いがあったと思う。
仮説② (分岐点としての2006年)	2006年が一つの分岐点で，それ以前と以降ではCCCを取り巻く環境や方向性は大きく変わってきていると思う。
仮説③ (会社の将来)	自分たちが入社20年になる2019年には，2009年時点とは随分と違う姿になるのではないかと感じている。

ステップ4　情報の収集先を明確にする
10年分の財務情報

まず，CCCのHPに行きます。HPに行くと，「株主・投資家情報」があります。「株主・投資家情報」をクリックすると，「有価証券報告書・四半期報告書」があり，2006年から2009年までの4年分の有価証券報告書を見ることができます。2006年の有価証券報告書の中に，2005年も含まれているので，過去5年分入手できます。なお，2000年から2004年までの財務情報はHPにありませんが，今回はCCCより入手した上で分析します。

入手した情報から作った簡易連結財務諸表が**図表14**です。次に，図表から財務分析をするためのグラフを作成します。作成したグラフは，分析の中でお見せします。

図表14

簡易連結損益計算書 (単位：百万円)

勘定科目	2000	2001	2002	2003	2004	2005	2006	2007	2008	2009
売上高	80,453	98,408	107,295	122,138	142,337	191,531	228,379	210,615	237,730	220,688
営業利益	3,527	3,063	4,627	5,120	5,714	8,075	14,194	14,435	15,213	15,249
経常利益	3,205	2,872	4,347	4,985	5,316	7,775	14,487	14,807	15,133	16,051
当期純利益	79	935	2,366	1,259	2,390	−3,900	−31,203	7,281	2,931	8,142
売上高成長率		22.3%	9.0%	13.8%	16.5%	34.6%	19.2%	−7.8%	12.9%	−7.2%
営業利益率	4.4%	3.1%	4.3%	4.2%	4.0%	4.2%	6.2%	6.9%	6.4%	6.9%
経常利益率	4.0%	2.9%	4.1%	4.1%	3.7%	4.1%	6.3%	7.0%	6.4%	7.3%

図表14 続き

簡易連結貸借対照表   (単位：百万円)

	2000	2001	2002	2003	2004	2005	2006	2007	2008	2009
現金及び預金	5,164	5,976	5,298	3,616	6,104	7,856	7,288	10,155	6,962	4,804
受取手形及び売掛金	10,190	12,586	12,670	14,000	18,857	15,710	16,107	20,243	21,950	17,903
たな卸資産	9,720	7,303	5,312	8,146	13,310	19,535	18,400	20,290	23,557	22,704
その他	1,601	2,258	2,274	3,376	5,617	10,008	15,570	14,951	15,987	14,977
流動資産合計	26,575	28,123	25,554	29,138	43,888	53,109	57,365	65,639	68,456	60,388
有形固定資産合計	3,036	2,580	3,872	4,364	5,666	6,613	7,576	9,513	8,792	12,717
無形固定資産合計	2,196	2,146	3,321	5,484	11,395	5,918	7,277	15,694	12,493	12,101
投資その他の資産合計	10,607	10,917	11,823	13,820	14,797	16,598	22,259	27,223	24,260	29,538
固定資産合計	15,839	15,643	19,016	23,668	31,859	29,129	37,114	52,431	45,546	54,356
資産合計	42,425	43,766	44,570	52,806	75,747	82,239	94,479	118,070	114,002	114,745
支払手形及び買掛金	7,929	9,618	10,611	12,689	20,552	14,792	15,842	22,814	21,129	16,621
短期有利子負債	17,792	14,691	9,870	9,088	10,430	13,799	10,898	16,306	19,368	18,206
未払金	2,525	4,265	4,424	6,466	7,075	8,176	12,576	10,228	9,658	11,186
その他	1,325	2,352	2,159	3,052	4,447	7,003	13,388	15,965	16,698	17,256
流動負債合計	29,570	30,925	27,065	31,295	42,504	43,800	52,704	65,313	66,853	63,269
長期有利子負債	4,388	2,131	4,892	6,188	8,637	10,628	6,493	6,866	3,672	2,206
その他	3,351	2,636	3,089	4,551	4,074	8,164	7,387	6,441	5,231	6,392
固定負債合計	7,739	4,767	7,981	10,739	12,711	18,792	13,880	13,307	8,903	8,598
負債合計	37,310	35,692	35,045	42,034	55,216	62,592	66,584	78,620	75,756	71,867
少数株主持分	1,514	953	214	246	2,529	3,596	3,642			
純資産合計（資本合計）	3,602	7,120	9,311	10,526	18,002	16,049	24,253	39,449	38,246	42,878
負債純資産合計(負債、少数持ち株主分及び資本合計)	42,425	43,766	44,570	52,806	75,747	82,239	94,479	118,070	114,002	114,745

	2000	2001	2002	2003	2004	2005	2006	2007	2008	2009
純資産合計（資本合計）	3,602	7,120	9,311	10,526	18,002	16,049	24,253	39,449	38,246	42,878
少数株主持分								8,172	6,662	3,459
株主資本 ※1	3,602	7,120	9,311	10,526	18,002	16,049	24,253	31,277	31,584	39,419
有利子負債合計	22,180	16,822	14,763	15,275	19,067	24,427	17,391	23,172	23,040	20,412
D/Eレシオ	6.2	2.4	1.6	1.5	1.1	1.5	0.7	0.6	0.6	0.5
総資産回転率	1.9	2.2	2.4	2.3	1.9	2.3	2.4	1.8	2.1	1.9
ROE	2.2%	17.4%	28.8%	12.7%	16.8%	−22.9%	−154.8%	26.3%	9.4%	23.3%
ROA	7.2%	6.7%	9.8%	10.2%	8.3%	9.8%	16.4%	13.9%	13.0%	14.0%

※1　開示制度の変更のため、2007年から株主資本の計算の仕方を変更している。

ステップ5　長期の財務分析をする　4つの視点で分析する

①まずは成長性の分析から

最初に，CCCの成長性の分析から始めます。

CCCの売上高の推移（**図表15**）を見て分かるのは，2000年から2006年まで

売上高が急激に伸びている点です。2000年の売上高が804億円，2004年の売上高が1,423億円で，この期間の年率成長率は15%でした。さらに2006年の売上高が2,283億円ですから，2004年から2006年までの2年間の年率成長率は26%となりとても高い成長率を実現したことが分かります。よって，2004年が分岐点で成長にはずみがついたように見えます。ちなみに，2000年から2006年までの年率成長率は19%です。一方，2006年以降は，売上高は2,200億円前後でアップダウンしている状況で，売上高の上では明らかに2006年が分岐点であったことが分かります。

　仮説①（2006年までの成長）については，図表15を見る限り，まさに2人のイメージ通りの売上高の増加が描かれています。田中さんに更に補足してもらいました。

図表15

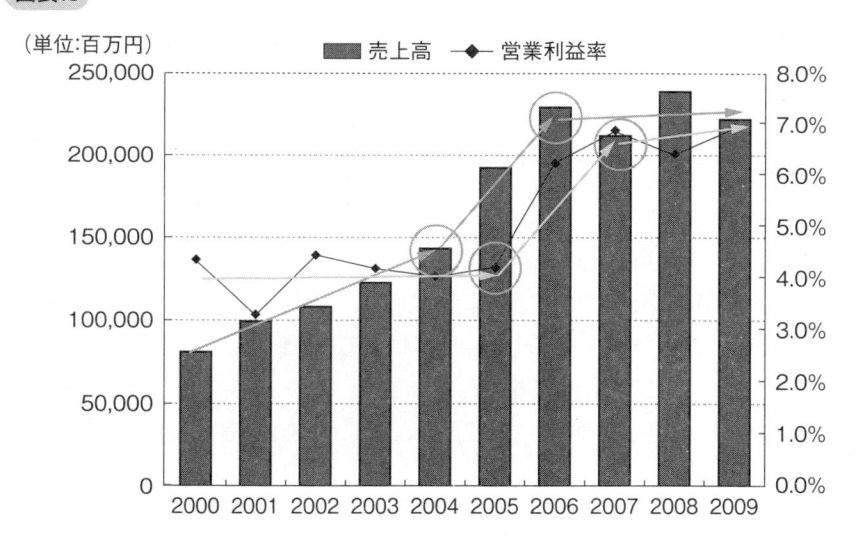

- 2003年3月までは，店舗の拡大が売上高成長のドライバーでした。
- 2003年3月に東京証券取引所の一部に指定変えを行いました。
- 2003年4月以降は，店舗の拡大に加え，店舗以外のM&Aを戦略の一つの柱としました。

　具体的には，2004年3月にCCCは，株式会社レントラックジャパン（以下「レントラック」と言います）の株式公開買い付けを実施し，レントラックを子会社としました。レントラックはDVDソフトの商品供給をしている会社です。当時は，VHS方式からDVD方式へのフォーマットの変更時期であったために，店舗面積をより有効活用できるDVDへの移行で一気に売上高が伸びました。またPPTシステムの活用も売上高の増加を後押ししました。PPTシステムとは，ウィキペディアによると，Pay Per Transactionの略語で，「映画製作会社からソフト（＝フィルム）の使用許諾を得たリース会社（＝配給会社）は，レンタルビデオ店（＝映画館）に対してソフトのリースを行い，レンタルビデオ店は貸出実績（＝入場料収入）に応じて売上の中からロイヤリティをリース会社に支払い，リース会社は制作会社へ使用料を支払う」仕組みです。2005年頃には，大規模なフランチャイジーの加盟により，100店舗規模の店舗数の拡大があったことも売上高の増加に貢献しました。このような理由が重なって，2006年までは売上高が急激に増加したのです。

②収益性

　収益性は，2000年から2005年までは上下ありますが，4％前後の営業利益率で推移していることが分かります。分岐点は，2005年で，2005年から2007年に2％強増益しています。次の分岐点が2007年で，2007年から2009年にかけて上下はありますが，7％前後で推移しています。

　田中さんに補足をお願いしたところ，以下のコメントをもらいました。

- 営業利益額で見ると，2005年が80億円であったのが，2006年に141億円と約1.8倍になっています。営業利益率で見ると，2005年が4.2％であったのが，2006年には6.2％と2％改善しています。成長性の分析で説明したように，2004年3月にレントラックを子会社化しましたが，それによりCCCとレントラック

> の強みの相乗効果が働いたこと，加えて会計方針を変更（のれん・連結調整勘定の一括償却）したことにより営業利益額，営業利益率でも改善したのではないかと考えています。

③事業の種類別セグメントごとの成長性，収益性を見てみよう

　売上高の推移を見ると，2006年以降売上高に凸凹があることが分かります。売上高の推移だけでは，理由を掴むのが難しい場合には，事業の種類別セグメントの売上高と営業利益率で比較してみると何か掴めるかも知れません。CCCより一部の情報を入手した上で，2003年以降の事業の種類別セグメントごとの売上高と営業利益を表にしました。**図表16**をご覧ください。

①各事業の内容について

　2005年にセグメントの変更を行っているために，連続してみるのは難しくなっていますが，大きく「直営事業」と「店舗運営事業」，「フランチャイズ事業」「商品事業」と「フランチャイズ関連事業」「コンテンツ関連事業」が関係しています。

　最初に，簡単に各々の事業の説明をしておきましょう。事業については，有価証券報告書の「事業の内容」を参考にしています。

- 直営事業：「TSUTAYA」を自社の店舗で運営している事業で，主たる会社は株式会社TSUTAYA STORESです。
- フランチャイズ事業：「TSUTAYA」のフランチャイズ展開事業で，主たる会社は株式会社TSUTAYAです。
- 商品事業：物品供給事業やコンテンツ事業を行っており，レントラックを含むグループ会社23社が関わっています。
- インターネット関連事業：情報サービス提供事業で，主たる会社は株式会社ツタヤオンラインです。
- カード関連事業：カード発行代行事業やポイント事業を行っており，株式会社Tカード&マーケティングが行っています。

図表16

事業の種類別セグメント　　　　　　　　　　　　　　　　　　　　（単位：百万円）

		2003	2004	2005	2006	2007	2008	2009
直営事業	売上高			49,742	60,900	71,097	76,906	67,362
	構成比			26.0%	26.7%	33.8%	32.4%	30.5%
	成長率				22.4%	16.7%	8.2%	−12.4%
	営業利益			−2,314	−101	−385	−1,001	−1,873
	構成比			−30.7%	−0.7%	−2.4%	−5.9%	−11.1%
	営業利益率			−4.7%	−0.2%	−0.5%	−1.3%	−2.8%
フランチャイズ事業	売上高			23,624	25,794	28,982	29,992	29,742
	構成比			12.3%	11.3%	13.8%	12.6%	13.5%
	成長率				9.2%	12.4%	3.2%	−0.6%
	営業利益			4,969	6,455	9,037	9,925	9,418
	構成比			65.9%	46.5%	56.4%	58.2%	55.7%
	営業利益率			21.0%	25.0%	31.2%	33.2%	31.7%
商品事業	売上高			104,925	113,792	62,331	75,688	75,368
	構成比			54.8%	49.8%	29.6%	31.8%	34.2%
	成長率				8.5%	−45.2%	21.5%	−0.4%
	営業利益			4,115	5,483	4,710	5,725	6,212
	構成比			54.6%	39.5%	29.4%	33.6%	36.8%
	営業利益率			3.9%	4.8%	7.6%	7.6%	8.2%
インターネット関連事業	売上高	3,479	4,113	7,055	16,425	13,379	17,039	19,864
	構成比	2.8%	2.9%	3.7%	7.2%	6.4%	7.2%	9.0%
	成長率		18.2%	71.5%	132.8%	−18.5%	27.4%	16.6%
	営業利益	520	648	338	1,018	980	972	1,290
	構成比	10.4%	11.6%	4.5%	7.3%	6.1%	5.7%	7.6%
	営業利益率	15.0%	15.8%	4.8%	6.2%	7.3%	5.7%	6.5%
カード関連事業	売上高			4,788	5,318	6,357	6,722	6,712
	構成比			2.5%	2.3%	3.0%	2.8%	3.0%
	成長率				11.1%	19.5%	5.7%	−0.1%
	営業利益			482	1,070	1,525	1,508	2,009
	構成比			6.4%	7.7%	9.5%	8.8%	11.9%
	営業利益率			10.1%	20.1%	24.0%	22.4%	29.9%
マーケティング・ソリューション事業	売上高					28,486	31,450	21,638
	構成比					13.5%	13.2%	9.8%
	成長率						10.4%	−31.2%
	営業利益					168	−81	−160
	構成比					1.0%	−0.5%	−0.9%
	営業利益率					0.6%	−0.3%	−0.7%
その他	売上高			1,396	6,148			
	構成比			0.7%	2.7%			
	成長率				340.4%			
	営業利益			−49	−42			
	構成比			−0.6%	−0.3%			
	営業利益率			−3.5%	−0.7%			

図表16 続き

フランチャイズ関連事業	売上高	78,583	88,333					
	構成比	64.3%	62.1%					
	成長率		12.4%					
	営業利益	4,928	6,271					
	構成比	98.8%	112.6%					
	営業利益率	6.3%	7.1%					
店舗運営事業	売上高	37,131	45,164					
	構成比	30.4%	31.7%					
	成長率		21.6%					
	営業利益	−557	−1,461					
	構成比	−11.2%	−26.2%					
	営業利益率	−1.5%	−3.2%					
コンテンツ関連事業	売上高	2,946	4,725					
	構成比	2.4%	3.3%					
	成長率		60.4%					
	営業利益	96	111					
	構成比	1.9%	2.0%					
	営業利益率	3.3%	2.3%					
計	売上高	122,138	142,337	191,531	228,379	210,615	237,730	220,688
	営業利益	4,987	5,569	7,541	13,889	16,035	17,048	16,896
	営業利益率	4.1%	3.9%	3.9%	6.1%	7.6%	7.2%	7.7%
消去	売上高							
	営業利益	133	145	534	311	−1,600	−1,835	−1,647
	営業利益率							
連結計	売上高	122,138	142,337	191,531	228,379	210,615	237,730	220,688
	営業利益	5,120	5,714	8,075	14,194	14,435	15,213	15,249
	営業利益率	4.2%	4.0%	4.2%	6.2%	6.9%	6.4%	6.9%

- マーケティング・ソリューション事業：法人向けソリューションサービス事業を行っており，デジタルハリウッドを含む15社が関わっています。

②セグメントから見た成長性と収益性について

いくつか大きな変化を追ってみることにします。田中さんからは以下の説明を受けました。

- 成長性について
  - 商品事業の2007年の売上高は，2006年と比較して45.2％減少しています。この理由は，2006年まで商品事業の子会社であった日本ソフトサービス株式会社が，持分の売却により連結子会社から持分法適用会社になったからです。
  - マーケティング・ソリューション事業は，2007年から始まっていますが，これはセグメントの区分の関係で，「インターネット関連事業」に含まれていた株式会社アイ・エム・ジェイの売上高とその他事業の売上高を引き継いでいます。
- 収益性について
  - 営業利益率では，まず，「直営事業」が営業赤字にあることが分かります。2003年の「店舗運営事業」から見ると，ずっと営業赤字が続いています。直営店は，「TSUTAYA」の広告塔としての意味もあるかもしれませんので，一概にこれだけを見て判断はできませんが，外部から見ると気になる点でしょう。
  - 一方，「フランチャイズ事業」は，2009年の営業利益率が31.7％と極めて高いことも分かります。2005年の営業利益率は21.0％と，この4年で約10％高くなっていることが分かります。ここからフランチャイズ事業の営業利益率が持続的に高くなっていることが，CCC全体の営業利益率を押し上げていると分かります。
  - 営業利益率で見ると，「カード関連事業」も2009年の営業利益率が29.9％と高いことが分かります。カード関連事業の2005年の営業利益率は10.1％ですから4年間で約3倍になっていることも分かります。カード関連事業も，CCC全体の営業利益率を引き上げる一因になっています。

③2006年前後の分岐点の状況について

　事業の種類別セグメントごとの売上高と営業利益率の推移を見てきましたが，個々の数字の変化に対しての理解は深まった一方，「2006年以降の売上高の凸凹，あるいは同じく営業利益率の変化についての理解はもう少し深めたい」との印象を持ちました。

この点について，田中さんから以下のコメントをもらいました。

- M&A戦略の一環として，2005年11月にウエブサイト，モバイルサイトの構築，コンテンツ等の企画，製作，プロデュース等を行っている株式会社アイ・エム・ジェイ，デジタルコンテンツ制作のクリエイター，オペレーター，SE，プログラマー等の派遣を行っている株式会社デジタルスケープ，CG，ウェブなどのクリエイター養成スクール運営等スクール事業やデジタルハリウッド大学等大学・大学院事業を行っているデジタルハリウッド株式会社の3社グループを買収しました。
- M&A戦略の実行に伴い関係会社数が増えたことから，CCCは2006年3月に持株会社となりました。
- 2006年，2007年は持株会社経営を試行錯誤した時期となりました。全く新しい事業領域の会社がグループに加わったことや，持株会社化したことによって，持株会社の下にある各事業会社が部分最適を追うようになってしまったことにより，事業会社各社のシナジーが発揮されなくなってしまいました。必ずしも各社が自社の売上高を伸ばすのは悪いことではないですが，プラスアルファでCCC全体の最適を実現するところまでは行かなかったのです。さらには以下のような現象が出てきました。
  - ➢ CCC全社に横断する大きな集中投資がしづらくなった
  - ➢ 持株会社化によって各事業会社の権限が分散してしまった。
  - ➢ 各事業会社が自分の城を守るような意識が働いていた。
  - ➢ 人材の流動性に障害が生じた。
- 以上のような状態に直面したCCCに，2007年末頃から再度「CCC全体の方向性を見直そう」，という機運が盛り上がってきました。2008年5月にGLG（Groupwide Leadership Group）というCCCのリーダーとなるべき人材を集め，CCCの創業の精神に戻り原点回帰の中からCCCの将来の方向性を探る場を定期的に開いていきました。GLGでは，「分権化が進んでしまった中で求心力となるべき力はCCCの各処で働いているリーダーである」，との認識の下，2泊3日程度の合宿も織り交ぜて行われました。このような中から，CCCの強みである，3400万人の会員基盤や会員データベースを強化していくことの重要性の再確認や，CCC全体のバリューチェーンを再定義すること等を行いました。

> その結果，今後の機会として，「これまで有機的に結合していなかった会員基盤を，より点を線に，さらには面とすることが可能では」，という新しい地平も見えてきました。
> - 2008年12月には，以下の点を幹部の間で確認しました。
>   ➢ 全員が夢を共有し
>   ➢ 全員が顧客のことを真剣に考え
>   ➢ 全員がコスト意識を持ち
>   ➢ 全員で苦楽を共にする
> - さらには，2008年12月に2009年度の経営方針として「6 Goal」を確認しました。
>   1．顧客企業の利益が拡大している
>   2．企画人材が育っている
>   3．コストが削減されている
>   4．新しい事業が成功している
>   5．リスクから会社（知的資本）が守られている
>   6．オールCCCで考えられている

外から見ると分かりませんが，実際に働いている社員の話を聞くといろいろ見えてくることがあります。取材をして，特に2006年以降CCCが暗中模索であったこと，2008年から新たな展開を開始したことなどが分かってきました。

GLGで行っている活動は，5つの資産で言うと，組織資産や人的資産さらには顧客資産を高める活動，つまり「見えない資産」を大きくする活動と位置づけることができます。

ここまで来て，仮説②（分岐点としての2006年）についての理解が明確になってきました。

成長性と収益性についてはこれぐらいにして，次は安全性について見ます。

④安全性

安全性については，**図表17**をご覧ください。

有利子負債合計の推移（左軸）とD/Eレシオの推移（右軸）を表しています。

図表17

(百万円) ■ 有利子負債合計　―◆― D/Eレシオ

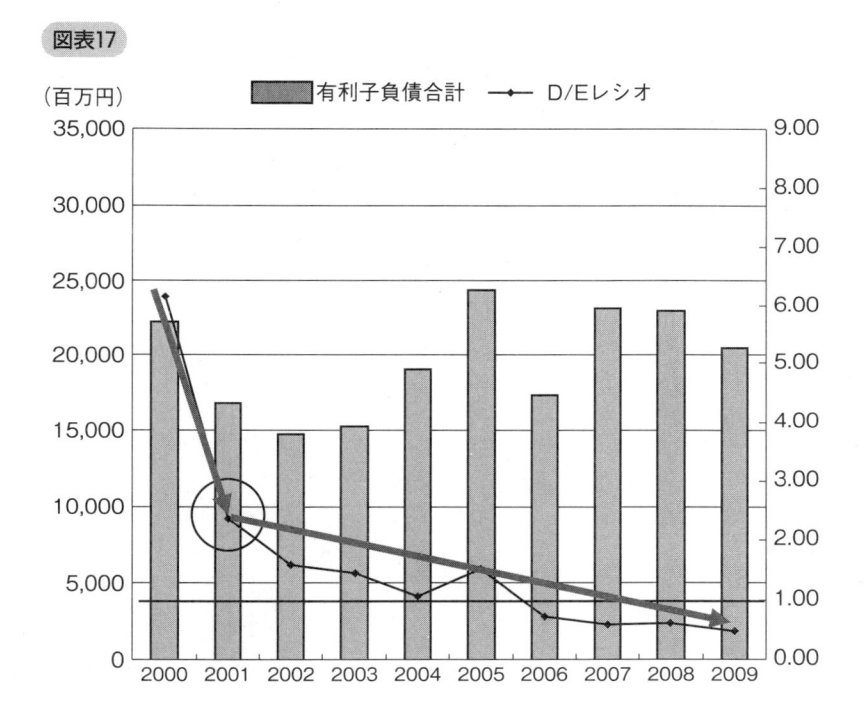

D/Eレシオは，2000年に約6倍だったのが2009年には0.5倍まで下がっています。

安全性について，田中さんにお聞きしたところ，「創業者で社長の増田氏とファイナンス部門とでは少し認識が違う」ということでした。具体的には，増田氏は，「有利子負債はできるだけ小さく，無借金を目指したい」と考えているようです。一方，ファイナンス部門の現場では，「ある程度の有利子負債の活用は有効である」と考えているようです。

これについては，少し解説が必要でしょう。

一般的に，創業者はベンチャー時代に資金繰りの苦労をしているので，有利子負債を増やすことに慎重です。これは有利子負債に否定的であるということではなく，事業の成長のために必要であれば，有利子負債を増やすこともある

と理解すべきです。一方，現場はよりファイナンスの理論に則って考えます。ここでは詳しくファイナンス理論について解説しませんが，「ある程度の有利子負債の活用は会社にとって有利となる」，と理解すれば十分です。

⑤効率性

社員による財務分析では，効率性の指標はROAの推移で見ます。**図表18**をご覧ください。

見ると分かるように，分岐点は2004年でROAは約8％でした。2004年以降前後はありますが，少しずつROAが改善していることが分かり，2009年は14％となっています。

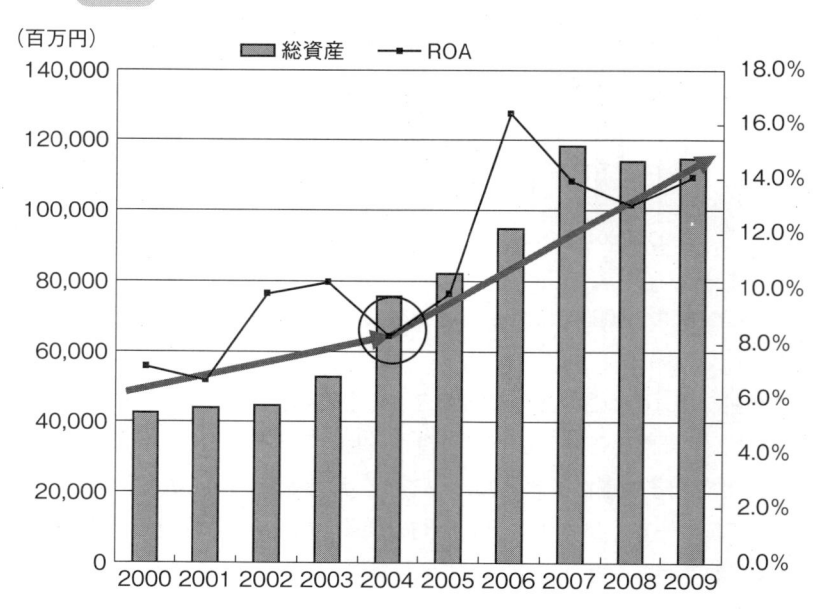

図表18

この点について田中さんに聞いたところ，田中さんの理解でもCCCでは「ROAをマネジメントの対象としている」とのことでした。

ROAに関連して，ここで一つ補足をしておきます。それは，ROAの式を

図表19

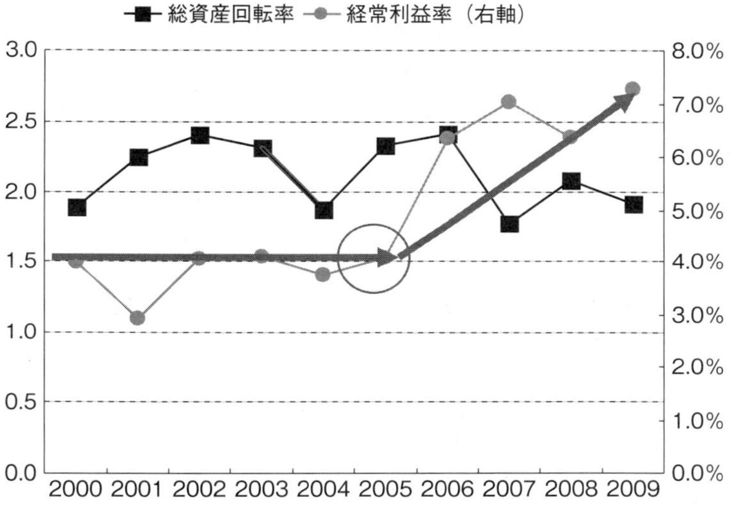

展開すると，以下のように売上高利益率と総資産回転率に分けることができることです。

ROA（利益/総資産）＝売上高利益率（利益/売上高）
　　　　　　　　×総資産回転率（売上高/総資産）

ROAで，利益として何を使うかは様々ですが，第2章で紹介した税引前経常利益を持ってくると，CCCのROA，売上高経常利益率，総資産回転率は**図表19**のようになります。図を見ると分かるように，ROAの改善は，主に経常利益率の改善が寄与していることが分かります。具体的には，2005年まで経常利益率が4％程度であったのが，2005年を分岐点として改善し，2009年には約7％となっています。

⑥ここまでのまとめと疑問点

田中さんも鈴木さんも普段から数字に触れているので，分析しながら二人に話を聞く中でCCCの状況が分かってきました。

ただ，二人の仮説③（会社の将来）については，これまでの分析では見えてきません。

よって，将来像についてさらにフォローしていく必要があります。

　さらに，二人の話から何度も「生活提案業」や「企画会社」という言葉が出てくるのが印象的で，さらに関心が出てきました。「生活提案業」や「企画会社」というのは，創業者で社長の増田氏がよく使う言葉だそうです。よって，「生活提案業」や「企画会社」の意味合いをさらに理解するために，増田氏が1996年に書いた『情報楽園会社』（徳間書店）を読んでみることにしました。

ステップ6　資産に対するCCC独自の考え方
（分析の限界をフォローする）

①『情報楽園会社』を読んでみる

　まず，『情報楽園会社』を読んでみました。読んで印象に残ったのは以下の5点です。

> 1．増田氏に対して「TSUTAYAを立ち上げた創業者」という印象が強いです。

　「創業者」というと，一般的には，リスクを恐れず進んでリスクを取っていく，という印象が強いですが，本を読んでみると，「本来，私はきわめて用心深く，自分では石橋を叩いて渡る性格だと思っている（p22）」との一面があることを知りました。安全性の分析で触れたことですが，現場よりもより安全性を重視しているという点と符号します。

> 2．「生活提案業」とは「カッコいいこと」の追求である。

　「生活提案業」について増田氏は，以下のように言っています。この点は，CCCの二人と言っている点とまさに同じことでした。

> 「いうまでもないことだが，商売はすべて商品と顧客の関係で成り立っている。お客さんの望む商品を提供するのが基本である。今日の成熟社会で，人はモノよりも

> 心の充足を求めているとすれば，私たちが消費者の求める情報を提供することによって，消費者は自分のライフスタイルに見合った商品を選択するはずである。レンタルビジネスを含めた私たちの仕事が「生活提案業」だという意味は，まさにこの点にあるのだ。(p34)」
>
> 「私の，「生活提案業」のコンセプトは，もっと明快で分かりやすい。**突き詰めた話が「カッコいいこと」の追求である**。（太字の部分は増田氏による）(p35)」

3．CCCは，「TSUTAYA」の会社ではなく「企画会社」である。

「企画会社」に対しては，

> 「私自身はCCCを企画会社と位置づけ，成長させたいと考えている。(p42)」

と言っています。

> 「では，企画とは何か。一言でいえば，一般には理解されないことを考え出して，それでカネを取ろうとするのが，企画である（p77）」

とも言っています。

4．経営とは「4つの得」を創り出すことである。

> 「企業というのは，顧客，取引先，株主，社員の四つに囲まれて成り立っている。経営とはこれら四つの相手に「得」を創り出すことに他ならない。お客さんを大切にし，お客さんのためになることを心掛ける。これが顧客への「得」である。取引先に値引き交渉をしたなら，普段の何倍もの量を取引して，相手にも「得」をさせるよう努力する。そうすれば企業は必ず成長し，それは取りも直さず株主の「得」となる。社員には，個人の資質を高めるような職場環境を提供するなど，労働の対価，つまり給料以上のことを会社から得ていると感ずるような「得」を与えなければいけない。そして経営者もまた，これら四者のそれぞれから「得」を得ていることをつねに念頭に置いて，良好な関係を維持していくことが大切だと思う。(p105)」

増田氏のこの考え方は，偶然にも「5つの資産」の考え方と符合するものです。顧客は顧客資産であり，取引先は物的資産であり，株主は金融資産であり，社員は人的資産と読みかえると，「4つの得」とは「各々の資産を大きくしていく」ということと同じ意味合いになります。

5．自分が何をやりたいかは自分で考える。

> **仕事はそれをやりたいと思う人間がやるのがいちばんいいのである**。私は学生に送るリクルート用のビデオでも，同じことをいっている。わが社は縦系の組織，縦系の命令で動いているのではない。役割分担は不明確でいい。自分が何をやりたいかは自分で考えてほしい，と。企画会社とはそういうものだ，と（p150）」

②二人に再度話を聞く

　増田氏の『情報楽園会社』を読むことで，組織資産と人的資産に対してCCC独自の考え方があることが分かりました。

　ここから，再度，二人のイメージの3つ目である将来像に焦点を合わせて話を聞いてみました。それによると，二人はCCCの10年後を次のように考えていることが分かりました。

1．得意分野に集中する

　これまで分析して分かったように，CCCは1999年以降2006年まで急激に売上高を伸ばしてきましたが，2006年が分岐点となってそれ以降は伸び悩んでいます。これは，CCCがM&A戦略によりグループ会社数が増え，グループ経営に暗中模索していたからです。その経験から学んでCCCは原点回帰を図りました。それがGLG活動です。このような流れの中から浮かんできたのが，「3,400万人の会員データベースと，それを強化していく事業基盤を有していることがCCCの強みであり，この強みを活かしたビジネスモデルを展開する」，という方向性です。

> 2.『TSUTAYA』の店舗数ではなく，3,400万人の会員データベースを活かす

　CCCと言うと，どうしても『TSUTAYA』の店舗をイメージしますが，重要なのは，店舗に来ていただくお客さまとのネットワークであるという点で，店舗もさることながら，この3,400万人とのネットワークを活かすことがCCCの方向性である，ということです。

> 3.『TSUTAYA』の会社ではなく，「世界一の企画会社」になる

　よって，CCCが目指すのは，『TSUTAYA』の店舗数を増やすことではなく，増田氏の創業からの理念である「世界一の企画会社になる」という道を愚直に追及することになります。

ステップ7　目指す姿を再認識する（結論を出す）

①フレームワークでまとめてみると
　二人のこれまでの理解を，「5つの資産」と「バリュートライアングル」でまとめたのが**図表20**です。

②結論
　CCCの財務分析の目的は，「公開情報から長期の財務分析を通じて自社の分析がどこまでできるのか？　公開情報には表れない自社の見えない資産は何か？」としました。結論は，「公開情報から長期の財務分析を通じて自社の分析がどこまでできるのか？」に対しては，二人とも日ごろから会社の情報に触れているために比較的順調に分析することができたようです。

　一方，「公開情報には表れない自社の見えない資産は何か？」に対しては，今回の分析を通じて普段自分たちが何気なく思っていることを整理することができたようです。具体的には，たとえば，「世界一の企画会社になる」というビジョンは，財務諸表には表れませんが，組織資産として表すことができることが分かりました。あるいは，CCCのビジョンと売上高や利益という数字も

図表20

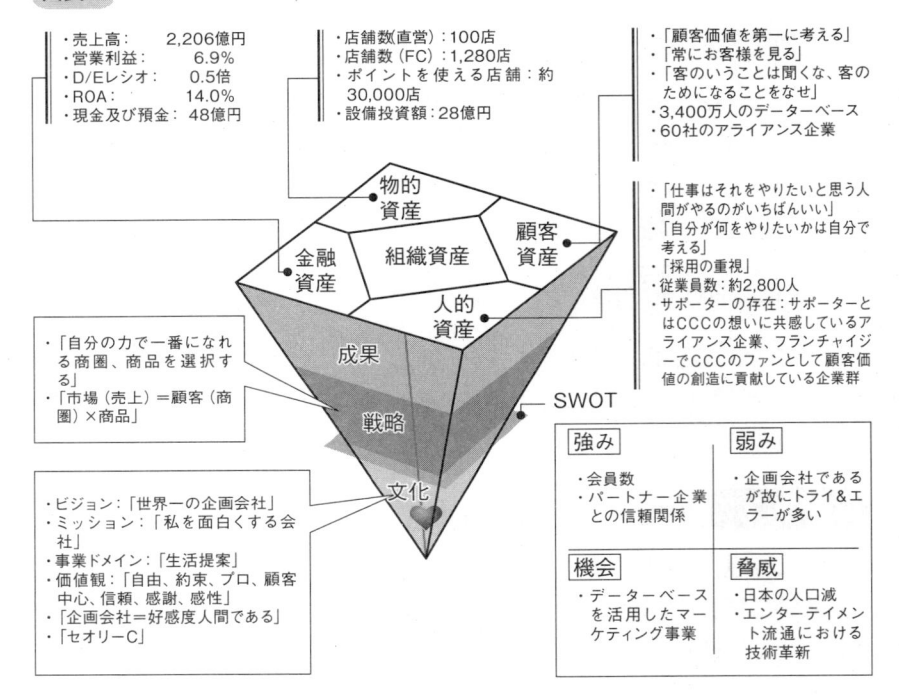

- 売上高： 2,206億円
- 営業利益： 6.9%
- D/Eレシオ： 0.5倍
- ROA： 14.0%
- 現金及び預金：48億円

- 店舗数(直営)：100店
- 店舗数(FC)：1,280店
- ポイントを使える店舗：約30,000店
- 設備投資額：28億円

- 「顧客価値を第一に考える」
- 「常にお客様を見る」
- 「客のいうことは聞くな、客のためになることをなせ」
- 3,400万人のデータベース
- 60社のアライアンス企業

- 「仕事はそれをやりたいと思う人間がやるのがいちばんいい」
- 「自分が何をやりたいかは自分で考える」
- 「採用の重視」
- 従業員数：約2,800人
- サポーターの存在：サポーターとはCCCの想いに共感しているアライアンス企業、フランチャイジーでCCCのファンとして顧客価値の創造に貢献している企業群

（ピラミッド図：物的資産／金融資産／組織資産／顧客資産／人的資産／成果／戦略／文化／SWOT）

- 「自分の力で一番になれる商品、商品を選択する」
- 「市場（売上）＝顧客（商圏）×商品」

- ビジョン：「世界一の企画会社」
- ミッション：「私を面白くする会社」
- 事業ドメイン：「生活提案」
- 価値観：「自由、約束、プロ、顧客中心、信頼、感謝、感性」
- 「企画会社＝好感度人間である」
- 「セオリーC」

強み	弱み
・会員数 ・パートナー企業との信頼関係	・企画会社であるが故にトライ＆エラーが多い

機会	脅威
・データベースを活用したマーケティング事業	・日本の人口減 ・エンターテイメント流通における技術革新

切り離されているものではなく，繋がっていることが分かりました。これは，増田氏が「4つの得」という表現をしていますが，どれか一つを追求すれば良い，というものではありません。

財務分析を終えて

二人に今回の財務分析を終えて以下の感想をもらいました。

普段は会社の内側から自社を考えていますが，今回は外部情報を使って自社を財務分析するとどのように見えるのか，関心を持って取り組むことができました。実際に財務分析してみると，数字だけでは自社の現状を説明することは難しいことが分かりました。コメントをつけた部分がこれに該当します。一方，

財務分析も時間軸を長くすると,会社の傾向や分岐点が浮き彫りになることが再認識できました。弊社で言うと,2006年までとそれ以降,あるいは現状とそれ以降の見え方です。そして,今回の分析で,自社にたくさんの「見えない資産」があることも再確認できました。これらの「見えない資産」を今後どのように形にしていくのかが重要だと感じています。

| 第5章 |

実践編②　個人投資家として
——よりよい投資先を見つける

　第5章では，個人投資家としての財務分析を取り上げます。個人投資家がする財務分析の目的は，「よりよい投資先を見つけるため」です。プロである機関投資家が短期の財務分析を中心に行っている今日，個人投資家は機関投資家とは違った視点で投資に臨むことでよりユニークな存在になります。第5章では，身近な会社から1社（ヤクルト）と配当目的から1社（HOYA）を分析します。

ステップ1 分析の目的を明確にする

1 「よりよい投資」とは

　個人投資家が財務分析をする目的は,「**よりよい投資先を見つけるため**」です。しかし「よい投資先」は,投資する目的によって様々です。取材をしてみて以下のように分類しました。

①**応援目的**：これは,自分の身近な会社や関心のある会社あるいは長期的に成功して欲しい会社に対して投資をして株式を保有するものです。後で分析するヤクルトが該当します。

②**配当・株主優待目的**：これは,投資先の会社からの配当あるいは株主優待を目的にして株式を保有するものです。後で分析するHOYAが該当します。

③**運用目的**：これは,自分のためあるいは子供や孫のために資産形成の一環として株に対して投資をして株式を保有するものです。たとえば,株式市場が厳しい時期に投資をして5年から10年単位で株価が10倍になるような会社を探す投資を指します。あるいは,第3章で紹介をしたコモンズ投信のような長期で運用している投資信託へ投資をすること等を指します。

ステップ2 収集可能な最長の期間を見極める

❷ 公開情報で取れる期間を対象に

　上記の目的に対しては，投資のスタンスが長期ですから，分析の対象期間も長期となります。私は，長期とは，「5年から10年ぐらいの期間」で考えますが，現実的には会社の公開している情報の期間に左右されます。よって，公開情報で取れる期間を分析対象にするのが現実的です。

ステップ3 自分の仮説を持つ

❸ 身近な会社を意識しよう

　「自分の仮説を持とう」と言うと，「難しい」と感じる人が多いかもしれません。では，「身近な会社をちょっと意識してみましょう」というとどうでしょう。あるいは，いまあなたがはまっている製品・サービスはありますか。その製品・サービスを造っている会社はどこでしょうか。

　私は1995年頃シアトルに住んでいました。シアトルにはスターバックスの本社があり，街にはスターバックスの店舗がたくさんあります。当時は，まだ日本に進出していなかったので，日本出張があると，スーツケースの半分はスターバックスのコーヒー豆が一杯で，コーヒー豆を日本にお土産に持って行き知り合いに配っていたほどです。もらった友人・知人は，こちらが思っていた以上にみな喜びました。

　そう，「私はスターバックスにはまっていた」のです。スターバックスは，「とても身近な会社」でした。

　「身近な会社」であれば，「スターバックスが日本に進出すれば，一つの街に何店ぐらい出店するだろうか」とか「日本全体にスターバックスが広がったら売上はいくらぐらいになるだろうか」とかいろいろイメージが広がってきます。実はそのイメージが私の言いたい「自分の仮説を持とう」ということです。このように説明すると，みなさんも「私はいまフランフランにはまっている」とか「僕はwiiにはまっている」とか出てくるはずです。

ステップ4 情報の収集先を明確にする

❹ 配当目的ならその情報も

　必要な情報を収集するために，私たちはまず会社のHPへ行きます。しかも，HPの中から，「IR情報」あるいは「株主・投資家情報」へ飛んで，会社の過去の財務諸表から売上高，営業利益率，D/Eレシオ，ROEの数字を取ります。長期の分析をしますので，できるだけ過去に戻って情報を取るようにします。

　分析の目的が「配当目的」である場合には，追加で1株当たり配当金，配当性向，配当利回りの情報も入手します。各々簡単に後ほど説明をします。

ステップ5 長期の財務分析をする

⑤ セグメント情報など追加の視点が必要

①「4つの視点」で分析をしよう

まずは，成長性，収益性，安全性，効率性の「4つの視点」を分析の対象期間に対して行います。既に説明したように，可能であればグラフにするとより変化がわかりやすくなります。グラフから第3章で説明した「傾向」や「分岐点」を探るなかで自分なりの疑問点や関心事項がでてきたら書き留めます。

②セグメント情報を見よう

会社の規模が大きくなり，会社全体の情報だけでは会社の変化を理解することが難しいことがあります。そんな場合には，「セグメント情報」を分析することをお勧めします。セグメント情報とは，「事業，商品（群），顧客（層），チャネル，地域などのセグメントごとに集計した連結ベースの売上高や営業利益等」です。会社の主な事業ごとに分類した「事業の種類別セグメント情報」と会社がグローバルで事業をしている場合に，どのエリアで事業をしているのか分類した「所在地別セグメント情報」と「海外売上高」があります。

図表1をご覧ください。図では事業は3つ，地域別は3つに分けられている

図表1

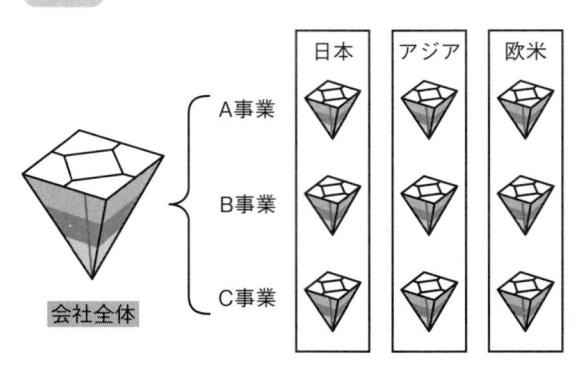

ことをイメージしています。一点，注意が必要なのは，セグメント情報はあくまでも，「事業別あるいは地域別での開示である」という点です。逆に言うと，事業と地域別が重なる，たとえば「「A事業の日本」についての開示まではされていない」という点です。それでもセグメント別情報を通じて，会社全体の情報では分からない点を補足することは十分可能です。

③配当の視点

財務分析は「4つの視点」で行いますが，個人投資家の場合で「配当・株主優待目的」で財務分析をする場合には，さらに「配当の視点」が加わります。以下，配当の視点について簡単に整理しておきます。

1株当たり配当金：1株に対して支払われる配当金のことです。たとえば，会社の単元株が100株であれば，1株の配当金に100株掛けた金額が受け取る配当金となります。

配当性向：当期純利益のうち配当金に支払われる割合のことです。会社は，当期純利益を配当以外のためにも，将来の投資へ向けたり（組織資産），内部に留保したり（金融資産），人に対する投資（人的資産）のために使います。配当性向は以下のような計算式になります。

> 配当性向＝1株当たり配当金／1株当たり当期純利益×100（％）

配当利回り：現状の株価に対する1株当たり年間配当金の割合のことです。現状の株価で投資をしたら，配当としてどれだけリターンがあるのか知るのに便利な指標です。

> 配当利回り＝1株当たり配当金／現状の株価×100（％）

式を見て分かるように，1株当たり配当金が増える，あるいは現状の株価が下がると配当利回りは高くなります。よって，配当利回りが高い状況にあっても，将来1株当たり配当金が減る，あるいは株価が上がると，配当利回りは低くなります。

④株価の視点

個人投資家として「運用目的」で財務分析をする場合には，さらに株価の視点が必要になります。本著では，長期の運用目的については紙面の都合上割愛

します。関心がある人は，ウォーレン・バフェットやピーター・リンチに関する本をお勧めします。

ステップ6 分析の限界をフォローする

❻ 多種多様にあるフォローの方法

　ある程度分析が進み，「傾向」と「分岐点」での整理がつき，疑問点や関心事項が書き出せたら，財務分析の限界をフォローします。フォローの仕方は，①アニュアルレポートや説明会資料を読む，②日経テレコン21等で検索する，③工場見学や株主総会へ行く，④顧客の視点を活かす，などがあります。

①アニュアルレポートや説明会資料を読む

　疑問点や関心事項がある程度出てきたら，まずアニュアルレポートを読むといいでしょう。アニュアルレポートがない場合には，個人投資家向けの説明会資料を読みます。個人投資家向けがなければ機関投資家向けでも構いません。自分なりの問題意識や関心を持ちながら，アニュアルレポートや説明会資料を読むと，自分の問題意識や関心のある箇所に目が留まりますし，理解が深まることが多いです。ちなみに，後ほど分析するHOYAのアニュアルレポートは，とても読みやすく分かりやすいです。経営者が自分のことばで語っている，会社の方向性が明確である成長性，収益性等について明確に語っている，という点で勉強になります。

②日経テレコン21等で検索する

　アニュアルレポートや説明会資料を読んで解決できない部分があれば，日経テレコン21で会社名とテーマで検索します。経営者へのインタビューの記事があれば，記事の中で自分の問題意識や関心事項に触れている箇所がないか確認します。経営者へのインタビュー記事で，自分の疑問点に答えている箇所に来ると，とても嬉しくなってしまいます。

③工場見学や株主総会へ行ってみよう

　もの造り企業の場合には，工場見学へ行ってみることもお勧めです。多くの会社が工場見学をオープンにしています。実際にもの造りの現場に行くと，分析しているだけではわからない発見，たとえば現場で働く人が活き活き働いて

いる様子（人的資産）や，スムーズにラインが動いている様子（物的資産）からいろいろ気づけることがあります。もし見学中に担当者に質問できる機会があれば，ぜひ自分の問題意識や関心事項を聞いてみることをお勧めします。

　既に株主である人は，株主総会へ行ってみましょう。投資先の社長に会う機会はなかなかないですが，株主総会へ行けばトップの話を聞くことが可能です。「百聞は一見に如かず」で実際に行くと，トップの人柄や将来に対する自信など分析では気づけない点が気づけるものです。さらに，今後は株主総会の場がIR（Investor Relations＝投資家への情報発信）活動として重要性が増していくと思います。会社のことを真剣に考えている個人投資家の問題意識や関心事項は経営者にとっても重要な視点であり意見ですので，株主総会の場を使ってトップと対話を試みることをお勧めします。

　しかしながら，「そんなこと言われても大勢の前で質問するのは恥ずかしい」とか「他の株主さんが質問するから自分は遠慮しておく」という人が多いのが現状のようです。

④顧客の視点を活かす

　個人投資家として，身近な会社を分析している場合には，みなさまは分析対象企業のお客様であるかもしれません。そうであれば，みなさまのお客様としての視点を生かして欲しいです。どういうことかというと，既に説明したように，プロの投資家は金融市場から会社を見ていますが，多くのプロの投資家は金融資産だけに目が行きがちです。一方，個人投資家の強みは「自分が一顧客としていいと思うものを買うことができること」です。よって，みなさんが顧客として良いと感じることは，会社からすると顧客資産が高まることを意味します。このように考えると，**誰が一番早く，将来売上高が伸びる，あるいは営業利益が増える事に気づくかといえば，それは顧客資産，つまり，個人投資家なのです。**

ステップ7 結論を出す

7 あえて「自分の結論」にこだわる

①自分の理解をフレームワークでまとめてみましょう

以上の財務分析の過程で出てきた自分の理解を以下の「5つの資産」と「バリュートライアングル」でまとめておきましょう（**図表2**）。なお，会社が発信していない部分あるいは会社が意識していない部分は空欄になることもあります。

図表2

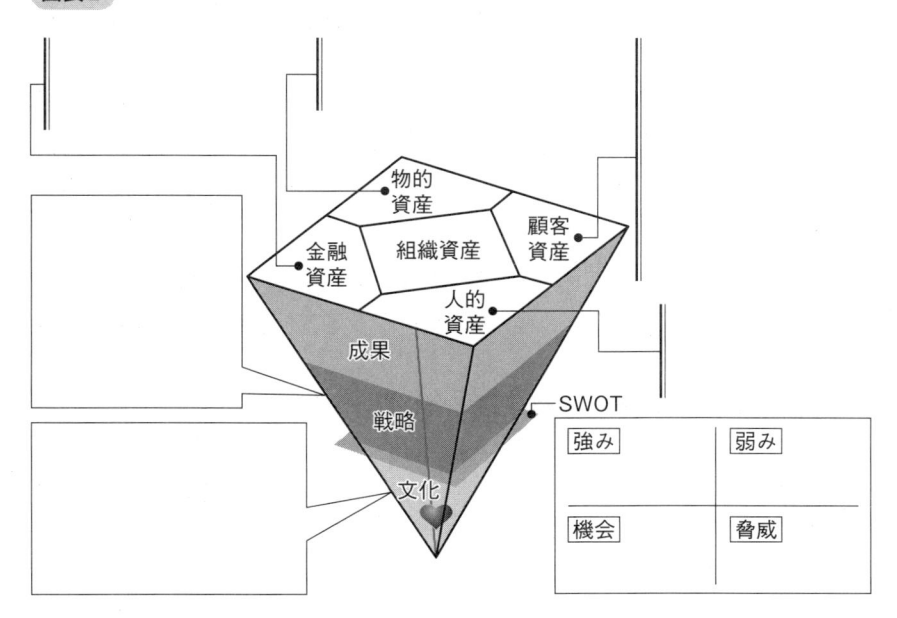

（図：5つの資産（物的資産・金融資産・組織資産・顧客資産・人的資産）とバリュートライアングル（成果・戦略・文化）、SWOT（強み・弱み・機会・脅威））

②当たっている結論よりも自分の結論にこだわりましょう

財務分析の目的に対する自分の結論をまとめておきましょう。ここで重要なのは，「自分の結論」という点です。どうしても「当たっている結論は何か？」

に関心が行ってしまう人が多いですが,「当たっているか否か」よりも「**たとえ間違っていても自分の結論**」にこだわってください。

　ここまで分析してくると,自分なりの会社に対する仮説を持って会社を見るようになります。たとえば,「今後会社はアジアでの成長を志向していくに違いない(組織資産の戦略)」という自分の仮説を持つと,雑誌や新聞の情報も,自分の理解の延長で考えるようになります。もし,会社がアジアでの成長を今後実際に志向し続ければ,実際にアジアでの成長が実現してきますので,自分の仮説が当たっていることはタイムラグを経て検証されることになります。もし,「会社は今後アジアで成長を志向するに違いない」と思っていても,会社がアジアへの投資をせず(組織資産あるいは物的資産),人も増やさず(人的資産),国内での成長に戻ってしまうことになったとすると,どこかのタイミングで自分の仮説と違ってくることが明らかになります。ここでもタイムラグを置いて検証されることになりますので,その段階で自分の仮説が違っていたら仮説を修正すればよいのです。

　出来れば,一回財務分析をした会社に対しては,少なくとも会社の毎期の決算ごとには再度分析を行って自分の結論の方向へ会社が進んでいるか否か検討して欲しいものです。2回目の分析は1回目の分析に比べるとずいぶんと時間的にも精神的にも楽だと気づくと思います。

　既に第3章で説明したように,分析を10年ぐらい続けていきますと,あなたは「会社の将来を見通す力」あるいは「会社の将来を見通すメガネ」を得たことになります。

③結論を出すのが難しく感じる場合には

　結論を出すことが難しく感じる人は,「財務分析を通じて,分析した会社の10年後は主に成長性,収益性の観点からどうなっているか」をイメージしてみましょう。もちろん外れてもまったく構いませんので,自分のイメージを書いておきます。

　具体的には,**図表3**をご覧ください。成長性と収益性で10年後を考えた場合に,ありえる結論は4象限で表すことができます。第Ⅰ象限が,「今後も売上高は成長し,営業利益率も改善する」です。第Ⅱ象限は,「今後も売上高は成長するが,営業利益率は悪化する」です。第Ⅲ象限は,「今後の売上は減少し,

図表3

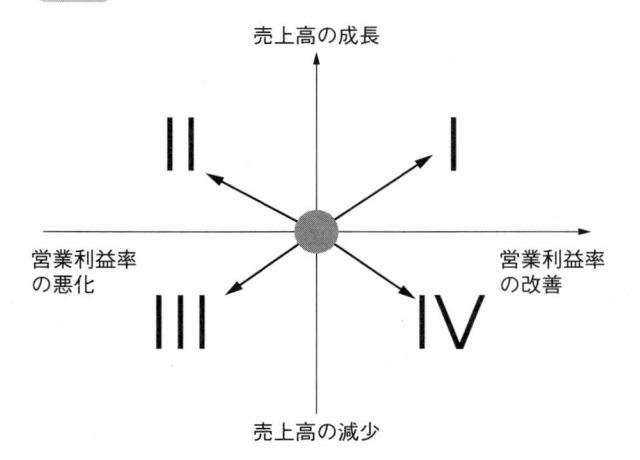

```
           売上高の成長
                ↑
        II  ↖  │  ↗  I
            ←──●──→
営業利益率        │        営業利益率
の悪化     III ↙  │  ↘ IV   の改善
                ↓
           売上高の減少
```

営業利益率も悪化する」です。第Ⅳ象限は，「今後の売上は減少するが，営業利益率は改善する」です。ここでは，10年後の方向性が大切ですから，現状であるまん中からどちらの方向へ会社が進んでいるのか，についての結論と理由を明確にします。

では，実際の会社を2社分析してみましょう。個人投資家による財務分析の1社目が**株式会社ヤクルト本社**，2社目が**HOYA株式会社**です。

個人投資家として	ケース1

株式会社ヤクルト本社

ステップ1　分析の目的を明確にする
「身近な会社」ヤクルト

　個人投資家としての財務分析の1社目は，社会人3年目の佐藤さんにお願いしました。「身近な会社」から1社佐藤さんに選んでもらったのが「ヤクルト」です。皆さんは，ヤクルトを知っていますか？　そう，あの飲むヤクルトです。野球が好きな人は，プロ野球のヤクルトスワローズを思い出すかもしれません。そんな私たちにとって，身近な株式会社ヤクルト本社（以下「ヤクルト」といいます）を財務分析してみましょう。

　分析の目的は，「身近なヤクルトを財務分析することを通じて，会社の方向性を知る」としました。

ステップ2　収集可能な最長の期間を見極める
HPから取れた財務諸表は10年分

　「会社の方向性を知る」ためには，ヤクルトの過去をできるだけ長く分析することが重要です。今回は，ヤクルトのHPから過去10年の財務諸表が取れましたので，分析の期間は10年としました。その後，ヤクルトから過去の有価証券報告書のコピーを1990年から入手できました。よって，一部の情報は1990年から分析の対象にします。

ステップ3　自分の仮説を持つ
過去の売上高はせいぜい横ばい程度では？

　ヤクルトの分析を始める前に，まず佐藤さんにヤクルトに対するイメージを語ってもらいました。佐藤さんが語ったヤクルト像を整理すると，以下のようになります。

仮説① （国内ビジネス）	日本中心のビジネスである。

仮説② (主力商品)	ヤクルトの販売をしている。
仮説③ (過去の売上高)	過去の売上高はせいぜい横ばい程度では？
仮説④ (営業利益率の水準)	ヤクルトレディの人件費が重いのでは？　よって営業利益率は低いかもしれない。
仮説⑤ (健康)	健康に着目しているかもしれないが良くわからない。
仮説⑥ (将来)	ヤクルトの将来は過去と同じ動きをするのではないか？

　繰り返しになりますが，分析する前に自分なりの仮説を持つと，「間違っているのではないか」と誰しも躊躇するものです。しかし自分の仮説をもつことは大切です。分析しながら浮き彫りになってくる会社像が自分の仮説と違っていると，「なぜ違っているのか」と気づくことができ，さらに突っ込んで分析することで会社に対する理解が膨らんでくるからです。

ステップ4　細かすぎる情報を整理する
情報の収集先を明確にする

　では，早速情報の収集から佐藤さんに開始してもらいましょう。
まず，会社のHPにアクセスします。HPの右上に「IR情報」とありますので，IR情報のページに行ってみましょう。IR情報の「財務・業績情報」から「業績ハイライト」に入ると，ヤクルトの場合にはありがたいことに，「長期・財務データ（連結）」に会社の財務諸表がエクセルでありました。よってこれを活用することにします。会社が用意してくれているエクセルをプリントアウトしてみると，とても詳しいところまで準備がされていてありがたいのですが，今回の分析のためには少し細かすぎます。よって佐藤さんに少し整理をしてもらいました。なお，2000年の情報は同じ「財務・業績情報」から「決算短信」に入り「バックナンバー」に行くと，2001年の決算短信を入手でき，その中に

図表4

簡易連結損益計算書

勘定科目	1990	1991	1992	1993	1994	1995	1996	1997
売上高	133,919	140,107	143,548	150,209	154,830	160,252	159,569	156,408
営業利益 ※1	21,216	19,058	15,049	15,227	15,549	17,298	14,111	12,303
経常利益	21,216	19,058	15,049	15,227	15,549	17,298	14,111	12,303
当期純利益	11,716	11,616	8,068	8,227	7,552	7,897	7,943	7,497
売上高成長率		4.6%	2.5%	4.6%	3.1%	3.5%	−0.4%	−2.0%
営業利益率	15.8%	13.6%	10.5%	10.1%	10.0%	10.8%	8.8%	7.9%
研究開発費								
売上高研究開発費比率								

※1 1990-1999年までは営業利益を経常利益で代替している

簡易連結貸借対照表

勘定科目	1990	1991	1992	1993	1994	1995	1996	1997
現金及び預金								
受取手形及び売掛金								
有価証券								
たな卸資産								
繰延税金資産								
その他								
貸倒引当金								
流動資産								
有形固定資産								
無形固定資産								
投資その他の資産								
固定資産								
為替換算調整勘定								
資産合計								
支払手形及び買掛金								
短期有利子負債								
未払法人税等								
繰延税金負債								
その他								
流動負債								
長期有利子負債								
繰延税金負債								
退職給付引当金								
その他								
固定負債								
負債合計								
資本金								
資本剰余金								
利益剰余金								
自己株式								
株主資本								
その他有価証券評価差額金								
為替換算調整勘定								
子会社の所有する自己株式								
少数株主持分								
純資産合計（資本合計）※1								
負債・純資産合計（負債,少数株主持分及び資本合計）								

(単位：百万円)

1998	1999	2000	2001	2002	2003	2004	2005	2006	2007	2008	2009
149,862	152,588	211,279	224,795	229,622	242,740	238,847	247,506	267,707	273,099	317,335	293,490
11,462	13,587	14,834	16,107	13,070	21,618	16,394	18,125	21,753	23,893	22,502	16,743
11,462	13,587	22,319	21,661	22,774	29,383	23,144	25,792	31,785	33,607	31,479	25,352
−96,615	11,833	8,084	10,537	11,108	14,383	15,083	14,104	14,442	14,805	16,675	11,324
−4.2%	1.8%	38.5%	6.4%	2.1%	5.7%	−1.6%	3.6%	8.2%	2.0%	16.2%	−7.5%
7.6%	8.9%	7.0%	7.2%	5.7%	8.9%	6.9%	7.3%	8.1%	8.7%	7.1%	5.7%
		4,633	4,499	4,983	5,607	6,261	6,743	6,945	6,721	8,904	9,196
		2.2%	2.0%	2.2%	2.3%	2.6%	2.7%	2.6%	2.5%	2.8%	3.1%

(単位：百万円)

1998	1999	2000	2001	2002	2003	2004	2005	2006	2007	2008	2009
		30,081	43,054	69,734	81,985	77,503	67,487	71,940	77,109	81,172	66,352
		36,072	36,803	38,045	35,700	38,122	38,789	45,919	48,426	49,199	48,590
		493	304	275	257	257	257	257	257	258	
		14,439	14,631	22,519	22,732	27,022	27,115	28,740	30,548	34,879	31,213
		8,606	1,202	1,911	2,955	3,198	3,960	4,166	4,254	6,449	7,588
		5,304	6,221	5,336	4,385	4,106	5,780	5,667	6,007	13,771	9,215
		−408	−195	−247	−395	−463	−537	−850	−1,023	−1,072	−559
		94,590	102,021	137,575	147,620	149,745	142,853	155,841	165,580	184,659	162,402
		79,500	82,805	87,798	85,155	86,634	86,830	92,269	101,590	116,077	131,320
		2,115	2,270	3,061	2,768	4,453	4,409	4,932	5,101	4,670	4,375
		50,553	55,149	40,658	40,658	45,554	59,829	75,575	82,266	79,161	63,802
		132,169	140,225	131,518	128,582	136,642	151,068	172,776	188,958	199,909	199,499
		8,693									
		235,454	242,247	269,094	276,203	286,388	293,921	328,618	354,539	384,568	361,901

1998	1999	2000	2001	2002	2003	2004	2005	2006	2007	2008	2009
		24,552	27,650	29,218	25,501	25,148	23,840	27,135	26,183	23,791	22,845
		19,514	13,005	15,336	13,124	12,693	12,306	8,911	9,026	29,591	42,150
		375	968	1,557	3,746	5,052	2,705	4,513	4,310	1,552	1,174
				1,843	1,142	948	842	845	695	599	42
		16,949	17,557	17,088	18,212	21,174	22,518	23,808	27,559	33,458	27,416
		61,390	59,180	65,042	61,725	65,015	62,211	65,212	67,773	88,991	93,627
		3,721	5,470	5,598	5,206	4,506	1,653	1,573	1,673	4,472	14,645
		691	1,517	1,385	1,706	1,677	1,520	1,353	2,156	5,533	2,423
		1,636	5,389	11,707	17,579	17,184	15,741	16,506	16,457	15,970	16,394
		2,988	3,302	1,553	1,739	1,968	2,134	3,699	5,273	3,597	7,842
		9,038	15,680	20,246	26,233	25,338	21,292	23,132	25,560	29,574	41,308
		70,428	74,860	85,288	87,959	90,353	83,504	88,344	93,334	118,565	134,935
		31,117	31,117	31,117	31,117	31,117	31,117	31,117	31,117	31,117	31,117
		40,648	40,648	40,648	40,660	40,768	40,739	40,955	40,955	40,955	41,135
		80,464	88,247	97,285	109,345	121,770	133,602	145,745	158,053	172,273	178,214
			−3	−1	−27	−326	−2,354	−2,528	−2,549	−2,744	−7,581	−8,953
		152,104	160,011	169,023	180,796	191,272	202,959	215,268	227,381	236,764	241,514
			499	326	340	1,299	2,071	6,600	5,969	193	−1,440
				−1,957	−1,220	−6,310	−9,807	−9,008	−1,169	2,936	323	−34,425
		−123	−105	−95							
		12,920	8,936	15,772	13,417	13,268	14,395	19,572	24,916	28,721	21,317
		152,104	158,449	168,032	174,826	182,766	196,022	220,700	261,205	266,003	226,965
		235,454	242,247	269,094	276,203	286,388	293,921	328,618	354,539	384,568	361,901

図表4　続き

有利子負債合計									
D/Eレシオ									
ROE									

※1　開示制度の変更のため，2007年から計算の仕方を変更している

2000年の数値も含まれています。整理した後の財務諸表が**図表4**です。分析は，この財務諸表を使って行っていきますが，必要に応じて会社のHPにアクセスします。次に，表から財務分析をするためのグラフを作成します。作成したグラフは分析の中でお見せします。

ステップ5　長期の財務分析をする　医薬品事業も行うヤクルト

①まずは成長性の分析から

図表5をご覧ください。会社の売上高の変化から，会社の成長性を読み取る

図表5　売上高と営業利益率の推移

（単位：百万円）

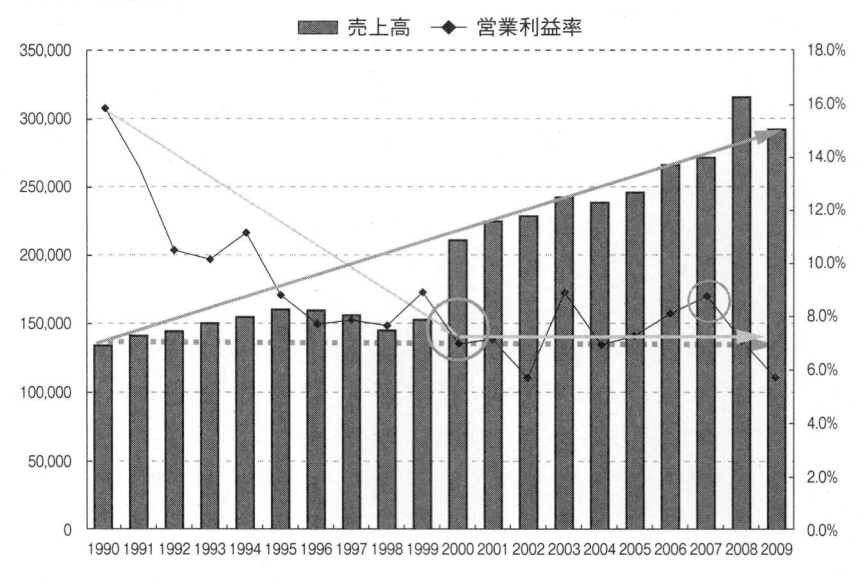

		22,235	18,475	20,934	18,330	17,199	13,959	10,484	10,699	34,063	56,795
		0.15	0.12	0.12	0.10	0.09	0.07	0.05	0.05	0.14	0.24
		5.3%	6.8%	6.8%	8.4%	8.4%	7.4%	6.9%	6.5%	7.0%	5.1%

ことができます。佐藤さんの立てた仮説③（過去の売上高）は，「売上高はせいぜい横ばい程度では？」でしたが，売上高の推移を見たところ横ばい程度ではありません。ちなみに，横ばい程度だと点線になります。会社の実績は実線です。計算してみると過去20年の成長率は年率平均で約4％です。

　ここで佐藤さんは，「年率4％の成長というのは，それほど大きな成長ではないのではないか」と思いました。みなさんはどう思いますか？

　確かに「年率4％」というのは大きな成長ではないかもしれませんが，1990年に約1,300億円だった売上高が，2009年には約2,900億円と約2倍になっていますので，「この傾向がなぜ起こっているのか」については知っておきたいところです。ただ，売上高の推移からは，ここまでしか分かりません。さらに詳しく知るためには，セグメント情報を見る必要があります。

②収益性

　同じく**図表5**の折れ線グラフが営業利益率の推移です。これを見ると，1990年から2000年にかけて営業利益率が15.8％から7.0％と下がっているのが分かります。分岐点は，2000年でそれ以降は6％から9％の間で推移していることが分かります。2000年以降の営業利益率の推移を見ると，数年単位で循環しているように見えます。もう少し短い時間軸で営業利益率を見ると，2007年を分岐点として2009年に向けて減益傾向になっています。ただし，第3章で説明したように，2008年秋以降の世界的な不況は全ての会社に深い影響を与えていますから，「この減益傾向がどこまで続くのか」，「どこで傾向が変わるのか」，さらには「景気回復後にヤクルトの収益性が以前よりも高まるのか低まるのか」，つまり「競争力に変化があるのか」という点について関心がでてきます。

③セグメント情報を見てみよう

　成長性と収益性については，セグメント情報をさらに見てみましょう。なお，

図表6

事業の種類別セグメント (単位：百万円)

		2001	2002	2003	2004	2005	2006	2007	2008	2009
飲料食品	売上高	197,886	197,222	207,261	206,423	215,585	229,684	233,138	271,134	244,191
	構成比	88.0%	85.9%	85.4%	86.4%	87.1%	85.8%	85.4%	85.4%	83.2%
	成長率		-0.3%	5.1%	-0.4%	4.4%	6.5%	1.5%	16.3%	-9.9%
	営業利益	23,014	17,971	24,158	22,076	24,454	25,432	26,105	23,294	17,133
	構成比	89.6%	76.9%	75.9%	79.6%	84.2%	75.9%	73.0%	67.0%	57.5%
	営業利益率	11.6%	9.1%	11.7%	10.7%	11.3%	11.1%	11.2%	8.6%	7.0%
医薬品	売上高	12,064	17,412	21,045	18,181	17,796	24,245	25,698	31,003	35,235
	構成比	5.4%	7.6%	8.7%	7.6%	7.2%	9.1%	9.4%	9.8%	12.0%
	成長率		44.3%	20.9%	-13.6%	-2.1%	36.2%	6.0%	20.6%	13.7%
	営業利益	2,274	5,209	7,902	5,136	3,857	7,528	9,414	11,159	12,110
	構成比	8.9%	22.3%	24.8%	18.5%	13.3%	22.5%	26.3%	32.1%	40.7%
	営業利益率	18.8%	29.9%	37.5%	28.2%	21.7%	31.1%	36.6%	36.0%	34.4%
その他	売上高	14,844	14,987	14,433	14,242	14,124	13,776	14,262	15,198	14,063
	構成比	6.6%	6.5%	5.9%	6.0%	5.7%	5.1%	5.2%	4.8%	4.8%
	成長率		1.0%	-3.7%	-1.3%	-0.8%	-2.5%	3.5%	6.6%	-7.5%
	営業利益	383	199	-240	520	727	535	223	289	533
	構成比	1.5%	0.9%	-0.8%	1.9%	2.5%	1.6%	0.6%	0.8%	1.8%
	営業利益率	2.6%	1.3%	-1.7%	3.7%	5.1%	3.9%	1.6%	1.9%	3.8%
計	売上高	224,795	229,622	242,740	238,847	247,506	267,707	273,099	317,335	293,490
	営業利益	25,672	23,380	31,820	27,732	29,038	33,496	35,743	34,743	29,776
	営業利益率	11.4%	10.2%	13.1%	11.6%	11.7%	12.5%	13.1%	10.9%	10.1%
内部消去	営業利益	-9,565	-10,310	-10,202	-11,338	-10,913	-11,743	-11,850	-12,241	-13,033
	構成比	-37%	-44%	-32%	-41%	-38%	-35%	-33%	-35%	-44%
連結	売上高	224,795	229,622	242,740	238,847	247,506	267,707	273,099	317,335	293,490
	営業利益	16,107	13,070	21,618	16,394	18,125	21,753	23,893	22,502	16,743

セグメント情報は，2001年以降を分析対象とします。ヤクルトのIR情報にある「長期・財務データ」のエクセルの中に「事業セグメント」があります。それに構成比や成長率，営業利益率の欄を加えて見やすい形に変えたのが**図表6**です。

（1） 事業別の成長性と収益性

ヤクルトの事業別売上高を見て，注目したのは以下の2点です。

1. **図表7**から読み取れることは，まず会社の事業には，「ヤクルト」を含む飲料食品事業だけではなく，医薬品とその他の事業もあることです。
   佐藤さんは，会社は「ヤクルトの販売をしている」と思っていましたが，飲料食品以外にも医薬品とその他の事業があることは知りませんでした。

図表7

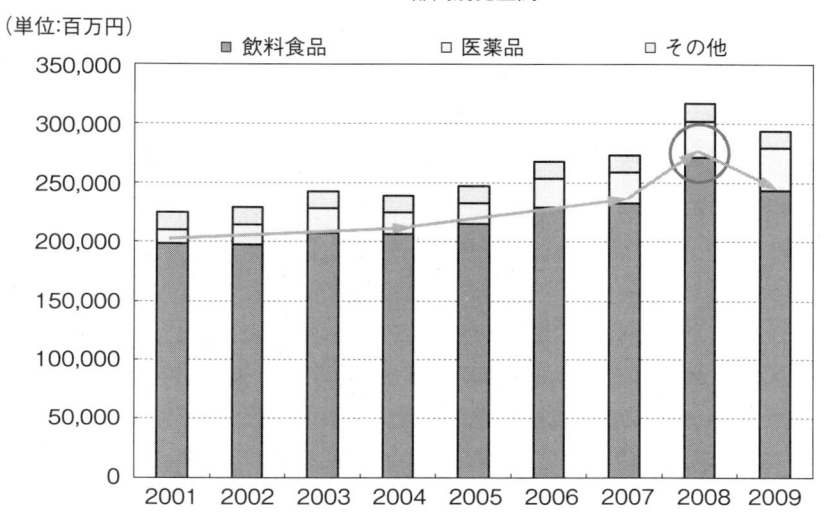

部門別売上高
（単位:百万円）　■ 飲料食品　□ 医薬品　□ その他

ただ，飲料食品がヤクルトの売上の多くを占めており，2009年で約83％を占めています。さらに，飲料食品の売上は，2001年の約1,980億円から2009年の約2,440億円と過去8年で約460億円伸びていることが分かります。

2．医薬品事業は，2001年には約120億円だったのが，2009年には約350億円と過去8年で約3倍になっているのが分かります。成長率は過去8年で14％でした。よって，事業別の売上高からは，医薬品事業は全体に占める割合は小さいといえども，成長性が高いことが分かります。

次に，事業別の営業利益です。**図表8**をご覧ください。営業利益で注目したいのは，以下の4点です。

1．まず，2001年には，全体の営業利益額に占める飲料食品の割合が極めて大きかったものが，この8年で随分と変化してきていることです。具体的には，2009年を見ると全体の営業利益額に占める飲料食品の割合は下

図表8

部門別営業利益

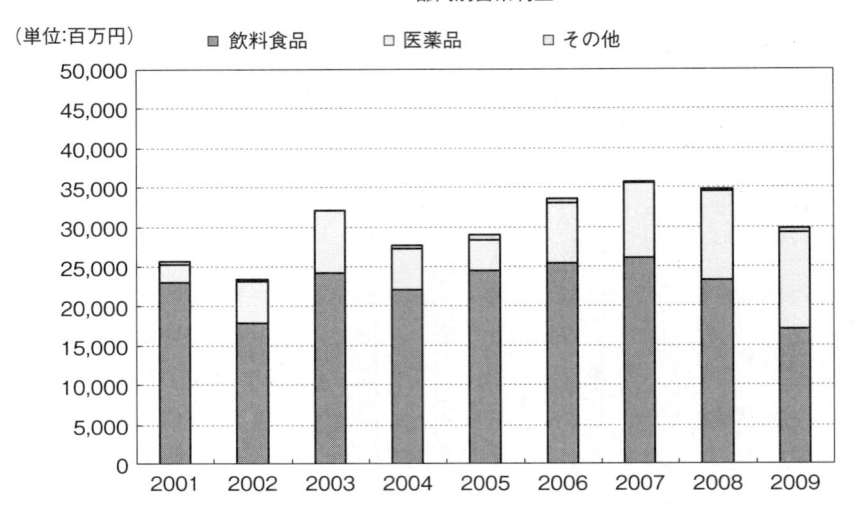

（単位:百万円）　■ 飲料食品　□ 医薬品　□ その他

がり，医薬品の全体に占める割合が少しずつ大きくなっています。

2．まず，飲料食品を見ましょう。飲料食品の営業利益額は概ね毎年200億円以上出ていましたが，2007年を分岐点に減少傾向にあります。この減少傾向が，今回の世界的な不景気の理由によるのか，あるいはそれ以外に理由があるのか知りたいところです。

3．医薬品は，2001年の営業利益が約22億円だったものが，2009年には約120億円とこの8年で約5倍になっていることが分かります。これは大きな変化です。特に，2005年以降毎年順調に営業利益額を増やしていることが分かります。

4．**図表9**は，図表8の営業利益額を売上高との比率で営業利益率として表したものです。これを見ると，医薬品の営業利益率は20〜35％と極めて高いことが分かります。さらに，全体の売上に占める飲料食品の割合は下がったとはいえ8割強ありますので，飲料食品の営業利益率が下がっ

図表9

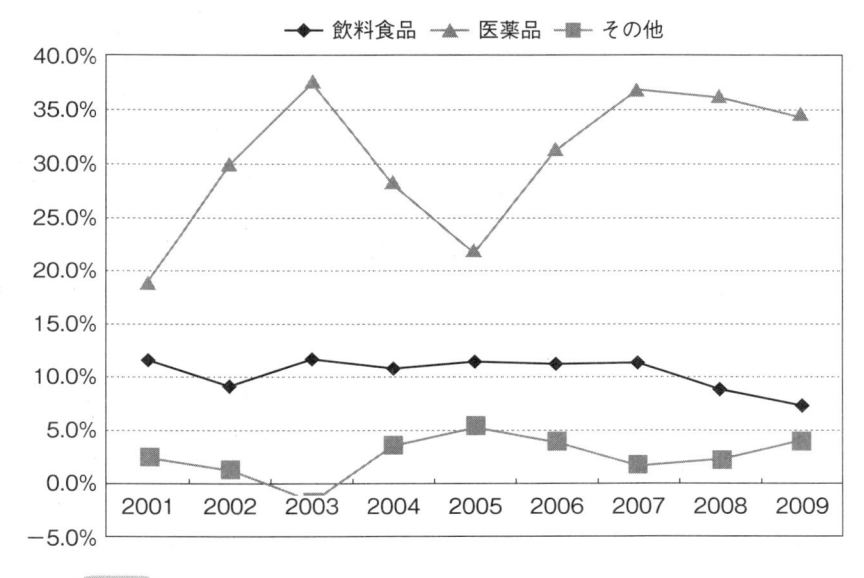

凡例: ◆ 飲料食品 ▲ 医薬品 ■ その他

図表10

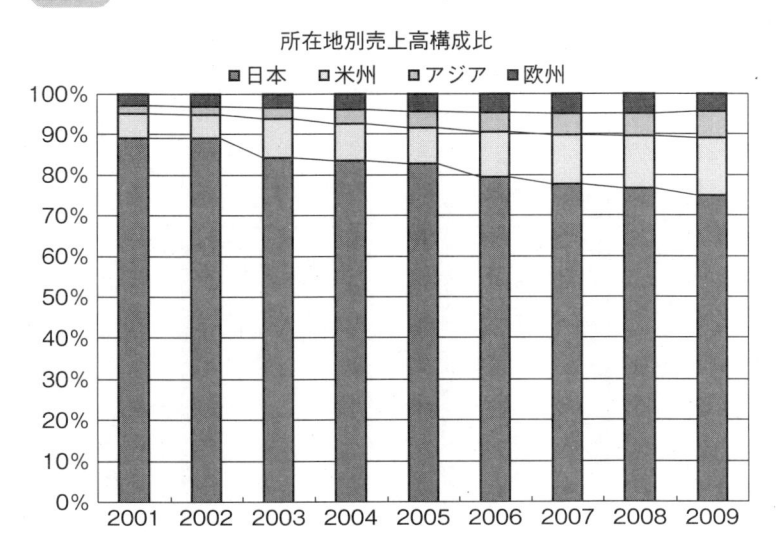

所在地別売上高構成比
凡例: ■日本 ■米州 ■アジア ■欧州

ている2007年以降は全体の営業利益率を引き下げることに繋がっているように見えます。

####（2） 事業の所在地別の成長性と収益性

日本と海外の売上高については、エクセルの中に「所在地別セグメント」があります。

それをベースに佐藤さんが作ったのが所在地別売上高構成比で**図表10**です。これを見ると、日本の売上高構成比は、2001年には約90%であったのが、2009年には約75%になっています。一方、海外は、2001年に約10%であったのが、2009年には約25%となっています。ここから、海外の成長性の方が日本よりも高かったことが分かります。

一方、所在地別の収益性を表す所在地別営業利益構成比を見ると（**図表11**）、2001年には90%以上の営業利益が日本から出ていたのが、2009年には約55%まで下がっていることが分かります。特に米州の営業利益が全体に貢献している

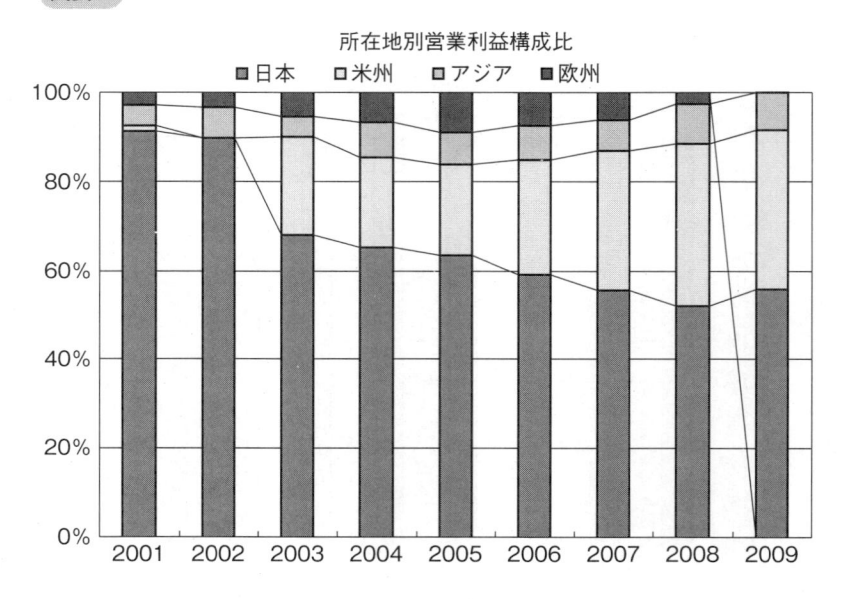

図表11

所在地別営業利益構成比

ことが分かります。

④安定性

有利子負債合計とD/Eレシオの推移を，佐藤さんに作ってもらったのが**図表12**です。ヤクルトは2000年から2007年までD/Eレシオを下げてきているのが分かります。分岐点は2007年です。この年以降有利子負債の額もD/Eレシオも上がっています。

佐藤さんは，「D/Eレシオが，0.05から0.24に急激に上がっているので問題があるのでは？」と感じたようです。D/Eレシオの一つの基準は，第2章でも触れたように1.0倍です。財務諸表上有利子負債と株主資本が同額である状況が1.0倍になりますが，1.0倍ぐらいあっても通常は問題とはなりません。ヤクルトのケースで見ると1.0倍から比べると0.25倍というのは低い水準です。

もしヤクルトが将来の事業の成長性や収益性を高めるために投資をしているのであれば，どのような機会のために何に対して投資をしているのかについて

図表12

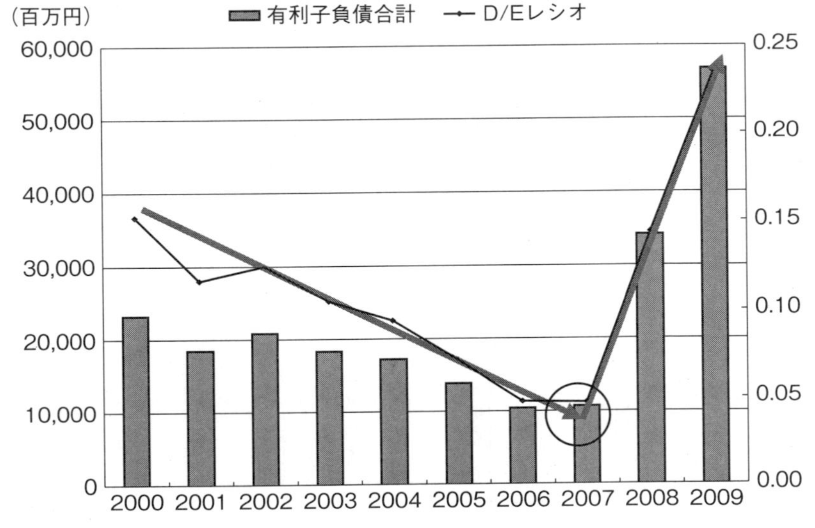

は知りたいところです。そこで設備投資の推移を見ておきましょう。

⑤設備投資に着目する

エクセルのキャッシュフローの中に「投資活動によりキャッシュフロー」という項目があります。この中の「固定資産の取得により支出」が設備投資に該当します。佐藤さんに設備投資額の推移を図表13にしてもらいました。**図表13**を見ると2008年が約250億円，2009年が約280億円と2000年の水準の約３倍の投資をしていることが分かります。ここではヤクルトが確かに大きな設備投資を2008年と2009年に行っていることまでは分かりますが，何に投資をしているのかは分かりませんのでこの点は知りたいところです。

投資として財務諸表から読み取りたい指標としては，設備投資と共に「研究開発活動」があります。ヤクルトの一般管理費の中にある研究開発費がそれに相当します。売上高研究開発費比率として表したのが**図表14**です。推移を見ると，2000年には，約２％であった研究開発費比率は2009年には３％程度までになっていることが分かります。ここから多少の前後はありますが，ヤクルトが

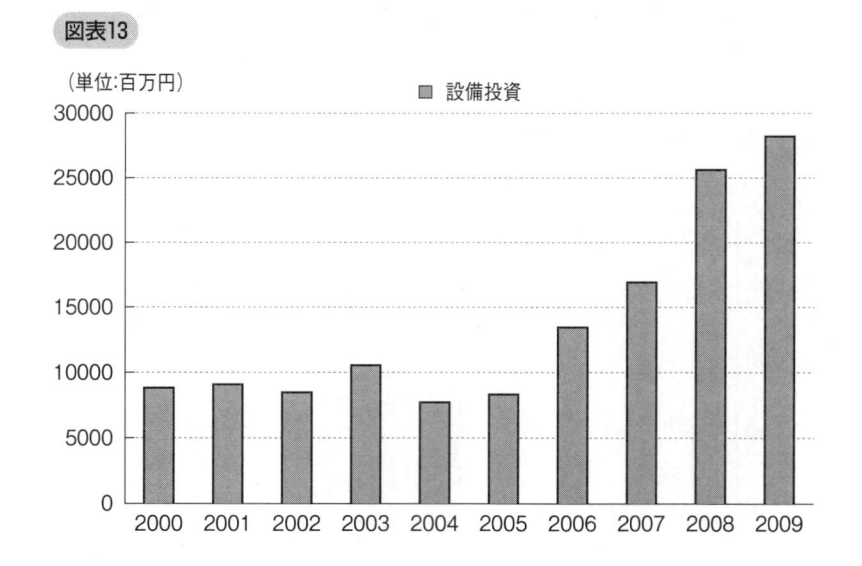

図表13

(単位:百万円) ■ 設備投資

図表14

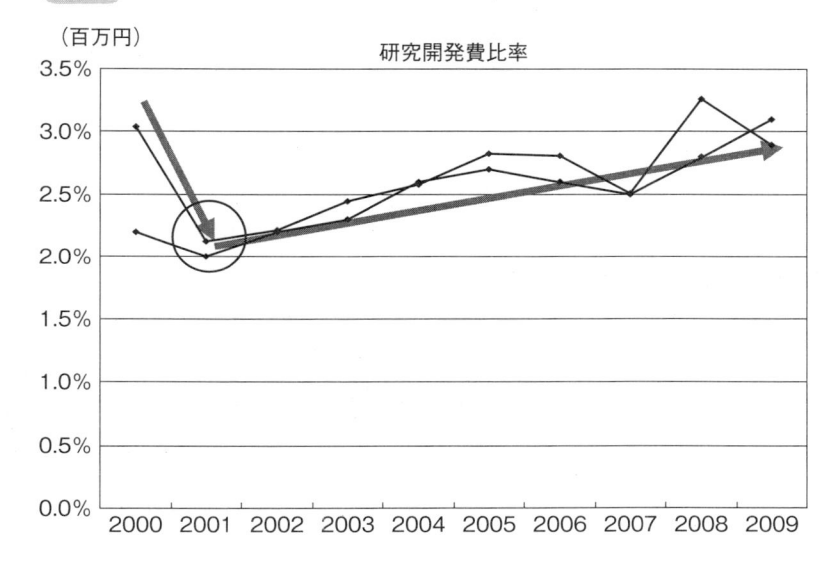

研究開発費比率
（百万円）

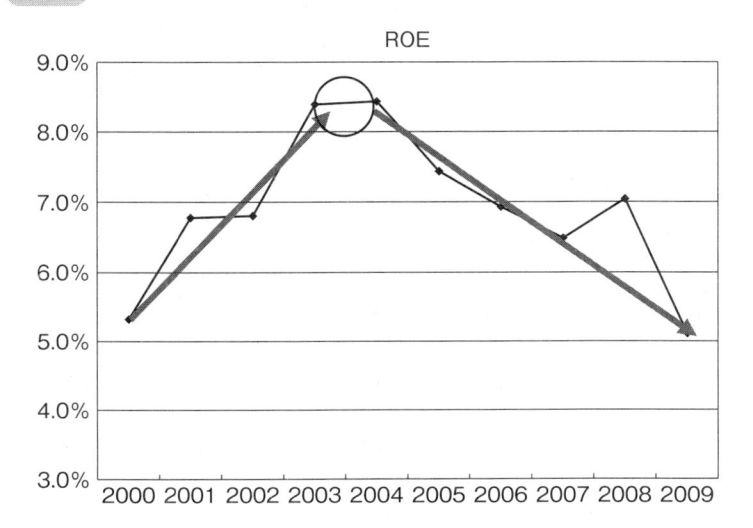

図表15

ROE

持続的に研究開発活動を行っていることが分かります。

⑥効率性

ROEの推移を表したのが**図表15**です。ROEは，2000年に約5％だったのが，2003年まで少しずつ上昇しており，約8％となっています。分岐点は2003年と2004年でそれ以降は少しずつ下がっているのが分かります。

⑦ここまでのまとめと疑問点

ここまでのところで一度まとめますと以下のようになります。

仮説① (国内ビジネス)	国内ビジネスについては，売上高の分析，特にセグメント別のうち所在地別の売上高で見ると，日本中心のビジネスではあるが，ヤクルトは海外展開をしているグローバルカンパニーであることが分かりました。過去の推移を見ると，国内売上高の比率は89％から，75％へと14ポイント下がっているので，海外の方が国内よりも成長性が高いことが分かります。
仮説② (主力商品)	主力商品については，売上高の分析から，「ヤクルト」が売上高の中心であることには変わりがないが，ヤクルトを含む飲料食品と共に，医薬品とその他の事業を行っていることが分かりました。飲料食品は過去8年間で3％の成長であったのに対して，医薬品は約14％と医薬品の成長が高いことも分かりました。また，「その他の事業」では，化粧品とプロ野球が区分されています。
仮説③ (過去の売上高)	過去の売上高については，売上高は過去20年で年率約4％伸びていました。ヤクルトが，海外ビジネスを展開していること，飲料食品と共に，医薬品等のビジネスをしていることも分かりました。
仮説④ (営業利益率の水準)	営業利益率の水準については，ヤクルトの過去20年の収益性の分析では，ヤクルトが2000年以降6～9％の間で営業利益率が推移していること，2007年を分岐点として営業利益率は下降していることが分かりました。
仮説⑤ (健康)	健康については，ここまでの分析では分かっていません。

仮説⑥ （将来）	将来について結論を出すにはもう少し分析が必要です。

ステップ6　ヤクルトを広めることが第一
（分析の限界をフォローする）

　具体的に調べるために，以上から浮かび上がってきた問題意識を持ちながら，ヤクルトHPのIR情報にある決算説明会資料等を読んでみることにしました。さらに，ヤクルトの広報IR室の市瀬さんと大後さん，広報室の笹岡さんに会いました。

①IR情報にある決算説明会資料等を読んでみる

　ヤクルトの2009年のIR情報にある決算説明会資料等を読んでみました。読んでみると，以下のことが浮かび上がってきました。

（ア）決算説明会資料から

① セグメント別売上高を見ると，「日本を中心にヤクルトを販売している」と佐藤さんがイメージしていた部分は，1,686億円（全体の57.5％）であることが分かりました。日本ではそれ以外に医薬品が352億円（12.0％），その他が140億円（5％），海外は全て飲料食品で755億円（25％）あることが分かりました。

② セグメント別営業利益を見ると，所在地別の営業利益率では，まず米州の営業利益率が25％と高いことが分かります。アジア・オセアニアは12％，日本の営業利益率は8％となっています。一方，欧州ビジネスの営業利益率が極めて低いことが浮かび上がってきました。事業別で見ると，医薬品事業の営業利益率が34％と高く，海外の飲料食品の営業利益率も17％と高いことが分かります。一方，国内の飲料食品の営業利益率は2％と低いことが分かってきました。ヤクルトの全体の営業利益率は既に見てきたように，5.7％ですが，医薬品事業と海外の飲料食品の高い営業利益率と低い国内の飲料食品の営業利益率から構成されていることが分かります。佐藤さんは，「ヤクルトレディの人件費が重いので

は？よって営業利益率は低いかもしれない」との仮説を持っていましたが，理由は分かりませんが，国内の飲料食品の営業利益率が2％と低いことで，仮説は当たっていたことになります。161ページで説明したように，セグメント情報が「事業別あるいは地域別での開示である」ので，事業と地域別の重なり，ヤクルトだと「日本の飲料・食品」の営業利益率を見るためには，決算説明会資料まで行く必要があります。

(イ) IR情報　投資家へのみなさまへから
① 佐藤さんは，決算説明会での「今後の経営展望について」の抜粋から以下の部分に関心を持ちました。

> 「グローバルで展開していますと，このような為替問題だけでなく，多くの困難に，ぶつかります。しかし，私どもは，過去においても必ず乗り越えてきました。なぜかと申しますと，私どもには，夢があるからです。
> 　ヤクルトを応援してくださる皆様との間に共通の夢があります。
> 　いつの日か，人種や，貧富や，宗教や，食習慣を越えて，世界中のあらゆる人達が，「ヤクルト」を毎日，飲む姿を，私は夢見ています。
> 　世界中の人達が，「ヤクルト」を通じて「乳酸菌シロタ株」を摂取していただき，病気にかかることなく天寿をまっとうしていただくという夢です。
> 　私どもは，たとえ，今のように世界的な不況になっても，「牛の一歩ずつの着実な歩みは，百戦して百勝する」という意味の「牛歩百勝（ギュウホヒャクショウ）」という言葉のように，プロバイオティクスを，まっている全ての国々への展開と，農耕型の着実な「歩み（アユミ）」を，止めることはいたしません。もちろん，国内において販売，生産，組織の再編の「歩み」も，止めません」

② 佐藤さんは，以上のような長期的な視点とともに，以下の短期的な視点も持ち合わせていることに気づきました。

> 「短期的ならびに中期的視点での経営の「(見直し)見つめ直し」作業から，以前から行っている個人最適や部門最適ではない「全社最適」の，より一層の具体的行動に着手し，「利益重視」への転換を，図ってまいります」

③ さらには，以下のような中期的な視点にも触れていることに気づきました。

> 「一方，中期的には，飲料・食品事業での販売品目の「絞り込み」に着手いたします。例えば，乳製品では，ヤクルト400類や「ＢＦ-１」といった付加価値の高い商品に力を入れていきます。
> 　第二には，乳製品の商品設計や，生産ラインの要員配置の見直しなどを行い，「原材料費と加工費の低減」を図ります」

佐藤さんは，「販売品目の絞り込み」という部分から，第３章で取り上げたコマツが2002年当時「複雑化しすぎていた機種構成の統合」へ取り組んだことを思い出しました。

②ヤクルトの社員に会うことになる

佐藤さんは，聞きたいことを以下のようにまとめました。

1．「ヤクルト」の社名の由来を教えてください
2．今後の成長は海外と医薬ではないか？　と思いましたが，どのようにお考えですか？
3．営業利益率は2007年以降下がっていますが，それはなぜですか？　今後はどうなっていくのでしょうか？

佐藤さんは，新橋にあるヤクルト本社に行き，早速質問してみることにしました。以下，佐藤さんの質問と社員からの回答をまとめておきます。

> 1．「ヤクルト」の社名の由来を教えてください
> 　(ｱ)　「ヤクルト」は，エスペラント語でヨーグルトを意味する言葉ヤフルト（Jahurto）をもとにした造語です。

(イ) ちなみに，ヤクルトの歴史は，創始者である代田稔博士（1899～1982）が京都帝国大学医学部で微生物の研究中に強化培養することに成功した乳酸菌シロタ株を，昭和10年に「ヤクルト」の商標で飲料として，福岡市で販売したことに始まります。

(ウ) 代田は，病気になってから治療するよりも病気にかからないようにする「予防医学」，腸を丈夫にすることが健康の長生きにつながる「健腸長寿」，そして腸を丈夫にする「乳酸菌シロタ株」を一人でも多くの人に手軽に飲んでもらいたいという考えから「誰もが願う健康を誰もが手に入れられる価格で」提供することを提唱しました。

(エ) ヤクルトでは，これを「代田イズム」と呼び，すべての事業の原点としています。

(オ) 蛇足ですが，弊社の社章のシロタマークは，代田にちなみ，4つの口と田（シロタ）から考案したものです。

2．今後の成長は海外と医薬ではないか？　と思いましたが，どのようにお考えですか？

(ア) 弊社でも今後の成長は海外と医薬と理解しています。海外については，一点説明させてください。

(イ) ヤクルトの海外展開は，1964年に遡ります。このとき台湾に進出しましたが，この進出は，弊社の考え方に共感した台湾の方からの依頼に基づいて行った点です。

(ウ) 弊社は，海外が儲かるから海外に行くのではなく，あくまでも弊社の理念を実現するために海外展開を行っていると理解していただければ幸いです。

3．営業利益率は2007年以降下がっていますが，それはなぜですか？　今後はどうなっていくのでしょうか？

(ア) 営業利益率が2007年以降下がっているのは，事実ですが，所在地別の営業利益率を比較していただくと分かるように，営業利益率が落ち込んでいるのは，海外展開においての初期投資がかさんでいるからです。

(イ) 海外，特にイタリア，米国，中国，ベトナムでは商品認知を先にしていただくために初期投資を行っています。

(ウ) 海外進出のポイントは「スピード」だと考えています。よって多種の商品を

> 投入するのではなく,「ヤクルト」単品での勝負をしています。
> (エ) ただ繰り返しになりますが,あくまでも弊社の姿勢は「ヤクルトを広める」ことを優先しているのであって,「マーケットを取りに行く」ものではありません。
> (オ) 2007年以降の営業利益率が相対的に下がっていることについては以上の説明になりますが,国内の飲料食品の営業利益率が低いことに対しては,今後「販売品目の絞込み」や「原材料費と加工費の低減」を通じて改善していきたいと考えています。

ステップ7 結論を出す　自分のイメージとの違い

①フレームワークでまとめてみると

佐藤さんのヤクルトに対するこれまでの理解を「5つの資産」と「バリュートライアングル」でまとめてもらったのが**図表16**です。

②結論

佐藤さんは、ヤクルトの財務分析の目的を「身近なヤクルトを財務分析することを通じて、会社の方向性を知る」としました。これに対する結論は、「ヤクルトは自分にとって小さい頃から身近な会社でしたが、実際に財務分析をしてみると自分のイメージとは違っている会社だということに気づきました。会社の方向性は、これまでと変わらず「健康」を志向するなかで、より今後伸びていく中国をはじめとした海外の比率が増えていくのではないかと考えました。2009年の業績は、世界的な不景気の影響で厳しいですが、その中でも将来へ向けた投資を着実に行っている点にも佐藤さんは着目しました。そして、このような将来に対する投資は今後、海外の景気が回復してくるとさらなる成長へと会社を導くのではないかと考えました。

佐藤さんが分析を通じてイメージと違っていた点は具体的には3点です。第一に、自分はヤクルトを「国内でヤクルトを販売している会社」だと思っていましたが、実際は、日本を含む海外32カ国でヤクルトを販売するグローバルカ

図表16

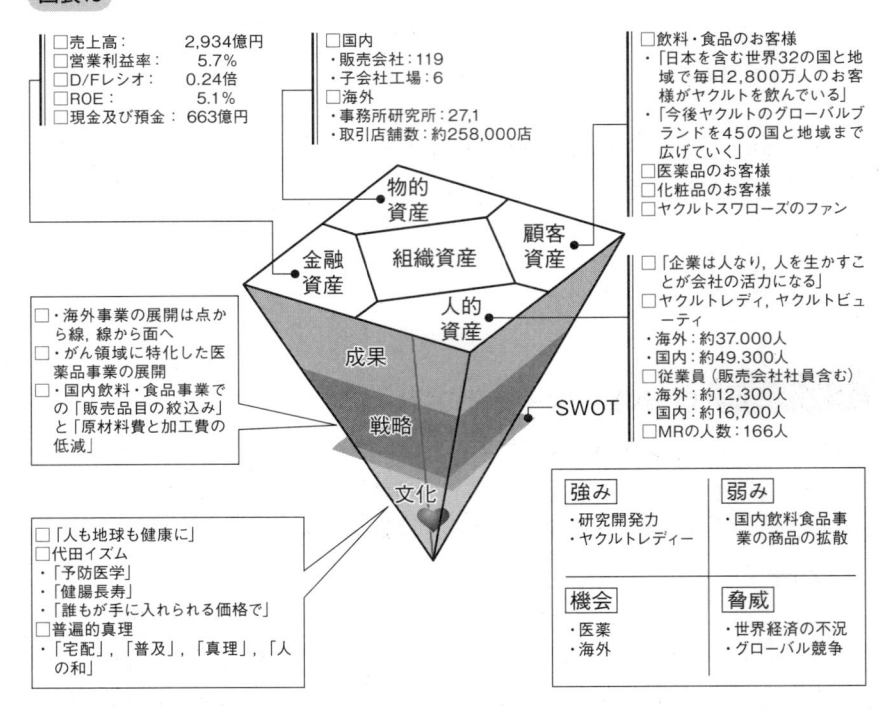

- 売上高： 2,934億円
- 営業利益率： 5.7%
- D/Fレシオ： 0.24倍
- ROE： 5.1%
- 現金及び預金： 663億円

□国内
・販売会社：119
・子会社工場：6
□海外
・事務所研究所：27,1
・取引店舗数：約258,000店

□飲料・食品のお客様
・「日本を含む世界32の国と地域で毎日2,800万人のお客様がヤクルトを飲んでいる」
・「今後ヤクルトのグローバルブランドを45の国と地域まで広げていく」
□医薬品のお客様
□化粧品のお客様
□ヤクルトスワローズのファン

物的資産　組織資産　顧客資産　金融資産　人的資産
成果　戦略　文化　SWOT

□・海外事業の展開は点から線，線から面へ
□・がん領域に特化した医薬品事業の展開
□・国内飲料・食品事業での「販売品目の絞込み」と「原材料費と加工費の低減」

□「企業は人なり，人を生かすことが会社の活力になる」
□ヤクルトレディ，ヤクルトビューティ
・海外：約37,000人
・国内：約49,300人
□従業員（販売会社社員含む）
・海外：約12,300人
・国内：約16,700人
□MRの人数：166人

□「人も地球も健康に」
□代田イズム
・「予防医学」
・「健腸長寿」
・「誰もが手に入れられる価格で」
□普遍的真理
・「宅配」，「普及」，「真理」，「人の和」

強み	弱み
・研究開発力 ・ヤクルトレディー	・国内飲料食品事業の商品の拡散

機会	脅威
・医薬 ・海外	・世界経済の不況 ・グローバル競争

ンパニーであり，飲料食品以外にも医薬品や化粧品を扱っている会社だと知りました。次は，過去10年で収益の源泉が国内から海外に移っている点です。今後で考えると益々海外の比率が増えるのではないか，と思いました。最後が，自分は当初ヤクルトが「何か最近健康に関わるビジネスを始めたか」との問題意識を持っていましたが，これはまったくの誤解でした。ヤクルトは創始のときから深く健康に関わってきた会社である，ということを分析してはじめて知りました。

財務分析を終えて

佐藤さんにヤクルトの財務分析してもらいました。今回の財務分析を通じて

佐藤さんは「身近な会社だからと言って必ずしも会社のことを知っている訳でも会社の方向性を知っているわけではない」ということに気づいたようです。ヤクルトが国内を含めて海外32カ国でヤクルトを販売していることや飲料食品以外に医薬品やその他の事業をしていることは今回の分析を通じてはじめて知ったそうです。

個人投資家として ケース2
HOYA 株式会社

ステップ1 　分析の目的を明確にする　なぜ高配当を続けられるのか

　個人投資家としての財務分析の2社目は，社会に出て7年目の寺崎さんがします。寺崎さんは，株式投資を趣味としていて，実際に投資をして自分の留学資金を株で稼ぎ出したほどの実力者です。そんな寺崎さんが最近関心あるのが，「高配当の企業群」です。株式投資の雑誌で，「高配当利回り」企業の紹介記事を読んで関心を持ちました。寺崎さんは，高配当企業の中からHOYA株式会社（以下「HOYA」と言います）を分析してみようと思いました。以前，何かの記事で，経営者のインタビューを読んで心に残っていたからです。

　分析の目的は，「高配当企業であるHOYAが高配当を続けている理由と，今後も高配当を続けていける可能性を見極める」としました。

ステップ2 　収集可能な最長の期間を見極める　できるだけ長い期間で

　HOYAがなぜ，これまで高配当を継続してきたのか，そのためにはHOYAの出来るだけ長い期間の財務分析が必要です。ステップ4にも出てきますが，HOYAの過去18年の財務情報（一部は過去10年）が入手できましたので，それを使って分析します。

ステップ3 　自分の仮説を持つ　HOYAと言えば「アイシティ」

　寺崎さんに，HOYAに対するイメージを語ってもらいました。HOYAというと，寺崎さんは，コンタクトレンズの「アイシティ」を思い出します。それ以外には特にイメージは涌かないそうですが，「高配当を続けているなら何か安定的なビジネスをしているのではないか？」と思いました。

　寺崎さんの仮説を以下に書き出しておきます。

仮説① (アイシティ)	コンタクトレンズの「アイシティ」のビジネスをしている。ビジネスの規模等はまったく分からない。
仮説② (安定的なビジネスモデル)	高配当を続けているから，何か安定的なビジネスをしているに違いない。

ステップ4 情報の収集先を明確にする
HPからアニュアルレポートを入手

　まず，HOYAのHPに行きます。HPに行ったところ，「IR情報」がありました。「IR情報」の中に「IR資料室」があり，開くと「アニュアルレポート」があります。2009年版のアニュアルレポートのp40とp41に「11年間の主要連結財務データ」が載っています。これはとても便利です。過去11年の動きを見たければここで情報収集は終わりですが，今回は，出来るだけ長期の情報を収集したいのでさらに過去のアニュアルレポートが必要です。HPに載っている中で一番古いアニュアルレポートは2001年版でした。アニュアルレポートに「10年間の主要連結財務データ」が載っていますので，1992年から分析対象とします。

　2001年と2009年のアニュアルレポートの損益計算書から，「売上高」，「営業利益」，「経常利益」，「当期純利益」を抜き出すと共に，研究開発費の情報が開示されていましたので，研究開発費も加え**図表17**の「1．簡易連結損益計算書」を作りました。貸借対照表からは，D/EレシオとROEの情報を入手します。ROEは「主要連結財務データ」に載っていますのでそれを使います。一方，D/Eレシオの数字は載っていませんので，アニュアルレポートの連結貸借対照表から作成し図表17の「2．D/Eレシオの算出」を作りました。

　次に，財務分析をするためのグラフを作成します。作成したグラフは分析の中でお見せします。

図表17

1. 簡易連結損益計算書

(単位：百万円)

勘定科目	1992	1993	1994	1995	1996	1997	1998	1999	2000	2001	2002	2003	2004	2005	2006	2007	2008	2009
売上高	141,780	139,758	134,473	151,470	167,106	193,402	193,473	201,290	201,110	236,802	235,265	246,293	271,443	308,172	344,228	390,093	481,631	454,194
営業利益	15,938	14,575	14,232	21,038	26,229	32,936	26,395	31,726	34,688	45,127	43,897	52,982	68,166	84,920	101,095	107,213	95,073	59,094
経常利益	16,276	13,875	12,878	21,001	27,376	35,086	26,759	33,612	35,484	48,184	45,774	50,874	66,554	89,525	103,637	102,909	100,175	71,080
当期純利益	7,848	5,296	6,119	8,812	11,056	15,300	12,348	17,836	20,715	21,860	23,740	20,037	39,548	64,135	75,620	83,391	81,725	25,109
売上高成長率		−1.4%	−3.8%	12.6%	10.3%	15.7%	0.0%	4.0%	−0.1%	17.7%	−0.6%	4.7%	10.2%	13.5%	11.7%	13.3%	23.5%	−5.7%
営業利益率	11.2%	10.4%	10.6%	13.9%	15.7%	17.0%	13.6%	15.8%	17.2%	19.1%	18.7%	21.5%	25.1%	27.6%	29.4%	27.5%	19.7%	13.0%
研究開発費	5,200	4,000	4,500	4,000	4,500	6,000	7,500	7,800	7,700	7,300	7,300	8,700	9,800	10,900	14,100	14,900	17,400	17,600
売上高研究開発費比率	3.7%	2.9%	3.3%	2.6%	2.7%	3.1%	3.9%	3.9%	3.8%	3.1%	3.1%	3.5%	3.6%	3.5%	4.1%	3.8%	3.6%	3.9%

2. D/Eレシオの算出

(単位：百万円)

勘定科目	1992	1993	1994	1995	1996	1997	1998	1999	2000	2001	2002	2003	2004	2005	2006	2007	2008	2009
現金及び預金									51,654	44,697	66,321	75,694	80,425	112,874	83,574	120,621	181,467	214,540
短期借入金									3,408	4,630	3,378	2,284	486	194			6,465	2,144
1年以内返済予定の長期借入金																	8,749	4,402
コマーシャルペーパー																	6,191	41,978
社債												7					99,966	99,972
長期借入金									275	424	569						13,268	9,688
有利子負債合計									3,683	5,054	3,947	2,291	486	194		0	134,639	158,184
純資産合計																367,145	394,625	338,009
少数株主持分																1,876	2,909	1,758
株主資本 ※1									175,145	195,333	219,180	224,218	218,978	277,889	279,480	365,269	391,716	336,251
有利子負債合計									3,683	5,054	3,947	2,291	486	194		0	134,639	158,184
D/Eレシオ									0.02	0.03	0.02	0.01	0.00	0.00	0.00	0.00	0.34	0.47

※1 開示制度の変更のため、2007年から株主資本は純資産合計に少数株主持分を考慮して計算している

ステップ5 長期の財務分析をする セグメント情報の分析が有効

①まずは成長性の分析から

成長性と収益性の両方を**図表18**にまとめましたのでご覧ください。
最初に，HOYAの成長性の分析から始めましょう。

図表18

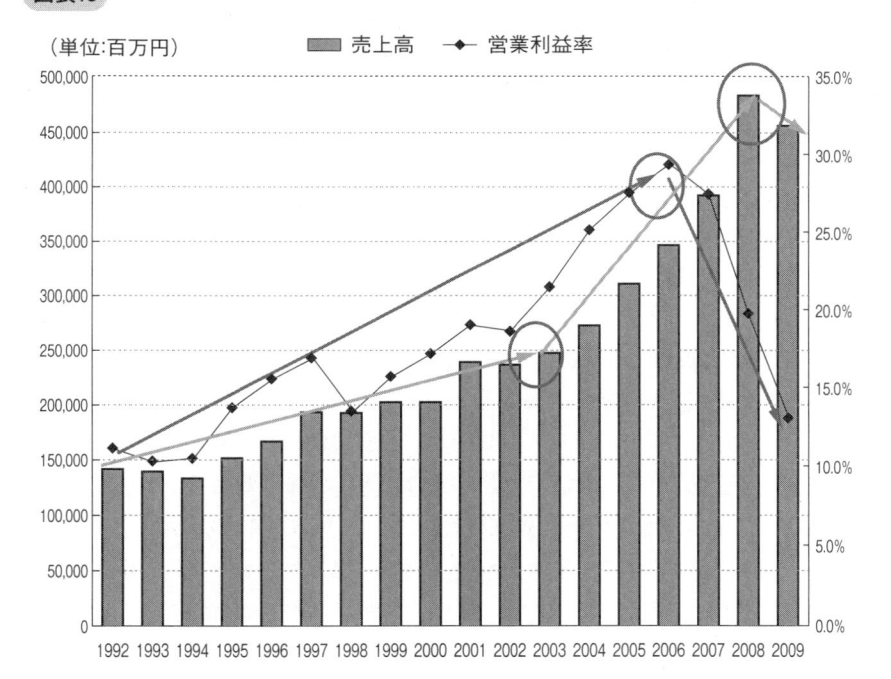

(単位:百万円)　　売上高　　◆ 営業利益率

[1992年から2009年までのHOYAの売上高（棒グラフ）と営業利益率（折れ線グラフ）を示した図。売上高は左軸（0〜500,000百万円）、営業利益率は右軸（0.0〜35.0%）]

　HOYAの売上高の推移の図を見て分かるのは，HOYAの成長性の高さです。HOYAの1992年から2003年までの11年間の成長率は年率5％であったのが，2003年から2008年までの5年間の成長率は年率14％となっています。売上高は，1992年から2003年までは緩やかに，2003年以降2008年までは急激に増加したことが分かります。この成長率の高さの理由はぜひ知りたいところです。売上高は図表を見ると，2008年に分岐点を迎えています。2008年から2009年の売上高

の減少は，リーマンショック後の世界的な不況の影響と思われますが，「影響がどこまでそしてどのくらいの深さで続くのか，その後はどのようなシナリオになるのか？」も知りたいところです。

②収益性

収益性は，1992年から2006年まで上下はありますが，一貫して上昇傾向にありました。2006年がトップで，営業利益率は29％と高い水準にあります。収益性の分岐点は2006年で，以降は減少傾向にあり，2009年はそれでも13％あります。成長性の分岐点が2008年，収益性の分岐点が2006年となっています。これはよく見られる傾向で，先に収益性の陰りが見え，その後に成長性の陰りが見えてきます。

③セグメント情報を見てみよう

成長性と収益性については，セグメント情報をさらに見てみましょう。セグメント情報は1999年以前の情報は入手できなかったため，2000年以降の情報を分析対象としています。

事業別の成長性と収益性

まず，セグメント情報の数値をエクセルに入力し，表を作ります。そこから，セグメント別売上高（図表19）とセグメント別営業利益（図表20）の図表を作りました。なお，作成したエクセルの表は紙面の関係で載せていません。

HOYAのセグメント別売上高を見て注目したいのは以下の3点です

1. まず，全体の中で一番大きな売上高は，コンタクトレンズを扱っているヘルスケアではなく，エレクトロオプティクス部門であることです。「エレクトロオプティクス」とは聞きなれない言葉ですが，「パソコンや液晶テレビ，デジタルカメラ，携帯電話など多くのデジタル製品に使用されている半導体や液晶パネルの製造工程で使用されるマスクブランクス・フォトマスク，およびこれらデジタル製品の小型化・高機能化を支えるガラスディスクや光学レンズ等を提供している（アニュアルレポートより抜粋）」部門です。エレクトロオプティクスの売上高は，2000年から2007年まで年率13％で成長し，2007年が分岐点となって2009年まで

下降線にあります。

2．次が，図の中では読み取りにくいですが，コンタクトレンズを含んでいるヘルスケア部門の成長性の高さです。過去9年で見ると，HOYAの全部門の中で一番伸びているのがヘルスケア部門で，年率約11％の成長をしています。しかも，ヘルスケア部門は，2009年の売上高が2008年と比較して約8％伸びていて分岐点を迎えていません。今回の世界的な不況の影響が，比較的軽微であることが伺えます。確かに，コンタクトレンズは，日常品で一回使い始めると経済状況に関係なく使い続けるものですから頷けます。

3．最後が，2008年からペンタックスが加わっている点です。全社の成長性の分析では分かりませんでしたが，2008年の売上高の増加の理由の大きなものは，ペンタックスの売上であることが分かりました。「ペンタッ

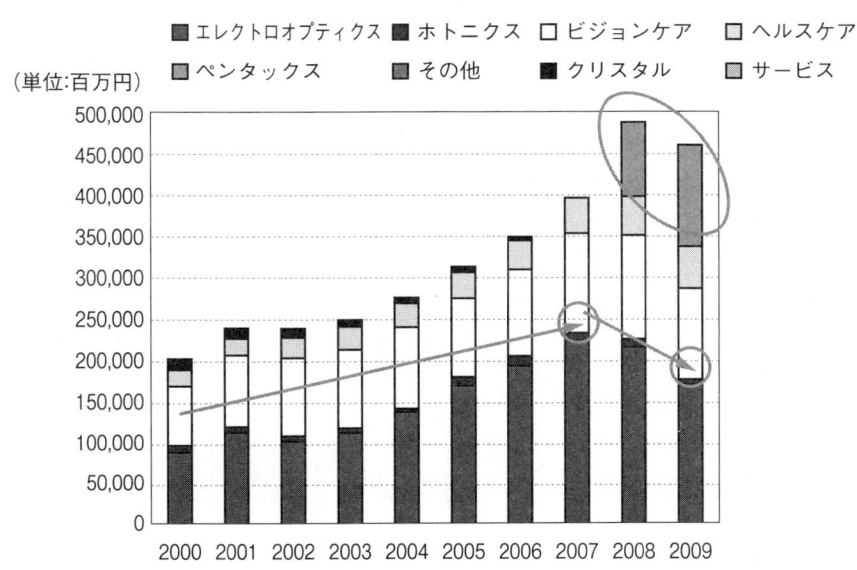

図表19

セグメント別売上高

クスとの合併をなぜしたのか？」関心がでてくるところです。
　次にセグメント別の営業利益ですが，営業利益で注目したいのは，以下の3点です。
1．まず，エレクトロプティクスの営業利益率が極めて高く，HOYA全体の営業利益に占める割合が高い点です。例えば，全体の営業利益に占めるエレクトロオプティクスの割合は，2007年は72％でしたが，2009年は64％になっています。同部門の営業利益率は，2007年が36％と極めて高い水準でしたが，2007年が分岐点となり2009年では，約12％下がっています。金額だと，約400億円の利益がここで消えています。エレクトロオプティクス部門の過去10年の平均営業利益率は31％ですから，「今回の世界的な不況が回復した場合に，どの水準まで戻るのか？」は関心のあるところです。一方，悪くなったといっても，依然24％の営業利益率

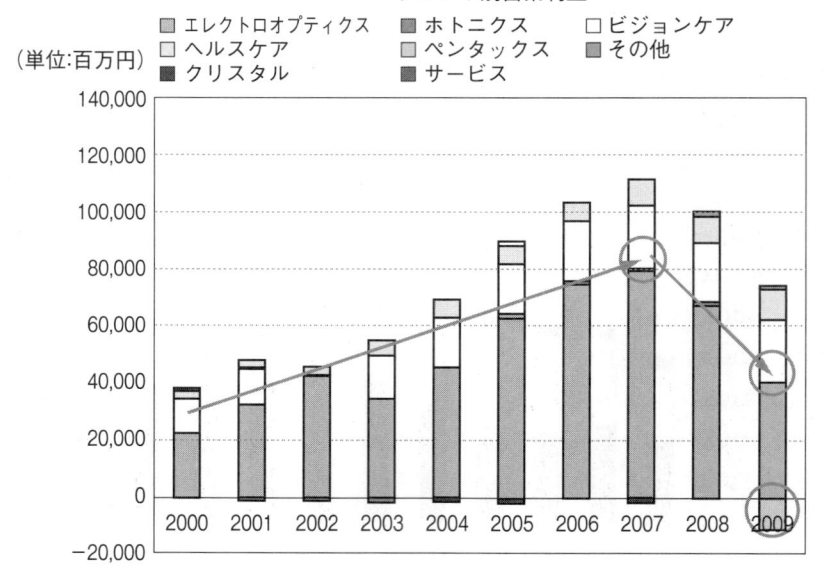

図表20

セグメント別営業利益
（単位:百万円）

を計上しているのは驚異的です。

2．HOYAは，ビジョンケアとヘルスケア部門を合わせて「アイケア分野」と呼んでいますが，同分野の営業利益率が過去10年で少しずつ上昇しています。特にヘルスケア部門は，2000年の営業利益率が12％であったのが，2009年では23％と営業利益率が倍近くなっているのは素晴らしいです。売上高の分析と合わせて，「今後アイケア分野がどのように展開していくのか？」関心のあるところです。

3．最後が，合併したペンタックスが，2009年で115億円の営業赤字を計上している点です。「営業赤字がなぜ発生しているのか，この状態が今後好転するのか否か？」とても関心があるところです。しかも，赤字の部門をもしHOYAが好転させることができれば，会社として組織変革を

図表21

所在地別売上高構成比

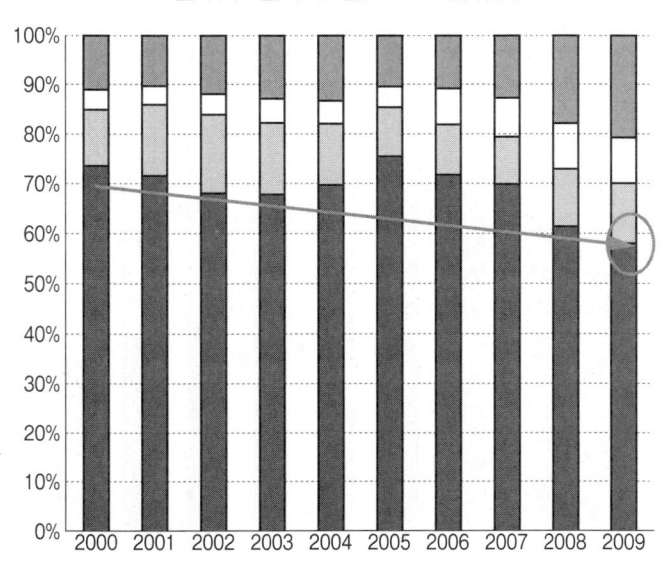

■ 日本　■ 北米　□ アジア　■ 欧州

できる力（組織資産あるいは人的資産）があることになりますので，とても興味深い点です。

事業の所在地別の成長性と収益性

HOYAの事業の所在地別売上高構成比（図表21）を見て注目したいのは，この10年で日本の比率が，約16ポイント下がって，2009年で57％になっている点です。この10年で，グローバル化が進んだことが分かります。

一方，所在地別営業利益構成比（図表22）で見ると，HOYAの営業利益の源泉がこの10年で大きく変わっていることが分かります。2000年に日本の営業利益の構成比が約8割であったのが，2009年には2割を下回っています。一方アジアは，2000年に約1割だったものが，2009年には7割を超えるまでになっています。

よって，ここからHOYAは，売上高の面でも営業利益の面でも，日本企業

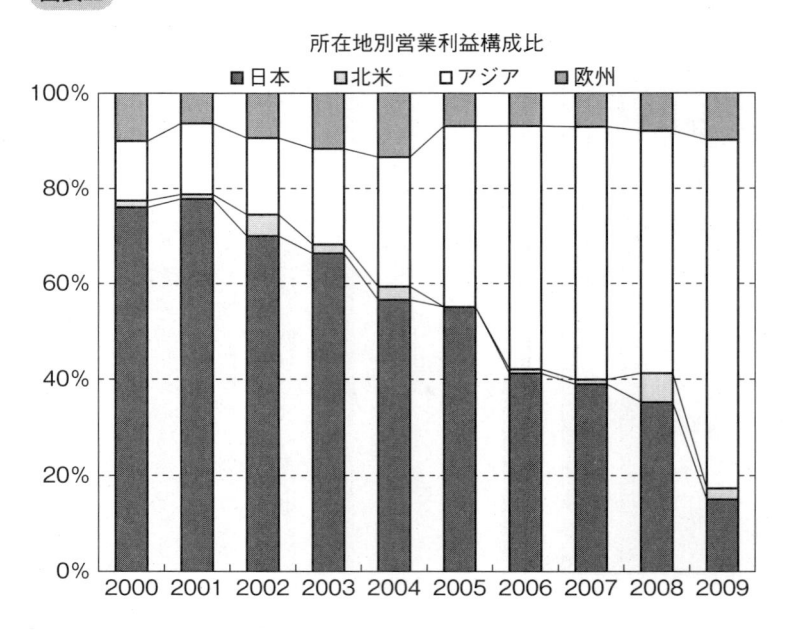

図表22

所在地別営業利益構成比

というよりも，グローバル企業，あるいはアジア企業と言ったほうが的確なことが分かります。「この傾向は今後も進むのではないか？」と寺崎さんは考えました。

③安全性

安全性については，**図表23**をご覧ください。

図表23は，有利子負債合計の推移（左軸）とD/Eレシオの推移（右軸）を表しています。D/Eレシオを見ると，HOYAは，過去からとても低い水準で来ていることが分かります。2007年が分岐点となり，2008年に急激に増え以降は増加傾向にあります。寺崎さんは，「有利子負債の増加は，ペンタックスとの合併と関連するのではないか？」と考えました。後ほど確認したい点の一つです。有利子負債合計は，図表を見る限り高まったように見えますが，D/Eレシオの水準で見ると依然1.0倍を大幅に下回る水準であることは確認しておく必要があります。なぜなら，有利子負債額だけを見ると，ゼロから1,581億円に増えている部分だけを見て，安全性が低まったと考えてしまいがちだからです。

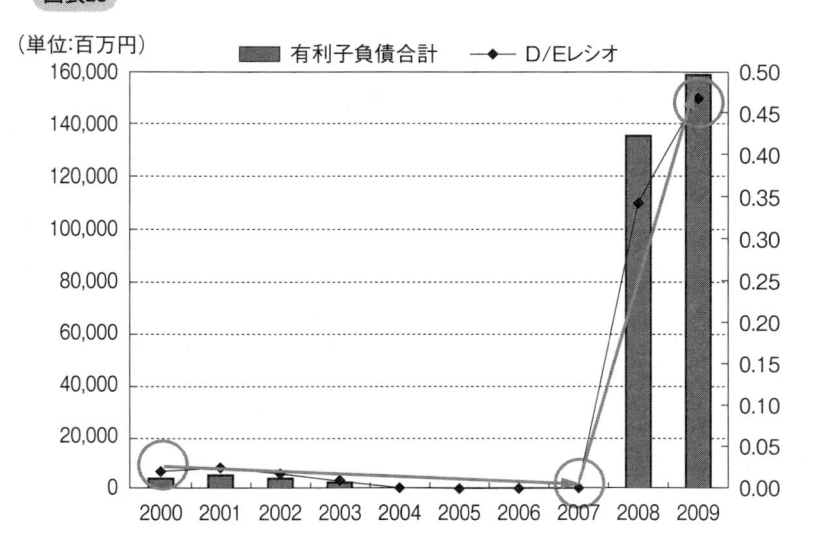

図表23

有利子負債合計が増えているときは，合わせてキャッシュ残高（現金及び預金）の推移を見ると良いでしょう。なぜなら，有利子負債が増えている裏側でキャッシュ残高も増えていると実質的に安全性が低まったと言えないからです。ちなみに，有利子負債からキャッシュ残高を差し引いたものを「純有利子負債」と言います。現金及び預金残高は，2000年に約510億円であったのが，2009年には約2,140億円と約4倍に増えていることが分かります。

④効率性
　効率性の指標はROEの推移で見ます。ROEの推移を表したのが**図表24**です。

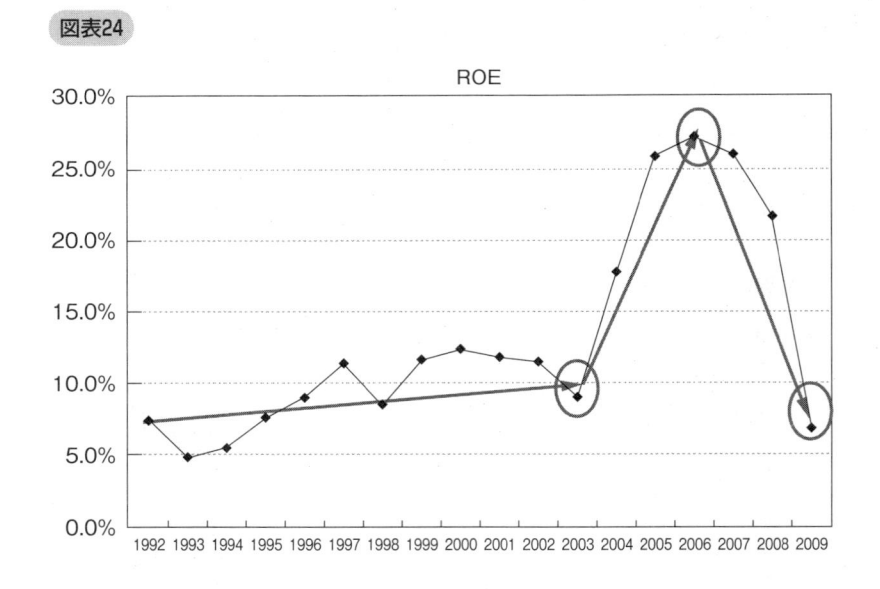

図表24

ROE

（1992年〜2009年のROE推移グラフ：1992年約7%から始まり、1993年に約5%に下がった後、2003年まで5%〜12%の範囲で緩やかに上昇。2003年以降急激に上昇し2006年に約27%のピーク。その後2009年に約7%まで下降）

　ROEは，1992年から2003年までは，5%から12%の範囲で緩やかに上昇していたのが，2003年が分岐点となり2003年以降は急激に上昇し，2006年には27%と非常に高い水準になっています。さらに，2006年が分岐点となり，2006年以降は減少傾向にあり，2009年は6%となっています。寺崎さんは，「ROEはどこまで下がるのか，どのタイミングで底を打つのか，そして将来的にはどのく

図表25

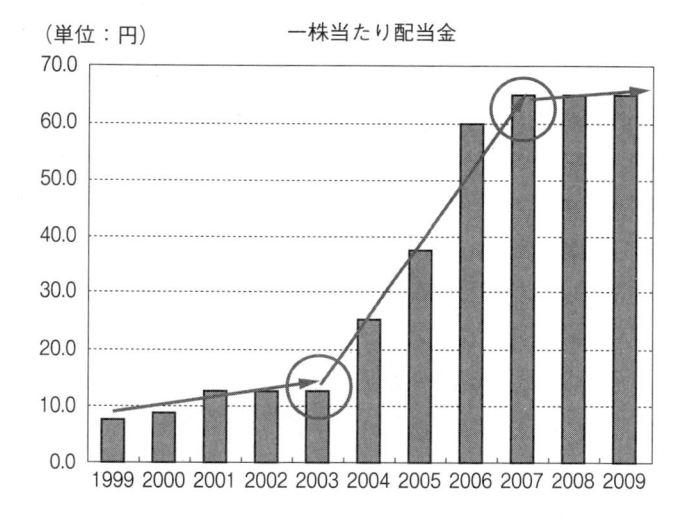

（単位：円）　　　　一株当たり配当金

[棒グラフ：1999年から2009年までの一株当たり配当金の推移。1999年約7.5円から2009年約65円まで増加。2003年と2007年に丸印]

らいの水準まで回復するのか」関心が出てきました。

⑤配当に関する指標

今回の分析の目的に関連して，配当に関連する指標を含めます。

配当に関する指標としては，ページ161で説明したように，一株当たり配当金，配当性向，配当利回り等があります。

まず，一株当たり配当金から見て行きましょう。**図表25**をご覧ください。

1999年に1株当たり7.5円だった配当金は少しずつ増え，2001年には12.5円となりました。2003年が分岐点となり，翌年の2004年には倍の25円となりました。2005年以降も増え続け，2007年には65円となりました。2007年が分岐点となり，2007年以降は65円で推移しています。

次に配当性向です。**図表26**をご覧ください。2009年の配当性向は112％と過去の傾向から大幅に乖離しているために，図表の上では1999年から2008年までを載せています。

配当性向は，1999年に20％だったものが，少しずつ高くなっており，2006年

図表26

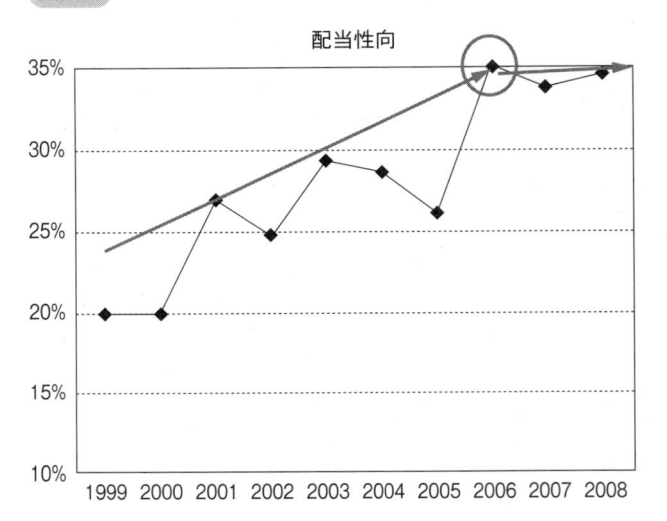

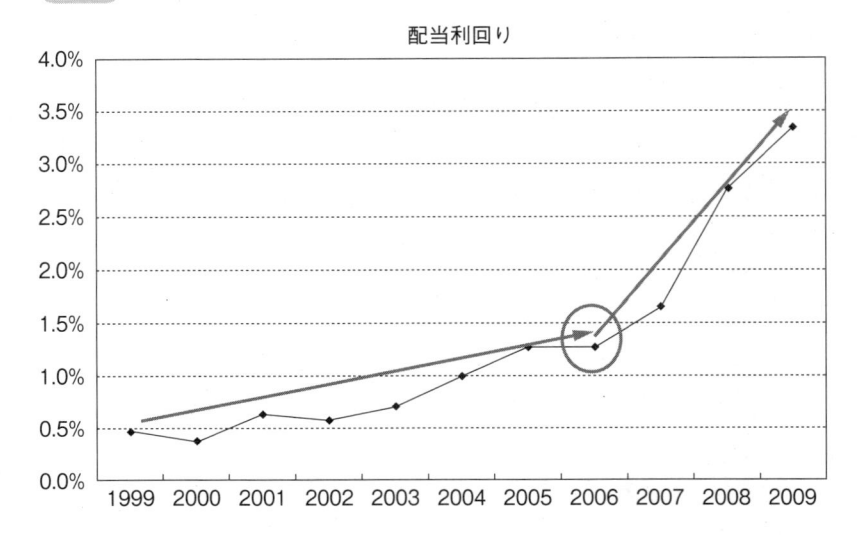

配当性向

図表27

配当利回り

には35％になっています。2006年が分岐点で，それ以降は同じ水準で推移し2008年には34％となっています。よって，過去9年の間に14％増えていることになります。寺崎さんは「2009年のレベルで判断せずに2008年までのレベルで判断すると，今後も配当性向として30％〜35％程度払っていくのではないか」と考えました。

一方，配当利回りの推移をグラフにしたのが**図表27**です。

配当利回りとは，161ページで説明したように，株価と一株当たり配当の比率です。HOYAは，1999年には0.4％程度であったのが少しずつ上昇し，2005年が1.3％になります。2006年が分岐点となり，2006年以降にさらに上昇し，2009年が3.4％になっていることが分かります。

配当利回りが3.4％というのは，2009年の公開企業の中で高い水準であることが分かりますが，過去から持続的に高かったわけではないことが分かりました。

⑥ここまでのまとめと疑問点

ここまでのところで一度まとめますと以下のようになります。

仮説① （アイシティ）	アイシティについては，確かにHOYAは，ヘルスケア部門を持っていますが，過去で考えるとエレクトロオプティクス部門を含む情報・通信分野がHOYAを牽引していることが分かりました。特にエレクトロオプティクス部門の営業利益額の全社に対する貢献の大きさ，営業利益率の高さは素晴らしいものがあります。ただ，同部門は，今回の世界的な不況の影響で売上高も営業利益率も下降線を辿っています（ただ繰り返しますが，低くなったと言っても営業利益率が24％あることは忘れないでください）。よって，「不況後にどこまで戻ってくるのかが重要になってくるのではないか」と寺崎さんは考えました。さらに寺崎さんは，「将来で考えると，アイケア分野が面白くなっていくのではないか」と考えました。理由は，財務分析から過去10年間の売上高成長率が全部門の中で一番高いこと，営業利益率が過去10年で倍ぐらい高まっており，成長性・収益性両方の視点からみて傾向が分岐点を

	迎えている（つまり，下降線を下り始める）印象を受けないからです。よって，寺崎さんは「HOYA」と聞いて「コンタクトレンズ」をイメージしましたが，HOYAの今後を考えると，「実はコンタクトレンズを含むアイケア分野が重要になるのではないか」と考えました。
仮説② （安定的なビジネスモデル）	安定的なビジネスモデルについては，財務分析した結果見当違いであることが分かりました。一つに「高配当を続けているから」と思っていましたが，配当利回りで考えると，HOYAの配当利回りは過去で見ると1％程度であり，直近になって3.4％になっている点です。傾向の観点から言うと，まだ分岐点を迎えていませんので，今後も配当利回りが高まっていくこともありえるかもしれませんが，寺崎さんはそれには懐疑的です。なぜなら，配当性向の分析で，2009年の配当性向が112％とこれまでの傾向から乖離が大きいからです。逆に，過去の配当性向の分析からは，「30％程度の配当性向は期待できるのではないか」と寺崎さんは考えました。むしろ，寺崎さんが注目したのは，HOYAが思った以上に事業を環境に対して作りこんでいくドラマチックな姿です。「何か安定的なビジネスをしているから配当が出せる」と思っていましたが，財務分析をした限りではまったく違うHOYAの姿が浮き上がってきました。「なぜHOYAがそのような姿勢を持っているのか」さらに関心が出てきました。

　「HOYAが思った以上にドラマチックに変えていこうという姿勢があるのではないか」と思った寺崎さんは，「この延長でペンタックスの合併を考えることができないか」と考えました。ただ，ペンタックスはカメラの会社であることは知っていますが，それ以上にはイメージが涌きませんでした。よって，「なぜHOYAがペンタックスを合併したのか」は腑に落ちていません。

ステップ6　分析の限界をフォローする　ヘルスケア分野は息の長い成長を担保

　具体的に調べるために，以上から浮かび上がってきた問題意識を持ちながら，アニュアルレポートを読んでみることにしました。次に，日経テレコン21で

HOYAを検索して記事を読んでみました。

①アニュアルレポートを読んでみる

HOYAの2009年度のアニュアルレポートを読んでみると以下のことが浮かび上がってきました。寺崎さんは，書きたいことがたくさんありましたが，ここではHOYAを理解する上で一番重要だと思われる3点について書き出します。

1. エレクトロオプティクス部門については，「不況後にどこまで戻ってくるのかが重要になってくるのではないか？」，との問題意識を持っていた寺崎さんは，以下の部分に関心を持ちました。「HOYAでは，これまで情報・通信分野に投資配分の重点を置いてきましたが，今後はメガネレンズ，コンタクトレンズ，眼内レンズ，そしてペンタックスから新たに加わった内視鏡，ニューセラミックス（人工骨）の事業を合わせた広義のヘルスケア分野への人材および設備への投資を加速することで，次なる成長への礎にしたいと考えています」という部分で，寺崎さんは自分が仮説を立てたように，HOYAが情報・通信分野からヘルスケア分野へ軸足を移しつつあることを知りました。さらに，エレクトロオプティクス部門については，「当期における情報・通信分野の収益の減速は，世界経済の停滞によってIT産業全体が急ブレーキを踏んだことの影響であり，当社の技術力や競争力が落ちたということでは決してないのですが，**いずれ需要が回復したとしても，そのころには市場環境が構造的に変化し，かつてのような成長力を取り戻すことは難しい**ものと私たちは分析しています。（太字は著者が付ける）」とありました。ヘルスケア関連事業については，「**ヘルスケアの領域**は，国内外での高齢化の進展，健康への関心の高まり，新興国での社会資本整備の加速などによる安定した需要を考慮すれば，**息の長い成長を担保している事業です**（太字は筆者が付ける）」と見ていることが分かりました。

2. 「HOYAが思った以上に事業を環境に対して作りこんでいくドラマチックな姿」に関心を持っていた寺崎さんが，まず注目したのは，「1941年に日本初の光学ガラス専門メーカーとして創立されて以来，HOYAは

第5章 実践編② 個人投資家として——よりよい投資先を見つける

光学技術をコア・コンピタンスに，エレクトロニクス，ホトニクス，アイケアなどの多様な事業を展開し成長してきました」という点です。ここから，寺崎さんは，一見ばらばらに見えた事業はすべて「光学技術」という強みで裏づけられていることに気づきました。

　次に，「その歴史は，主力事業の展開と併せて新しい事業を育成あるいは外部から獲得し，選択と集中により適切に資源を配分することで，グループ全体のバランスのとれた成長と収益を確保する「ポートフォリオ経営」の実践にほかなりません」という点です。寺崎さんが考えたことは，HOYA は「ポートフォリオ経営」と呼んでいました。

3．ペンタックスについては，「前期に行ったペンタックスとの合併は，この考えのもと，**HOYA の10年，20年後の成長を展望したときに，必要不可欠な技術や市場を獲得する**という点で，非常に意味のある一歩であったと考えます（太字は筆者が付ける）」と書いてある点から，ペンタックスの合併も HOYA が「10年20年後の成長を展望」して行ったことが分かりました。ペンタックスが，カメラの会社であると思っていた寺崎さんは，以下のくだりを読んで腑に落ちました。それは，「ペンタックスの，特に医療分野での技術や事業基盤は，いずれ HOYA の未来に果実をもたらしてくれると確信しています」の部分です。寺崎さんはペンタックスがカメラの会社だと思っていましたが，ペンタックスは，「医療分野での技術や事業基盤」を持っている会社だったのです。よって，HOYA が今後ヘルスケアの分野で成長していくことを方向性として志向するのであれば，ペンタックスを合併する理由が明確に理解できました。

4．2009年の数字については，全社の分析から分からない以下の点が分かりました。

　　（ア）「現在の不透明な事業環境にあって，事業を慎重に評価し保守的な処理に努めた結果，ペンタックスの各事業部門等において固定資産の減損処理を行い，304億58百万円を減損処理として特別損失に

計上した…」ということで2009年の当期純利益は一時的に約300億円利益水準が下がっていることが分かりました。

（イ）配当金については，「HOYAでは，剰余金の配当について，当期の業績と中長期的な資金需要とを勘案し，株主への利益還元と従業員の福祉，および会社の将来の成長のための内部留保の充実とのバランスを考慮しながら決定しています」と書かれていました。寺崎さんは「将来的にも配当性向が30％程度あるのではないか」と考えました。

②日経テレコン21で検索してみる

アニュアルレポートを読むことで，HOYAに対する理解は随分と深まりました。追加で，日経テレコン21の検索を行いました。出てきた情報を読んだところ，以下の3点が寺崎さんは印象に残りました。

1. 会社の意思として「小さな池（市場）の大きな魚（トップシェア）になる」ことを追求している点。これはHOYAの創業者の鈴木哲夫氏から引き継がれているHOYAのビジネスに対する考え方となっているようです。
2. 今後ヘルスケアを重視する方針は明確であり，「海外の眼鏡レンズ関連のM&A（合併・買収）を視野に現在約15％の世界シェアを将来は25％まで高めることを考えている」ことです。
3. 「会社の目的は中長期で株主に対する企業価値を高めること」と言っている点。さらに，「株主と会社と従業員が一緒になって稼いで，いい思いも痛い目も皆が共有する仕組みが正しい」と言っています。HOYAが従業員と共に株主を重視している姿勢が理解できました。

ステップ7 結論を出す 必ずしも高配当ではない

①フレームワークでまとめてみると

寺崎さんのHOYAに対するこれまでの理解を「5つの資産」と「バリュートライアングル」でまとめてもらったのが**図表28**です。

図表28

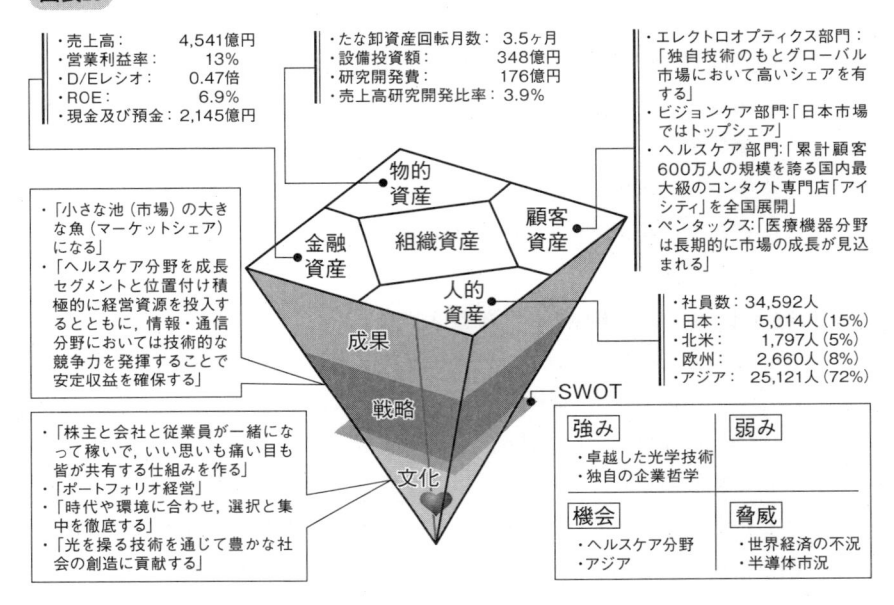

- 売上高： 4,541億円
- 営業利益率： 13%
- D/Eレシオ： 0.47倍
- ROE： 6.9%
- 現金及び預金： 2,145億円

- たな卸資産回転月数： 3.5ヶ月
- 設備投資額： 348億円
- 研究開発費： 176億円
- 売上高研究開発比率： 3.9%

- エレクトロオプティクス部門：「独自技術のもとグローバル市場において高いシェアを有する」
- ビジョンケア部門：「日本市場ではトップシェア」
- ヘルスケア部門：「累計顧客600万人の規模を誇る国内最大級のコンタクト専門店「アイシティ」を全国展開」
- ペンタックス：「医療機器分野は長期的に市場の成長が見込まれる」

- 「小さな池（市場）の大きな魚（マーケットシェア）になる」
- 「ヘルスケア分野を成長セグメントと位置付け積極的に経営資源を投入するとともに，情報・通信分野においては技術的な競争力を発揮することで安定収益を確保する」

（ピラミッド図：物的資産／金融資産／組織資産／顧客資産／人的資産／成果／戦略／文化）

- 社員数：34,592人
- 日本： 5,014人（15%）
- 北米： 1,797人（5%）
- 欧州： 2,660人（8%）
- アジア：25,121人（72%）

- 「株主と会社と従業員が一緒になって稼いで，いい思いも痛い目も皆が共有する仕組みを作る」
- 「ポートフォリオ経営」
- 「時代や環境に合わせ，選択と集中を徹底する」
- 「光を操る技術を通じて豊かな社会の創造に貢献する」

SWOT

強み	弱み
・卓越した光学技術 ・独自の企業哲学	

機会	脅威
・ヘルスケア分野 ・アジア	・世界経済の不況 ・半導体市況

　まず，アニュアルレポートと検索から浮かんできた「光を操る技術を通じて豊かな社会の創造に貢献する」というのが会社の理念ではないかと考えました。次に，「時代や環境に合わせ，選択と集中を徹底する」，「ポートフォリオ経営」さらには「株主と会社と従業員が一緒になって稼いで，いい思いも痛い目も皆が共有する仕組みを作る」という考え方は会社にしっかり根付いている哲学であると考えました。そして以上をHOYAの文化（組織資産）ではないかと寺崎さんは考えました。

　HOYAの文化から様々なチャレンジや改善を通じて培われてきたのが「卓越した光学技術」と「独自の企業哲学」であり，これらをHOYAの「強み」と考えました。そして，HOYAの強みを今後一番活かすことのできる分野は，「ヘルスケア分野」と「アジア」であると考え，「機会」としました。

　HOYAには，「小さな池（市場）の大きな魚（トップシェア）になる」とい

う戦略の基本思想があるようです。具体的には今後「ヘルスケア分野を成長セグメントと位置付け積極的に経営資源を投入するととともに，情報・通信分野においては技術的な競争力を発揮することで安定収益を確保する」という会社のメッセージをHOYAの「戦略（組織資産）」と位置づけました。

　以上の文化と戦略をベースに，人的資産を見ると社員の72％がアジアにシフトしていること分かりましたので，社員の数を人的資産に入れました。

　顧客資産では，アニュアルレポートをもとに部門毎にまとめました。

① エレクトロオプティクス部門：「独自技術のもとグローバル市場で高いシェアを有する」。
② ビジョンケア部門：「日本市場でトップシェア」。
③ ヘルスケア部門：「累計顧客600万人の規模を誇る国内最大級のコンタクトレンズ専門店「アイシティ」を全国展開」。
④ ペンタックス：「医療機器分野は長期的に市場の成長が見込まれる」。

　顧客資産については，過去においては上述したような点がお客様となっていますが，「今後はヘルスケア分野あるいはアジアの顧客がより増えてくるのではないか」と寺崎さんは考えました。

　組織資産，人的資産，顧客資産は，必ずしも財務諸表に載らない「見えない資産」と呼んでいますが，「「見えない資産」が「原因」となってHOYAの将来の財務諸表に「結果」となって表れてくるのではないか」と寺崎さんは感じました。

②結論

　寺崎さんは，HOYAの財務分析の目的を「高配当企業であるHOYAが高配当を続けている理由と，今後も高配当を続けていける可能性を見極める」としました。

　結論は，「過去HOYAは必ずしも高配当企業であったわけではなく，また高配当企業であることを目指してきた会社ではない。よって，配当利回りの観点からHOYAが今後も高配当企業であり続けることには懐疑的である」となりました。

まず，配当利回りの分析からHOYAが過去からずっと高配当企業であったわけではないことが分かりました。2009年11月現在では，HOYAの配当利回りは約3％と東証一部全体の配当利回り1.6％を大幅に上回っており，全体の中でも高い配当利回りを実現していますが，過去で見ると，昔から高かった訳ではないことが分かります。

　一方，アニュアルレポートを読むと，HOYAが高い配当利回りを追求している会社ではないことが分かりました。それは，HOYAが「当期の業績と中長期的な資金需要を勘案して，株主への利益還元と従業員の福祉，および会社の将来の成長のための内部留保の充実とバランスを考慮しながら決定している」というメッセージを明確に出しているからです。

　寺崎さんは，「2009年の配当性向は，112％と極めて高い状況になっているし，中長期的には30％程度の水準になるのではないか。そうであれば，一株当たり配当金の水準も現在65円から下がってもおかしくない。そうなれば，配当利回りは今後3％より下がってもおかしくないのではないか」と結論付けました。

　一方，今回のHOYAの財務分析から寺崎さんは別の結論を導きました。それは，確かにHOYAの配当利回りは3％よりも下がることがあるかもしれないが，「HOYAのこれまでの哲学とポートフォリオ経営からすると，HOYAが今後グローバルにヘルスケア分野で成長していく可能性を秘めているのではないか」というものです。中心地はアジアですが，HOYAが過去10年の間に着実にアジアでもビジネスを伸ばしていること，さらにはアジアでの収益性が2009年で20％と他の地域と比べて極めて高いことも理由です

財務分析を終えて

　寺崎さんにHOYAを財務分析して一番印象に残っているのが「小さな池（市場）の大きな魚（マーケットシェア）になる」だったそうです。これまで大きな池（市場）に目が行きがちな自分にHOYAは新たな視点を与えてくれたようです。

第6章

実践編③　学生として
——いい就職先に出会う

　第6章では，就職活動中の学生としての財務分析を取り上げます。就職活動中の学生がする財務分析の目的は，「いい就職先に出会うため」です。学生は財務分析をするだけで企業を判断しがちですが，むしろ財務分析を通じて会社に対する疑問点や関心事項を持つことが重要だと考えます。この章では，実際に学生が2社の分析を行います。財務分析を通じて，学生が会社や社会に対する理解や関心を増して行く様子を感じていただければ幸いです。

>ステップ1< 分析の目的を明確にする

1 切り口として財務分析をする

　就職活動中の学生が財務分析する目的は，「**いい就職先に出会うこと**」です。ところが，日本には以下で説明するように150万社もの会社がありますから全部の会社を見るのは不可能です。よって「**何らかの切り口**」で**自分に合う会社**を見つけていくことが必要となります。その際，財務分析が有効な手段となります。以下説明していきましょう。

■就職先を150万社から選ぶという現実

　図表1をご覧ください。総務省統計局による平成18年事業所・企業統計調査確報結果（要約）によりますと，日本には約150万の会社企業があるそうです。学生の皆さんが就職する先は，どんなに内定の数が多くても，行く会社は1社です。よって，みなさんは**150万分の1社**を選ぶことになります。仮に，公開企業から選ぶとしても，日本に公開企業は約3,800社ありますので，3,800分の1社を選ぶのです。就職活動をする学生が財務分析をする目的は，この自分が

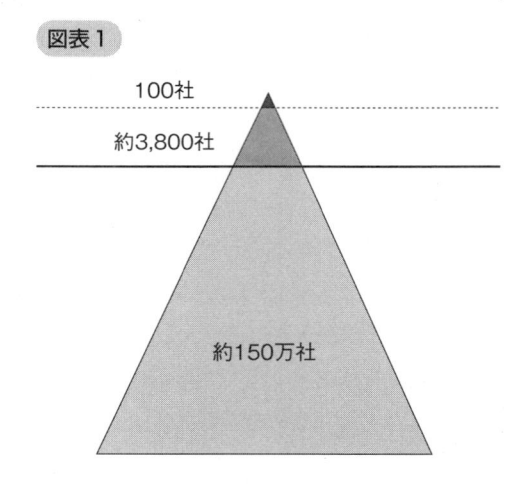

図表1

100社
約3,800社
約150万社

入る1社を見つけるためです。

　多くの学生は，毎年発表される就職人気ランキング等から会社名を知ることも多いと思います。たとえば，就職人気ランキングに100社の会社名が挙がっているとすると，100社は全体の1％にも満たない割合です。

　多くの学生と話をしていると，「就職人気ランキングに載っている会社以外には世の中に会社はないのではないか」と思っているような人もいますが，明らかに現実とはかけ離れています。

　確かに大企業の方が採用数は多いでしょうから，採用数の全体に占める割合は，いま挙げた数字よりも多くなるはずです。

　しかし，「**世の中には多くの会社がある**」という現実を直視すべきです。これはどういうことかと言うと，「**就職活動で回れる会社数に自ずと限界があるのである程度絞る必要がある**」ということです。

■知っている会社はいい会社か？

　「就職人気ランキングの上位の会社ばかりなぜ受けるのですか？」と聞いたところ「知っている会社だと安心するから」という答えをいただいたことがあります。

　確かに，有名企業に入れば本人のみならずご両親や周りの人も何も言わないでしょう。しかし「自分が知っている会社＝良い会社」という構図は頷けません。「知っている会社」と言うのは，よくよく話を聞いてみるとB to Cの会社の場合が多いです。B to Cとは，学生が消費者として接点がある会社のことです。たとえば，自動車や携帯電話，百貨店，コンビニエンスストアなどの会社です。もちろん，これらの会社の中にもいい会社はたくさんあります。一方B to Bの会社は，企業と企業の間でビジネスをしている会社ですから，学生がお客さんになることはありません。よって，自然に学生にとっては無名な会社になってしまいます。ところが，日本のB to B企業の中に世界でも有名な企業があったりします。見た目には小さな会社でも，世界的に見ると極めてマーケットシェアの高い会社は日本にたくさんあります。

　そう考えてくると「自分の知っている会社＝良い会社」という図式は当てにならないのではないでしょうか。さらには「**自分の知らない会社の中にも良い**

会社はある」と思っているほうが現実的です。

■安定志向は本当に安定か？

さらに話を聞いていくと「結局，安定志向なのです」という人がたくさんいます。安定志向というのは，あまり転勤がないとか，福利厚生が良いとかいろいろありそうです。そのような話を聞くと「安定志向は本当に安定なのだろうか？」と素朴な疑問が沸き起こってきます。

■財務分析が会社を絞る良いきっかけとなる

就職活動中の学生がする財務分析の実際の例として本書では，「株式会社あさひ」と「三菱商事株式会社」の2社を取り上げます。どちらの会社の分析も実際の学生にしてもらいました。後ほど読むと分かりますが，財務分析をすることでいろいろな**関心**や**疑問点**が出てきて，それらを解決することから会社に対する理解や関心が出てくることに気づくでしょう。つまり，財務分析を通じて，**より具体的な会社をより身近に感じる**ようになっているのです。つまり，他の会社よりもある会社により魅力を感じているのです。更に言えば，財務分析をすることで**自然により自分に合った会社を絞り込む**ことが出来ているのです。最初のきっかけは様々でしょうが，ぜひ学生のみなさんには会社を絞り込むツールとして財務分析を活用して欲しいと思います。

> **ステップ2** 収集可能な最長の期間を見極める

2 5年程度でも問題ない

　本来であれば，学生にも10年～20年単位で財務分析をして欲しいですが，まだ社会にでる前の学生に10年～20年単位の分析をしてもらってもなかなか現実感がでてこないようです。私は，就職活動中の学生が財務分析をするポイントは，以下に説明するように，結果を見出すよりも **「財務分析を通じて会社に対して疑問を持ったり，関心をもったりすること」** だと思っています。そうであれば， **5年程度** の分析でも目的は達成されます。

> ステップ3　自分の仮説を持つ

❸ どんなに未熟でも「ない」よりずっといい

　毎年，会社分析のセミナーをすると「この会社の四半期の数字を見ると，売上高は○％伸びているし，当期純利益も出ているからいい会社だと思うよ」というような会話が聞こえてきます。一緒に話を聞いている人は，会話に完全に飲み込まれている感じで，意味合いも良く分かっていないのに「そうだよね」と相槌を打っていたりします。このような会話が聞こえてくるたびに私は不安になるのです。

　四半期決算の情報が開示されている現在，四半期情報を読み取るのは間違った行動だとは思いませんが，何のために四半期情報を取ってくる必要があるのでしょうか。四半期情報であれば，既に説明したように，季節変動の激しいビジネスで，ある特定の季節の業績を見たい場合には確かに有益な情報ですが，それ以外の場合には通常必要ありません。

　学生が財務分析をする前に必要なのは，**「自分の仮説を持つ」**ことです。会社の過去や現在に対する自分なりの仮説を持っておくと，その後いろんな疑問が沸き起こってきます。疑問が出てくると，自然に会社に対する関心も出てくるのは既に説明したとおりです。

　学生は，通常「自分の仮説を持つ」前に会社の情報を読み込みますが，読み込んでいても会社に対する理解は膨らまないはずです。仮に理解が膨らんだとしても，他の学生も同じように読んでいますので，他の学生との差別性は特に付きません。**同じ情報を読んで，同じ理解をして，同じ話をいくらしても自分らしさは出てきません。**結局，人事担当者の関心を呼び起こすようなことは起きないのです。

　後で実際に分析する2社の仮説を見ていただくと分かるように，「自分の仮説を持つ」と言っても，単に自分のイメージを書き出せば良いだけです。もちろん間違っていても構いません。**どんなに未熟な仮説でも「仮説がない」のに比べれば雲泥の差がつくことだけは知っておいてください。**

ステップ4　情報の収集先を明確にする

4 学生だからこそ使えるツールもある

　学生が就職活動中に触れる情報には，会社の HP にある採用サイトやリクナビやマイナビに代表される就職情報サイトがあります。どれも膨大な情報量なので，簡単に情報の渦の中に溺れてしまいます。

　財務分析の観点から学生にお勧めしたいのが **eol のサイト**です。eol のサイトは，多くの大学の図書館で見ることができます。

　eol の便利なところは，「自分の関心のあるあるいは疑問のあるワードを入力すると，関連のある会社の有価証券報告書の該当箇所にすぐに飛ぶことができる」ことです。

　例えば，大学で自分が学んでいる専門分野に関連する単語を入力すると，実際にビジネスとしてやっている会社を検索することが可能です。

　業界については，**第3章**でも触れたように，まず業界の HP をインターネットで探します。ない場合には，ヤフーやグーグルの検索で「○○業界　規模」と入れて，利用できる情報がないか調べてみます。

　学生が業界分析する場合のポイントは，①**業界の定義を理解する**，②業界が今後10年，20年単位で**拡大していくのか，縮小していくのか**関心を持つ，③業界がグローバルの場合には，**グローバルでの業界の競争力**に関心を持つ，です。業界そのものの内容は，知っておいて損はないですが，「知らなければいけない」というものでもありません。私は，個人的には，知らないことを利用して「素直に聞いて勉強させてもらう」という姿勢をお勧めします。

ステップ5 長期の財務分析をする

❺ 5つの資産に注目する

　就職活動中の学生が財務分析をする際に見てほしいポイントは，社員や個人投資家に比べると少なく「**5つの資産**」のみで**図表2**のようになります。

　簡単に説明しておきましょう。

　金融資産では，**成長性**（売上高成長率）と**収益性**（営業利益率）に着目します。各々の計算式については，**第2章**を参照してください。

　会社の成長性は，「過去5年で会社の売上高は年率〇％で増えたのか減ったのか」ということです。

　会社の営業利益率は，「会社のビジネスから生み出される利益率」です。営業利益率も過去5年ぐらいの推移を見ておきましょう。会社の中には自社を「ブランド企業」と言っている会社もありますが，そのような会社の場合には同業他社と比較して営業利益率が高いか否かチェックしておくと良いです。ブランド企業といいながら，営業利益率は同業他社と比較して低いこともありま

図表2

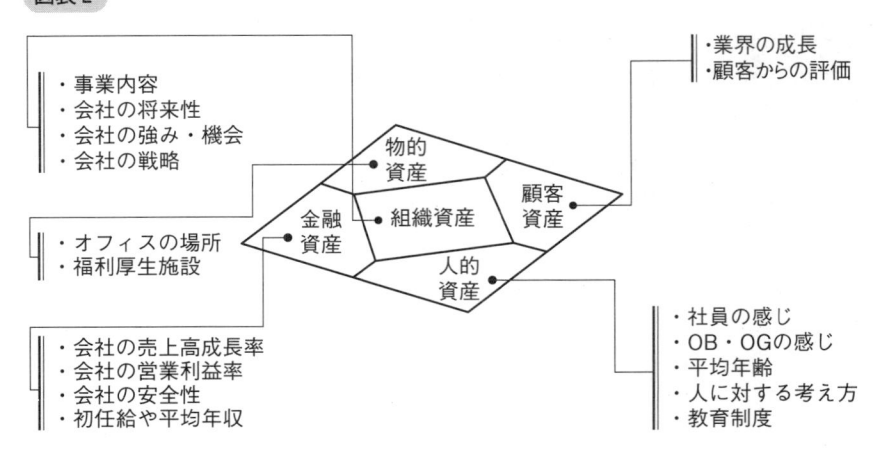

- 事業内容
- 会社の将来性
- 会社の強み・機会
- 会社の戦略

- オフィスの場所
- 福利厚生施設

- 会社の売上高成長率
- 会社の営業利益率
- 会社の安全性
- 初任給や平均年収

物的資産　組織資産　顧客資産　金融資産　人的資産

- 業界の成長
- 顧客からの評価

- 社員の感じ
- OB・OGの感じ
- 平均年齢
- 人に対する考え方
- 教育制度

す。それではブランド企業とは言えません。

会社の**安全性**については，自分の関心がある公開企業であれば，財務諸表に**「継続企業の前提」に関する注記**が付いていないことを確認しておきましょう。安全性の指標は，通常D/Eレシオですが，D/Eレシオを見てもなかなか学生だと判断がつきません。そうであれば，会社の提出している財務諸表に「継続企業の前提」に関する注記が付いていないことを確認しておくと良いです。ちなみに，2009年3月期の決算で，注記が付いていた会社は109社ありました。

学生の皆さんは，初任給や平均年収も気になるところでしょうから，それらも金融資産の一項目として加えておきます。

物的資産では，オフィスの場所と福利厚生施設を確認しておきましょう。

私は，もともと海外で仕事をすることに興味があったので，会計事務所を決めるときの一つの判断要素は，「海外へ行けるチャンスがあるか否か」でした。一方，同じ公認会計士でも「海外など絶対行きたくない」という人もたくさんいました。よって「オフィスの場所がどこにあるのか」というのは自分の関心に従って確認しておいたらよいと思います。

ステップ6 分析の限界をフォローする

❻ いろいろなフォローができる

■見えない資産をフォローする

　物的資産と金融資産は，財務諸表に載っている資産ですから読み取ることが可能です。一方，財務諸表に載っていない**「見えない資産」についてはフォローが必要**です。

①人的資産

　たとえば，人的資産の視点とは，お会いする**社員の感じ**とか，**平均年齢，人に対する考え方**や**教育研修制度**を言います。いろんな会社を訪問すると，お会いする社員を通じてなんとなくその会社の文化に触れることがあります。社員の人々が疲れているのか張り切っているのかなども大切は情報です。

　「社員と会う」，というとどうしても相手の質問に答えるだけで精一杯になってしまうかもしれませんが，ぜひ目の前にいる社員との会話で「**どのように自分が感じるのか**」ということを大切にして欲しいと思います。

②顧客資産

　顧客資産の視点では，関心のある会社の属する業界について調べてみましょう。「業界が過去伸びているのかどうか，今後伸びていくのか否か」を調べてみましょう。いまの時代，インターネットの検索で調べたい業界を入力して検索してみると業界についてその規模や過去の成長性，今後の成長性等について見つけることも可能です。

　あるいは，B to C企業の場合であれば，自分がその会社から製品やサービスを買うことを通じて**顧客としての満足度**を知ることも可能です。同時にそこで働いている社員の人々が活き活きと働いているのか（人的資産の視点）などを観察することができます。

　このような活動から得られる経験や知識は，財務諸表を通じて得られる情報以上に重要な情報となってきます。

③組織資産

　最後の組織資産の部分は，就職活動からは見えにくい部分だと思います。一番良いのは関心のある会社の経営者とお会いすることだと思いますが，なかなか難しいです。現実的には，社員との会話の中で，自分の会社の経営者についてどのように思っているのか，何気なく聞いてみることでしょう。社員の反応から，**社員と経営者の間の距離**が近いのか，遠いのか感じることができるかもしれません。この距離感というのは意外と大切です。「距離がある」というのは風通しが悪い，大企業病になっているというケースもあります。

■同じ質問をいつも聞いてみる

　このように見てくると，財務分析あるいは会社分析というのは会社を知るための導入でしかなく，実際には「見えない資産」の部分を「いかに「感じる」かが重要だ」と分かります。そのためには，就職活動をする学生にお勧めしたのは，どこの会社に訪問しても「**いつもする質問を3つぐらい用意したらどうか**」と思っています。

　どこの会社に言ってもいつも同じ質問をしていれば，質問に対する回答から社員の考え方や会社の考え方やその違いが見えてきます。そのようなやり取りの中から，「それっていいな！」とか「ワクワクするな！」とか思ったら素直に相手に対して伝えると良いです。面白いもので，こちらが「いいな！」，とか「ワクワクするな！」と思っていると，不思議なもので相手も同じように感じていることが多いです。そうすると，何気ない会話の中から共感が生まれて思いもしないテーマで話が盛り上がることがあります。そのような切り口を社員とのコミュニケーションで入れることができれば，就職活動はよりスムーズに行きます。このようなコミュニケーションのスキルは就職活動中に使えるだけではなく，社会に出てからも使えるものです。

■就職活動の財務分析は結果を知るのではなく質問を考える

　そうは言っても「何を質問して良いのか分からないです」としばしば言われます。私は，**財務分析をする過程こそが質問を見つける良いチャンス**だと思っています。

学生がする会社分析は，そんなに難易度が高い必要はないのです。よく会社分析をすると何らかの結果が分かったと思っていて，結果だけで会社に対する結論を持ってしまう人がいます。これではせっかく会社のために使っている時間が次の展開に活きてきません。

　私は，「**会社分析をする中から出てくる自分の疑問を，素直に社員に聞いてみる**」のが良いと思っています。そのような素直な疑問や分からないことを聞く姿勢は，相手に対して好印象を与えます。

ステップ7 結論を出す

7 少しでも「◎」な会社とめぐりあう

■自分の理解をまとめる

自分の足を使って財務分析の限界をフォローしていくと**図表2**の「5つの資産」をまとめることができます。

■結論は

就職活動をする学生として財務分析をする場合の結論は，**「分析している会社の社員で一緒に働きたい社員がいるか否か」**です。一緒に働きたいということは，「あなたが分析している会社の人的資産に共感していること」になります。一緒に働きたい社員が多くいれば，あなたは会社の組織資産に共感している可能性も高くなってきます。

学生がする自己分析と財務分析を含む会社分析の目的は，**図表3**のように表

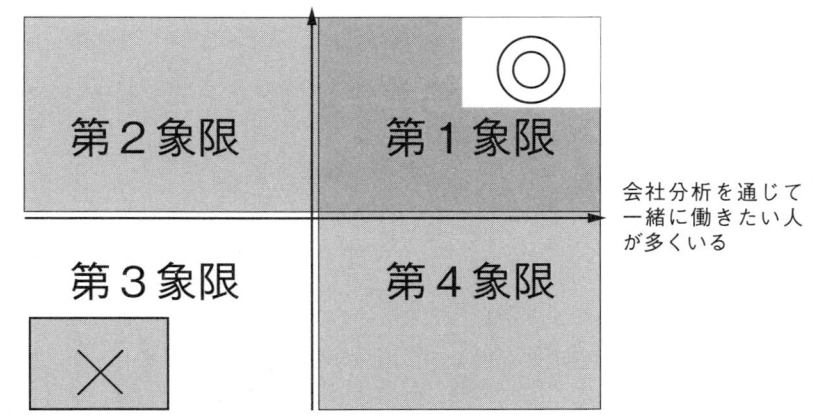

図表3

（縦軸：自己分析を通じて自分らしさを発見している／横軸：会社分析を通じて一緒に働きたい人が多くいる）

第2象限	第1象限 ◎
第3象限 ×	第4象限

すことができます。縦軸は、「自己分析を通じてより自分らしさを発見している」、横軸は「会社分析を通じて一緒に働きたい社員がいる」です。縦軸は、上に行けば行くほど自分らしく振舞うことができる状況です。下に行けば行くほどぎこちなくなる状況です。一方、横軸は、右に行けば行くほど一緒に働きたいと思える社員が多くいる会社です。左に行けば行くほど一緒に働きたいと思える社員がいない状況になります。財務分析を含む会社分析の目的は、一緒に働きたいと思える社員を見つけることです。なぜなら学生にとって良い会社とは、一緒に働いてみたい社員がたくさんいる会社に他ならないからです。

そのように自己分析と財務分析を含む会社分析を考えると、4象限のうちの**第1象限の◎の部分が理想的な部分**です。**自分らしさを保ちながら、一緒に働きたい社員がたくさんいる会社**です。一方、図の×の部分が就職活動として避けたい状況です。多くの場合には、◎以外の第1象限、や×ではない領域になるでしょう。◎を選ぶことは難しいかもしれませんが、何が自分にとって×なのかを理解しておけば最悪は避けられます。よって、消極的には、就職活動の学生にとっての財務分析を含む会社分析の目的は、**×を避けること**です。そして、より積極的には少しでも自分にとって◎と思える会社とめぐり合うことです。

なぜかと言うと、多くの学生は、就職活動というと、「自分らしさをまったく消し去り、いかに良い会社に入るか」が就職活動だと思っているからです。それは第4象限を目指すことを意味しますが、実際に第4象限を目指しても結果として就職活動の結果に満足している人は少ないです。

■学校を出たばかりでは、自らのことはほとんど何も分からない

私は、社会に出て20年以上経っていますが、今から学生時代を振り返ると、20年後の今の自分の姿は想像すら出来ませんでした。おそらく、学生のみなさんも20年後には私と同じように感じると思います。

もう一つ思うのは、「自分が学生時代にすごく社会に対して穿った見方をしていたな」ということです。何かとても暗いサングラスを通して社会を見ていたように思います。その理由が何なのかは自分では良く分かりませんが、社会に出て素敵な人々とお会いするたびに**暗いサングラスを一つずつ外してきたよ**

うに思います。

そういう意味では，就職活動をしている学生で，もし将来に対して不安を抱えているとしたら，私はその不安はとても合理的だと思います。私自身その頃は大いに不安を抱えていました。年を取って経験を積み重ねていくと，人間鈍感になる部分もあるようです。よって私の経験で言えば，みなさんも社会に出て一歩一歩前に進んでいけば少しずつ確実に道が開けてくるのだと思います。

■就職活動はゴールではなくてスタート

就職活動における財務分析の目的は，最初に言いましたように，「自分に合った会社を1社見つけること」です。よって，1社見つかればゴールと言えますが，社会から見ると**やっとスタートラインに**立ったのです。

社会の中でいろんなチャレンジをする中から自分の強みを少しずつつけながら成長していく，さらには自分の情熱の持てる分野でさらには強みがある分野で社会で活躍できる分野を切り開いていく，そんなことが可能なステージに立てたのです。

就職活動中に身に着けた財務分析や会社分析のスキルは，入った会社でも使うことができます。ぜひ就職活動だけで使うのではなく，社会に出てからもスキルを磨いていってください。

では，実際の会社を2社分析してみましょう。1社目が**株式会社あさひ**，2社目が**三菱商事株式会社**です。

(学生として) ケース1
株式会社あさひ

ステップ1 分析の目的を明確にする
自転車大好き！

　良い就職先を見つけるための財務分析の1社目は，増田さんにお願いしました。増田さんは，現在大学3年生でそろそろ就職活動を意識する時期です。希望就職先を聞いたところ，なかなか絞り込めない様子です。増田さんに「興味があるものは？」と聞いたところ，出てきたのが「自転車」でした。そこで，eol の事業構成・セグメントで「自転車」と検索してみると以下の8社が出てきました。

- (株)あさひ
- (株)サンライズ・テクノロジー
- 宮田工業(株)
- 新家工業(株)
- (株)ツノダ
- (株)シマノ
- 日本トイザらス(株)
- (株)セキチュー

　今回は，最初に出てきた(株)あさひ（以下「あさひ」と言います）を分析することにしました。

　分析の目的は，「自分の関心のある領域から出てきた会社を分析して，その魅力を探る」としました。

ステップ2 収集可能な最長の期間を見極める
eol から期間を決める

　eol を使うと過去5年の財務情報を入手できます。よって，今回は分析の期間を5年とします。

ステップ3 自分の仮説を持つ 魅力的な業界か？

　増田さんに，まず「あさひ」のイメージを語ってもらおうと思いましたが，会社を知らないので語りようがありません。そこで，増田さんに，「自転車業界についてのイメージ」を語ってもらいまとめました。

仮説① （業界の成長）	自転車業界は日本の人口が伸びていないので横ばい程度では？
仮説② （業界環境）	ほとんどの自転車は中国から輸入されているのではないか？
仮説③ （業績）	日本で自転車を売っているあさひも苦戦しているのではないか？
仮説④ （業界の魅力）	正直言ってあまり魅力的な業界には見えない。
仮説⑤ （自分の関心）	でも自分は自転車が大好きだが…。

ステップ4 情報の収集先を明確にする ネットと eol を活用する

①業界の状況を調べる

　業界の状況を見るのに便利なのはネット検索です。増田さんに「自転車　業界」と検索してもらったところ，出てきたサイトの中に(財)自転車産業振興協会のHP（http://www.jbpi.or.jp）があり，自転車生産動態・輸出入統計より国内自転車流通量のグラフ（**図表4**）を作成することができました。

②会社の情報を入手する

　次に，eolで「株式会社あさひ」と検索すると，以下の情報が出てきました。

1．企業基本情報
2．事業構成・セグメント
3．業績／推移
4．財政状態／推移［通期］

5. 財政状態／推移［四半期］
6. キャッシュフロー／推移［通期］
7. キャッシュフロー／推移［四半期］
8. 企業情報履歴

ステップ5 長期の財務分析をする
縮小傾向の業界において驚異の成長率

①業界の状況を分析しよう

図表4を見ると，2003年が11,222千台，2008年が10,129千台と，この5年で約10%減少していることがわかりました。

増田さんの仮説①（業界の成長）は，「横ばい程度では？」でしたが，実際調べてみると約マイナス10%と思っていた以上に業界が小さくなっていることが分かりました。増田さんは，業界が横ばいどころではなく，マイナスに推移しているということで，「あさひはかなり苦戦しているのではないか？」との思いをさらに深めました。

図表4

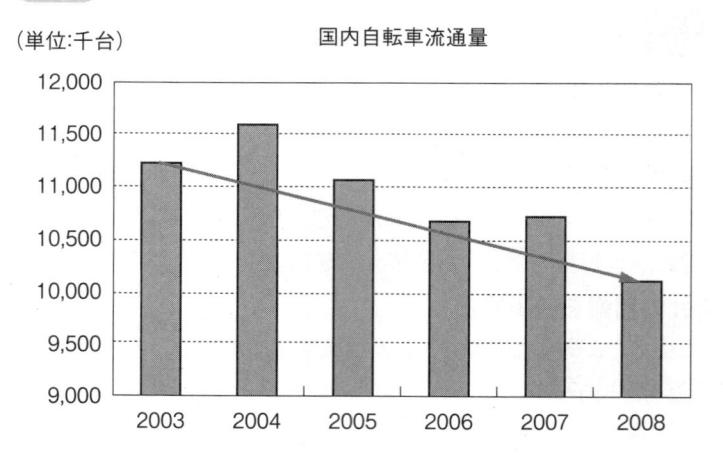

（単位:千台）　　　国内自転車流通量

②会社の分析をしよう

就職活動中の学生としての財務分析では，「4つの視点」のうち成長性と収

益性がポイントですが，収集した情報はそれ以外の情報も含んでいました。よって，eolから打ち出された情報に沿って分析すべきポイントを説明し，その中で財務分析を行います。

1．企業基本情報から何を読み取るか？

図表5に示したのが企業基本情報です。1行目の証券コードから始まり，最後の単元株数まで30近い情報が並んでいます。この中から押さえておいて欲しいのは，「事業セグメント」，「本店所在地」，「支店・支社等」，「設立年月」，「上場年月」です。

（ア）事業セグメント

「事業セグメント」では当たり前のことですが，自転車が事業の中心であることが分かります。

（イ）本店所在地，支店・支社等

本店所在地は大阪ですから，おそらく大阪発祥の会社であることが分かります。店舗がFC店を含めて184店あり，関東以南から九州まで広がっていることが分かります。逆に北海道とか沖縄，さらには海外に店舗はなさそうです。増田さんは，なぜ自分があさひを知らなかったのか不思議に思っていたのですが，自分が出身の東北にまったく店舗がないのを知って納得しました。

（ウ）設立年月，上場年月

「設立年月」が1975年で「上場年月」が2004年とありますので，設立後約30年で上場まで行っていることが分かります。比較的ゆっくりしっかり歩んできた印象をここから受けます。このように地道に経営なされている会社の場合，一般的には独特の企業文化を持っている可能性がありますので機会があれば聞いてみると良いでしょう。

2．事業構成・セグメントから何を読み取るか？

事業構成・セグメント（**図表6**）では事業の内容がより詳しく表れています。あさひのケースで見ますと，事業の67%が自転車，22%がパーツ・アクセサリーとなっていますので「ほとんどが自転車関連のビジネスをしている」という点が読み取れれば十分です。

図表5

企業基本情報	
証券コード	3333
金融庁（EDINET）コード	E03439［431472］
企業名	（株）あさひ
英訳名	ASAHI CO., LTD.
業種（東証）	小売業
業種（金融庁）	小売業
ホームページ URL	http://www.cb-asahi.jp/real/
上場市場	東証一部
連結／単独	非連結
決算月	2月20日
監査法人	あずさ監査法人
会計方式	日本基準
株主名簿管理人	三菱 UFJ 信託銀行
海外上場（数）	—
幹事証券	（主）日興コーディアル証券
取引銀行	三菱東京 UFJ 銀行，三井住友銀行等
事業セグメント	【事業（2009年02月期）】 ［自転車］：67％，［パーツ・アクセサリー］：22％，［他］：11％，［ロイヤリティ］：0％
本社所在地	〒534-0011　大阪市都島区高倉町三丁目11番4号
電話番号	06-6923-2611
支店・支社等	【関東オフィス】192-0362　東京都八王子市松木50-9　042-670-3509 【店舗】（直営）関東73，中部25，関西57，中国7，九州8，FC店14　計184
代表者名	下田　進
設立年月	1975年05月21日
上場年月	2004年08月12日
上場廃止年月	—
発行済株式総数（株）	26,240,800
単元株数	100

図表6

事業構成・セグメント
事業（2009年02月期）

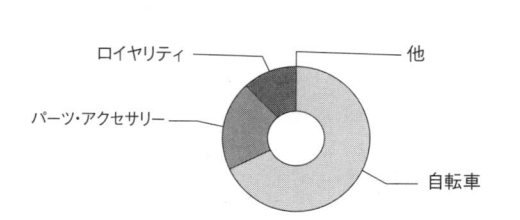

#	事業セグメント	シェア(%)
1	自転車	67
2	パーツ・アクセサリー	22
3	他	0
4	ロイヤリティ	11

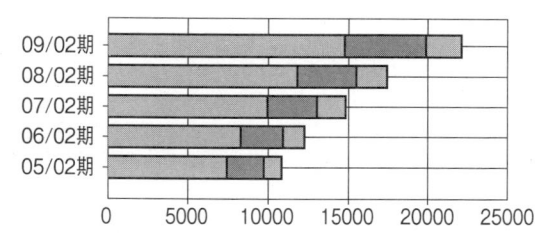

セグメント別売上高[単位:百万円]−5期推移 ※売上高は比率から算出した参考値となります

セグメント名	05/02期	06/02期	07/02期	08/02期	09/02期
自転車	7,186	8,043	9,791	11,552	14,467
パーツ・アクセサリー	2,203	2,581	3,150	3,691	4,769
他	41	46	56	66	79
ロイヤリティ	1,137	1,336	1,771	1,968	2,326
Total	10,570	12,008	14,769	17,280	21,642

3．業績／推移

　業績／推移（**図表7**）では，過去5年の業績の推移を読み取ることができます。業績／推移は［通期］と［四半期］で開示がされていますが，大きなトレンドの変化を知るには［通期］の方を見ましょう。小売業界等で季節要因が大きい会社の場合や，ハイテク・素材業界で業界の変化が極めて大きい場合には四半期の情報まで見ておいたほうが良いでしょうが，それ以外の場合には通常特に見る必要はありません。

図表7

業績／推移［通期］					
科目名	2005/02/20	2006/02/20	2007/02/20	2008/02/20	2009/02/20
売上高（百万円）	10,570 ＋18.1	12,008 ＋13.8	14,769 ＋22.8	17,280 ＋17.0	21,642 ＋26.2
営業利益（百万円）	823 ＋22.1	934 ＋13.4	1,336 ＋43.0	1,449 ＋8.4	2,594 ＋79.0
営業利益率（％）	7.78 ＋0.2	7.77 －0.1	9.04 ＋1.2	8.38 －0.7	11.98 ＋3.8
経常利益（百万円）	785 ＋14.8	925 ＋17.8	1,383 ＋49.6	1,486 ＋7.4	2,652 ＋78.4
経常利益率（％）	7.42 －0.3	7.70 ＋0.2	9.36 ＋1.8	8.59 －0.8	12.25 ＋3.8
当期利益（百万円）	397 ＋15.9	453 ＋14.1	696 ＋53.8	749 ＋7.8	1,469 ＋96.0
当期利益率（％）	3.75 －0.1	3.77 ＋0.0	4.71 ＋0.8	4.33 －0.4	6.78 ＋2.4
ROE（％）	24.10 －21.4	15.00 －9.1	16.00 ＋1.0	14.20 －1.8	21.20 ＋7.0
1株利益（円）	140.48 －92.0	75.02 －46.6	57.52 －23.2	60.36 ＋4.8	118.02 ＋95.5
1株配当（累計）（円）	22.50 —	14.00 －37.8	8.00 －42.8	10.00 ＋26.0	12.00 ＋20.0
配当金総額（百万円）	63 —	84 ＋33.3	99 ＋17.8	124 ＋25.3	157 ＋26.6

業績／推移［四半期］					
科目名	2008/08/20	2008/11/20	2009/02/20	2009/05/20	2009/08/20
売上高（百万円）	5,730 ＋31.3	5,508 ＋29.4	4,391 ＋27.8	7,689 ＋27.8	6,787 ＋18.4
営業利益（百万円）	875 ＋127.5	639 ＋82.6	134 ＋278.7	1,418 ＋49.9	1,141 ＋30.4
営業利益率（％）	15.27 ＋8.4	11.60 ＋3.3	3.05 ＋5.2	18.44 ＋2.7	16.81 ＋1.5
経常利益（百万円）	877 ＋114.4	704 ＋96.1	143 ＋257.1	1,438 ＋54.9	1,160 ＋32.2
経常利益率（％）	15.30 ＋6.9	12.78 ＋4.3	3.25 ＋5.9	18.70 ＋3.2	17.09 ＋1.7
当期利益（百万円）	483 ＋115.6	381 ＋100.6	120 ＋260.0％	828 ＋70.7	667 ＋38.3
当期利益率（％）	8.42 ＋3.2	6.91 ＋2.4	2.73 ＋4.8	10.76 ＋2.7	9.84 ＋1.4
ROE（％）	—	—	21.20 ＋7.0	—	—
1株利益（円）	38.89 ＋116.8	30.69 ＋100.6	9.36 ＋251.5％	63.11 ＋81.4	50.97 ＋31.0

さて業績／推移［通期］には，売上高から始まって配当金総額まで10以上の指標が出ています。就職活動中の学生として財務分析をする場合に，ぜひ見ておいて欲しいのは**売上高**と**営業利益率**です。「4つの視点」のうち売上高は成長性の指標として，営業利益率は収益性の指標として大切です。

売上高の推移を見ますと2009年2月期までの4年で売上が105億円から216億円と約2倍になっていることが分かります。これを年率換算にしますと，年率19％で成長していることが分かります。

増田さんは，既に自転車業界が2003年から2008年まで約10％小さくなってきていることを知っていますので，あさひの過去5年の成長性が年率19％という成長率の高さにびっくりしてしまいました。確かに日本全体で人口が伸びていない中で業界が小さくなっており，その中で成長率が19％というのはすごいことです。

業界が縮小していると，ついその業界に属している会社の成長も縮小していると考えがちですが，あさひのケースからも学べるように，**業界の動向と会社の動向は一応別個に考えた方がよい**です。そうでないと会社を誤って判断してしまうことになりますので注意が必要です。

業界が縮小している中で，「なぜこれほど高い成長率を実現しているのか」という点はいまの段階では分かりません。よって理由については機会があれば知りたいです。

次に営業利益率です。営業利益率というのは「本業でどれだけ儲けているのか」を表す指標ですが，営業利益率を見ると2005年が8％弱，以降多少の上下はありますが，2009年には約12％となっていますので，収益性が増していることが分かります。

あさひのように，過去5年の売上高の成長性が19％と高成長率の会社で注意が必要なのは営業利益率が5年単位で小さくなっていくケースです。第1章で説明したように，成長を急ぐあまり収益性を無視して成長していく会社だと，成長性は高いのに収益性が低くなっていることがあります。このような会社の場合には，いずれ会社の戦略を大きく見直す必要がでてくる危険性があるので

注意が必要です。

あさひの場合,「成長性,収益性からは売上高の伸びも良く,収益性も高まる方向に過去5年はあった」ということが読み取れればここでは十分です。

4．財政状態／推移

財政状態／推移（図表8）で見たいのは,**純資産の推移と純資産比率の推移**です。あさひの場合,純資産は2005年の23億円から2009年の82億円と約3.5倍になって安全性が増しています。これは純資産比率が50％から67％と過去4年で17％も増えており安全性が増していることからも分かります。

増田さんは,「純資産の推移」と言っても理解が難しいようです。もし難しいと思う方は貸借対照表を見ることをお勧めします。

たとえば,あさひの場合で考えてみましょう。2008年の純資産が約56億円,2009年の純資産が約83億円で,約27億円増加しています。通常純資産の増減に

図表8

財政状態／推移［通期］					
科目名	2005/02/20	2006/02/20	2007/02/20	2008/02/20	2009/02/20
純資産（百万円）	2,308 +133.8	3,741 +62.0	4,940 +32.1	5,582 +12.9	8,257 +47.9
総資産（百万円）	4,599 +17.8	5,999 +30.4	7,666 +27.7	8,288 +8.1	12,296 +48.3
純資産比率（％）	50.20 +24.9	62.40 +12.2	64.40 +2.0	67.40 +3.0	67.20 -0.3
資本金（百万円）	573 +233.1	1,105 +92.8	1,416 +28.1	1,416 ±0.0	2,061 +45.5
有利子負債（百万円）	628 -44.7	329 -47.7	168 -48.9	33 -80.4	460 +1,293.9
1株当たり純資産（円）	812.76 -74.1	617.52 -24.1	397.76 -35.6	449.48 +13.0	629.36 +40.0

財政状態／推移［四半期］					
科目名	2008/08/20	2008/11/20	2009/02/20	2009/05/20	2009/08/20
純資産（百万円）	6,434 +17.9	6,815 +20.6	8,257 +47.9	8,906 +45.7	9,565 +48.6
総資産（百万円）	10,159 +22.2	10,513 +24.5	12,296 +48.3	13,033 +34.2	13,758 +35.4
純資産比率（％）	63.30 -2.5	64.80 -2.2	67.20 -0.3	68.30 +7.0	69.50 +6.2
1株当たり純資産（円）	518.08 +17.9	548.72 +20.6	629.36 +40.0	678.81 +41.7	729.05 +40.7

大きな影響を与えるのは当期利益（＋），新株の発行（＋），配当金の支払い（－）です。あさひのケースですと，2008年の当期利益が約15億円，新株の発行が約13億円，配当金の支払いが約1億円になります。よって56＋15＋13－1＝83となります。収益性の良い会社は，当期純利益を通じて純資産が高まり安全性も高まる，という好循環にあることが分かります。

5．キャッシュフロー／推移

キャッシュフロー／推移（通期）（**図表9**）のうち営業CFは，簡単に言うと，「本業からいくらお金を稼いでいるのか」という指標です。会計上の利益とお金の動きが必ずしも連動しているわけではないため，利益がでているにも関わらず，営業CFが連続してマイナスのような状況が起こることがありますので見ておく必要があります。営業CFは2005年が約2億円，2009年が約15億円と過去4年安定して伸びているのはとても良いです。

図表9

科目名	2005/02/20	2006/02/20	2007/02/20	2008/02/20	2009/02/20
営業CF（百万円）	244　―	703　＋188.1	908　＋29.1	867　－4.6	1,583　＋82.5
投資CF（百万円）	－613　―	－809　－32.0	－1,215　－50.2	－1,214　＋0.0	－1,662　－37.0
財務CF（百万円）	439　―	700　＋55.4	375　－46.5	－234　－162.4	1,593　＋780.7
現金同等物期末残高（百万円）	625　―	1,220　＋95.2	1,288　＋5.5	706　－45.2	2,220　＋214.4

キャッシュフロー／推移［四半期］

科目名	2008/08/20	2008/11/20	2009/02/20	2009/05/20	2009/08/20
営業CF（百万円）	887　＋64.5	173　－3.4	－104　＋74.6	1,275　＋103.5	1,005　＋13.3
投資CF（百万円）	－234　－5.9	－263　－37.0	－380　＋15.5	－397　＋49.4	－430　－33.8
財務CF（百万円）	－280　－4,756.7	－130　－225.0	1,667　＋5,656.6	－546　－262.5	－69　＋75.3
現金同等物期末残高（百万円）	1,257　－23.9	1,036　－35.2	2,220　＋214.4	2,552　＋188.6	3,057　＋143.1

一方投資 CF とは，将来のために設備投資を会社がしている場合にはマイナスになります。一般的には，営業 CF の範囲内で投資 CF を賄うのが理想だと言われています。あさひの場合で見ますと，過去 5 年すべての年で営業 CF を上回る投資をしていることになりますので，拡大戦略を取っていることが推定されます。

　最後の財務 CF は，増資や新規の借り入れによりプラス，あるいは配当や借入の返済によりマイナスになります。

　キャッシュフローから読み取れるのは，あさひはしっかり本業の儲けを稼ぎ出し，その儲けと資金調達により将来に対する投資を行っているという姿が浮かび上がってきます。

6．企業情報履歴

　企業情報履歴（**図表10**）では，通常であれば，「従業員数」，「平均年収」，「平均年齢」を見ておけば良いでしょう。

　あさひのケースで一つ加えたいのが「市場」です。2005年までがジャスダック，2006年2007年の東証二部を経て，2008年から東証一部になっているのは会社が順調に成長している一つの表れと見てよいでしょう。

　「従業員数」も2005年には319人だったのが，順調に伸びて2009年には602人となっています。「平均年齢」が2009年で30.7歳となっていますので比較的会社は若い人たちが中心の会社なのではないか？　と推察されます。

③ここまでのまとめと疑問点

　eol の情報を元にあさひを増田さんに分析してもらいました。分析した結果については，増田さんからは以下の点が挙がってきました。

仮説① （業界の成長）	業界の成長については，調べたところ横ばいではなく，2003年から2008年で見ると約10％小さくなっていることが分かった。
仮説② （業界環境）	業界環境については，財務分析をしても自転車が中国から輸入されているのか否かは分からなかった。

図表10

企業情報履歴					
科目名	2005/02/20	2006/02/20	2007/02/20	2008/02/20	2009/02/20
会社名	(株)あさひ	(株)あさひ	(株)あさひ	(株)あさひ	(株)あさひ
代表者の役職氏名	下田進	下田進	下田進	下田進	下田進
業種（東証）	小売業	小売業	小売業	小売業	小売業
市場（上場部）	ジャスダック	東証二部	東証二部	東証一部	東証一部
監査法人	あずさ	あずさ	あずさ	あずさ	あずさ
連結／非連結	非連結	非連結	非連結	非連結	非連結
会計方式	日本基準	日本基準	日本基準	日本基準	日本基準
単体―従業員数（人）	319	364	427	521	602
平均年収（千円）	3,669	3,755	3,919	3,926	3,910
平均年齢（歳）	29.3	29.5	30.1	30.1	30.7

仮説③ （業績）	業績については，過去5年を見ると成長性は年率19％と高く，収益性も少しずつ上がってきており，安全性も高まっている，というように財務分析を見る限りとても良い会社であることが分かってきた。ただ，業界が縮小している中で，「なぜこれほど高い成長性を実現しているのか？」についての理由は分かっていない。
仮説④ （業界の魅力）	業界の魅力については，業界の動向とは別にあさひに対してはより興味が増してきた。あさひに対して興味が増してきて「実際に会社に入ったらどのような仕事をするのか」，「将来はどんな仕事をするのか」という点が気になってきたが，これらの点は財務分析からでは分からない。
仮説⑤ （自分の関心）	自分の関心については，財務分析からは「こんな自転車好きの自分をあさひは求めているのか」どうかについては分からなかった。

第6章　実践編③　学生として――いい就職先に出会う

ステップ6 分析の限界をフォローする
採用HP，会社説明会…機会はいろいろ

　財務分析の良い点は，過去の成長性，収益性，安全性について簡単に分かる点です。一方既に説明したように，「会社の将来がどうなるか（組織資産）」，「会社がどんなことを大切にして経営しているのか（組織資産）」あるいは，「従業員の人たちが日々活き活きと働いているのか（人的資産）」等については財務分析からでは分かりません。よって財務分析から出てきた疑問点や関心事項についてはフォローが必要です。

　財務分析の限界を理解し，フォローするには，①会社の採用HPに書かれていないか探してみる，②実際に会社の説明会等に参加して社員に質問をする，③工場見学や店舗見学をして現場の雰囲気に触れる等のアクションが大切になります。

①あさひの採用HPを覘いてみる

　増田さんにまず採用HPを覘いてもらいました。すると，増田さんの「実際に会社に入ったらどのような仕事をするのか，将来はどんな仕事をするのか？」という疑問点については，以下の会社からのメッセージを見つけました。

> 「入社後は販売店のスタッフから，スタート。店長を目指してください。一店舗あたり約5名で運営します。店舗スタッフとして自転車の販売，修理，組立，後輩社員やアルバイトの指導育成，店長の補佐など店舗を運営していく上で責任のあるたくさんの仕事があります。また店長になると，年商一億以上の店舗のマネジメントをしていただきます。その後「やってみたい」という意欲に応じて，商品部（デザイン・仕入れ）・輸入業務・店舗企画・インターネット部門・広告作成などの店舗支援業務の道もあります。」

　増田さんは各々の仕事についてさらに知りたいようですが，それは実際に社員に会う機会があれば聞いてみるとよいでしょう。

②あさひの社員に会うことになる

　今回はあさひの社員にお会いする機会を持つことができました。せっかくの

機会ですから，増田さんには聞きたい点をまとめてもらいました。増田さんはたくさん聞きたいことがあるようですが，限られた時間しかありませんので，一番聞きたいことから優先順位を付けて上位4件を書き出してもらったのが以下のものです。

① 自分は自転車が大好きなのですが，あさひは自転車好きを求めているのでしょうか？　そもそもであさひではどのような学生を求めているのですか？

② 業界が縮小しているなかであさひは順調に成長していますが，高成長・高収益の秘訣は何でしょうか？

③ 1975年に会社を設立後2004年まで約30年かかっていますが，過去どのような点を大切にして事業を進めてきたのですか？

④ 自分がもしあさひに入ったとしたら，入社10年後の2020年頃にはあさひはどのような会社になっていますか？

③あさひの社員に聞いてみよう

増田さんはあさひの総務部人事課の文倉さん（仮名）にお会いすべく大阪の本社に向かいました。本社は大阪の郊外の街中にありました。以下，増田さんの質問と社員からの回答をまとめておきます。

1．**Q**：自分は自転車が大好きなのですが，あさひは自転車好きを求めているのでしょうか？　あさひではどのような学生を求めているのですか？

　　A：あさひでも自転車が好きな方は大歓迎です。ただし，一点だけ気をつけていただきたいことがあります。それは社会に出ると，これまではサービスを受ける立場であったものが，これからはサービスを提供する側に回るということです。もし，あなたがお客様に対して自転車を通じて良いサービスを提供したいとの想いがあるのであれば，我々は大歓迎したいです。でも，もしあなたが「自分の楽しみのためだけに自転車に関わる仕事がしたい」ということであれば他の会社に行かれた方が良いでしょう。

2．**Q**：業界が縮小しているなかであさひは順調に成長していますが，高成長・高収益の秘訣は何でしょうか？

> **A**：確かに業界が縮小しているのは事実かもしれませんが，あさひが展開している大型自転車専門店のニーズは大いにあります。自転車屋にお客様が求めるものにはいろいろあるでしょうが，あさひでは商品の品揃え，価格，アフターサービスのどれをとってもお客様に喜んでいただけるものを提供していると考えています。店舗に足を運んでいただきお客様が思わず楽しんでしまうような魅力的な売り場にしたいと思っています。それが弊社の高成長・高収益を支えていると考えています。

3．**Q**：1975年に会社を設立後2004年まで約30年かかっていますが，過去どのような点を大切にして事業を進めてきたのですか？
> **A**：あさひが大型自転車専門店という世の中のニーズを掘り起こすまでに弊社はさまざまな試行錯誤をしてきています。そのような中で「社会のみなさま，お客様により貢献できるにはどうすれば良いのか？」と考えいろんなトライをしているなかでいまのビジネスモデルに至ったというのが正直なところです。私たちは，自転車を通じて世界の人々に貢献できる企業を目指したいとの想いは，これまでずっと持っていましたし，今後も同じ想いで事業に励んでいきたいと思っています。

4．**Q**：自分がもしあさひに入ったとしたら，入社10年後の2020年頃にはあさひはどのような会社になっていますか？
> **A**：先ほど言いましたように，あさひは，自転車を通じて世界の人々に貢献できる企業を目指しています。いまはまだ日本が中心のビジネス展開となっていますが，将来的には海外へも展開していきたいと思っています。

ステップ7　結論を出す　知らなかった会社の魅力

①フレームワークでまとめてみると

　増田さんのあさひに対するこれまでの理解を「５つの資産」でまとめてもらったのが**図表11**です。

②結論

　分析の目的は，「自分の関心のある領域から出てきた会社を分析して，その

図表11

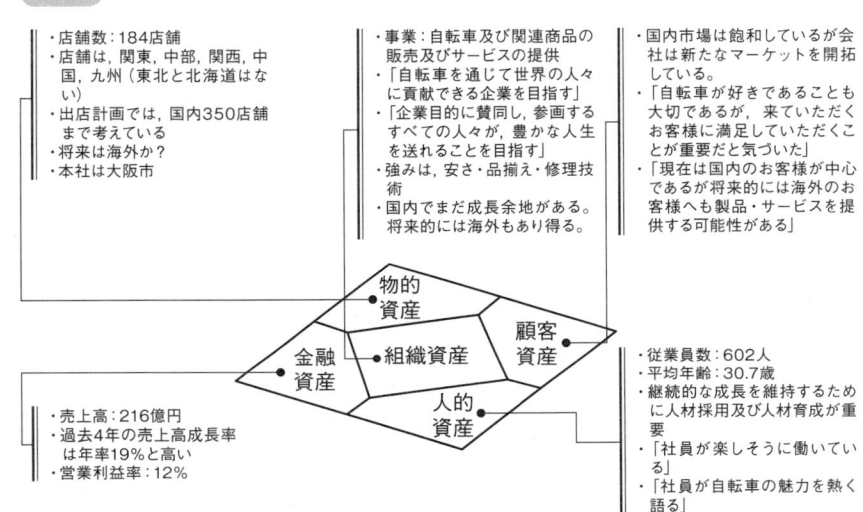

- ・店舗数：184店舗
- ・店舗は，関東，中部，関西，中国，九州（東北と北海道はない）
- ・出店計画では，国内350店舗まで考えている
- ・将来は海外か？
- ・本社は大阪市

- ・事業：自転車及び関連商品の販売及びサービスの提供
- ・「自転車を通じて世界の人々に貢献できる企業を目指す」
- ・「企業目的に賛同し，参画するすべての人々が，豊かな人生を送れることを目指す」
- ・強みは，安さ・品揃え・修理技術
- ・国内でまだ成長余地がある。将来的には海外もあり得る。

- ・国内市場は飽和しているが会社は新たなマーケットを開拓している。
- ・「自転車が好きであることも大切であるが，来ていただくお客様に満足していただくことが重要だと気づいた」
- ・「現在は国内のお客様が中心であるが将来的には海外のお客様へも製品・サービスを提供する可能性がある」

（物的資産／金融資産／組織資産／顧客資産／人的資産）

- ・売上高：216億円
- ・過去4年の売上高成長率は年率19％と高い
- ・営業利益率：12％

- ・従業員数：602人
- ・平均年齢：30.7歳
- ・継続的な成長を維持するために人材採用及び人材育成が重要
- ・「社員が楽しそうに働いている」
- ・「社員が自転車の魅力を熱く語る」

魅力を探る」としましたが，結論は「自分の関心のある領域から知らない会社が出てきて実際に分析してみたところ，思った以上に魅力的な会社に出会えた」ということでした。

財務分析を終えて

増田さんは，「人事の方へのインタビューを終えて，実際に社員にお会いする前と後ではずいぶんとあさひに対する見方が変わった」そうです。たとえば，実際に会社を訪れることで，そこで働いている方々の姿から「てきぱきと動く姿」や，「仕事を楽しんでいる様子」を伺うことができました。また，「会社の将来目指す方向性」というものはなかなか外からは窺い知ることはできませんが，実際に聞くことで「自分も将来は自転車を通じて海外で働いても良いな」と思ったりしました。財務分析だけですと，このような点は知りようがないわけですから，「財務分析の限界」を理解した上で自分の関心や疑問点を社員に聞くことの大切さを実感できたようです。

> 学生として

ケース2
三菱商事株式会社

ステップ1 　分析の目的を明確にする
「商社」とは何をしているところ？

　就職活動中の学生としての財務分析の2社目は，仲田さんにお願いしました。経済学部に通っている大学3年の仲田さんは，同じサークルの先輩や同期の友人に金融業界を志す人が多くいたので，「金融」へ関心が高まっています。そんなときに周りで耳にしたのが「やっぱり商社って憧れるよな，金融も出来るし！」という言葉でした。「商社」と言われても何をしているのか知らず，さらに金融ができるなどとは想像もつかなかった仲田さんは，少し「商社」について調べてみようと考えました。そこで，友人に「商社といえばどこ？」と尋ねてみたところ「三菱商事」と返ってきたので，三菱商事株式会社（以下「三菱商事」と言います）を分析してみることにしました。

　分析の目的は，「自分の関心のある金融の領域を通じて，商社についての知識を深める」としました。

ステップ2 　収集可能な最長の期間を見極める
期間は5年

　eolを使うと過去5年の財務情報を入手できます。よって，今回は分析の期間を5年とします。

ステップ3 　自分の仮説を持つ
的外れでも気にする必要はない

　「商社についてほとんど知らない」と言っている仲田さんの，商社に対して持っているイメージを聞いてみました。以下，仲田さんのイメージを書き出します。

仮説① （業界知識）	商社についてはほとんど知らない。

仮説② （原料の流通）	商社では服などを作っている会社に，原料を流通させている業種なのではないか？
仮説③ （海外の業績）	原料を海外から持ってくるのだろうから，海外で業績を伸ばしているに違いない。
仮説④ （商社のビジネスモデル）	アメリカでは商社が盛んだと聞いたので，日本では盛んではないのだろう。
仮説⑤ （金融危機）	「金融をやっている」と聞いたので，2008年の金融危機から業績は悪くなっているのではないか？

　ここでのポイントは，「自分が知っているイメージ」を書き出すことです。学生の場合，業界についても知らない業界の方が多いでしょう。もちろん業界で何をやっているかも覚束ないはずです。「業界のことを知らない」あるいは「自分がイメージしたことが的外れではないか」と不安になるでしょうが，**一切気にする必要はありません**。内容が合っているか否かは考える必要がないことは第3章で説明したとおりです。

ステップ4　情報を集めるところが多い
（情報の収集先を明確にする）

①ネットを活用する
　仲田さんは，「商社について知らない」とのことでしたので，まずネットで「商社」と入力してもらいました。検索結果の一番はじめにウィキペディアが出てきましたので，読んでもらうことにしました。

②会社の HP から採用情報を入手する
　三菱商事のHPに行くと，「採用情報」というタグがあります。「採用情報」をクリックすると，「三菱商事の採用情報サイト」へ行くことができます。そこで「新卒採用情報」へ行くと「新卒採用情報サイト」があり，採用に関する様々な情報が入手できることが分かりました。

③会社の情報を入手する
　次に，eolで「三菱商事株式会社」と検索すると，三菱商事について以下の

情報が出てきました。

1. 企業基本情報
2. 事業構成・セグメント
3. 業績／推移
4. 財政状態／推移［通期］
5. 財政状態／推移［四半期］
6. キャッシュフロー／推移［通期］
7. キャッシュフロー／推移［四半期］
8. 企業情報履歴

> **ステップ5** 長期の財務分析をする
> 知識は増えたが仮説は検証できない，そこで…

①「商社」について調べてみる

　まず，ネットで「商社」について調べました。すると，商社の主な役割は流通・金融・情報であり，商社の中でも「総合商社」と「専門商社」に分かれることが分かりました。特に総合商社は「ラーメンから航空機まで」と言われるように，取扱商品・サービスが極めて多いということも分かりました。仲田さんは，最初に持っていた「服などの原料」といったイメージよりもとても広い分野で活躍していることが分ったと驚いたようです。

②新卒採用情報サイトを覗いてみる

　次に，三菱商事の「新卒採用情報サイト」へ行ってみました。すると，とても充実していることに気づきました。「MESSAGE」「GLOBAL ACTION」「PEOPLE」「EVENTS」「COMPANY」「RECRUITMENT」「SPECIAL」と7つのセクションに情報が満載でした。読んでいるだけでとてもためになるサイトです。

　一方，仲田さんは少し不安になりました。サイトを読むのにかなりの時間を使って三菱商事に対する知識は増えたような気がしますが，肝心の自分の仮説に対しては一向に理解が進まなかったからです。そこで，少し視点を変えてみて，eolから打ち出された情報に沿って会社分析をしてみることにしました。

③会社分析をしてみる

学生がする財務分析では，「4つの視点」のうち主に**成長性**と**収益性**がポイントですが，収集した情報は，それ以外の情報も含んでいます。よって，eolから打ち出された情報に沿って分析すべきポイントを説明し，その中で財務分析を行います。

1．企業基本情報から何を読み取るか？

図表12に示した企業基本情報の項目にはおよそ30の情報が並んでいます。この中で仲田さんが気になった点は4項目です。

（ア）**ホームページURL**

気になったときにすぐにホームページへ飛ぶ事が出来ます。

（イ）**事業セグメント**

三菱商事は生活産業，金属，エネルギーに力を入れている事が分かりました。また金融については，「新産業金融」というセグメントがあり，売上高の規模はイメージとは違い全体の1％ほどしかないことが分かりました。

（ウ）**本社所在地**

東京丸の内にあることから，規模が大きく日本の中心地で活躍しているように感じました。

（エ）**支店・支社等**

商社は，「海外へ進出している」と考えていましたが，海外の支店が記されていないところに疑問が残りました。この点は，後ほどもっと調べてみたいと思いました。

2．事業構成・セグメントから何を読み取るか？

事業構成・セグメント（**図表13**）には，事業の内容が詳しく，分かりやすく記されていますし，金属，生活産業，化学品など商社がいかに多様なビジネスに取り組んでいるのが一目で分かります。次に，仲田さんは，金属や金融や生活産業といったセグメントを見たときに，それがどのようなビジネスをしているのかが分からなかったようなので，セグメントについてもう少し詳しく調べてもらいました。分かりやすくまとめているのは，三菱商事の「新卒採用情報

図表12

企業基本情報	
証券コード	8058
金融庁（EDINET）コード	E02529 ［401051］
企業名	三菱商事(株)
英訳名	Mitsubishi Corporation
業種（東証）	卸売業
業種（金融庁）	卸売業
ホームページURL	http://www.mitsubishicorp.com/
上場市場	東証一部，大証一部，名証一部
連結／単独	連結
決算月	3月末日
監査法人	有限責任監査法人トーマツ
会計方式	SEC基準
株主名簿管理人	三菱UFJ信託銀行
海外上場（数）	1（ロンドン）
幹事証券	日興シティグループ証券，三菱UFJ証券等
取引銀行	三菱東京UFJ銀行，みずほコーポレート銀行，三菱UFJ信託銀行
事業セグメント	【連結事業（2009年03月期）】 ［生活産業］：25％，［金属］：24％，［エネルギー］：23％，［機械］：16％，［化学品］：10％，［イノベーション］：1％，［新産業金融］：1％，［他］：0％
本社所在地	〒100-8086　東京都千代田区丸の内2-3-1
電話番号	03-3210-2121
支店・支社等	【支社】北海道，東北，中部，関西，中国，九州
代表者名	小島　順彦
設立年月	1950年04月01日
上場年月	1954年06月
上場廃止年月	—
発行済株式総数（株）	1,696,227,484
単元株数	100

図表13

事業構成・セグメント
連結事業（2009年03月期）

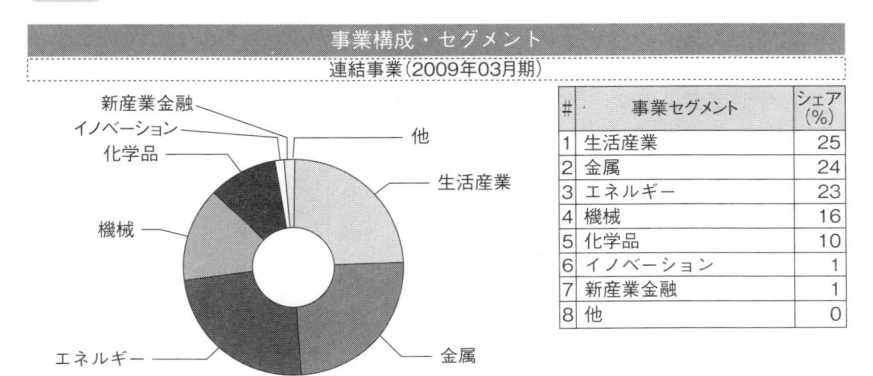

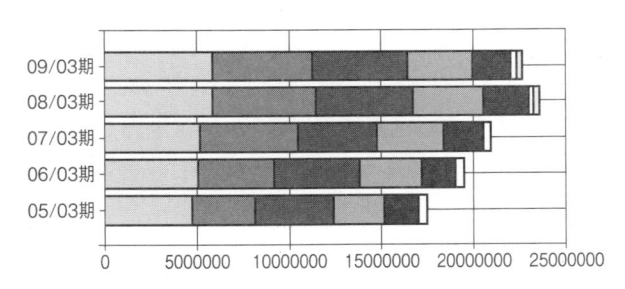

#	事業セグメント	シェア(%)
1	生活産業	25
2	金属	24
3	エネルギー	23
4	機械	16
5	化学品	10
6	イノベーション	1
7	新産業金融	1
8	他	0

セグメント別売上高［単位:百万円］－5期推移
※売上高は比率から算出した参考値となります。

セグメント名称	05/03期	06/03期	07/03期	08/03期	09/03期
生活産業	4,454,503	4,766,788	4,923,903	5,544,730	5,597,276
金属	3,426,541	4,194,774	5,334,229	5,775,761	5,373,385
エネルギー	4,283,176	4,576,117	4,308,415	5,082,669	5,149,494
機械	2,741,233	3,432,088	3,487,765	3,927,517	3,582,257
化学品	1,884,597	1,906,715	2,256,769	2,541,335	2,238,910
イノベーション	--	--	--	231,030	223,691
新産業金融	--	--	--	231,030	223,691
他	--	--	0	0	0
新機能	342,654	190,672	205,163	--	--
Total	17,132,704	19,067,153	20,516,264	23,103,043	22,389,104

第6章 実践編③ 学生として――いい就職先に出会う

サイト」です。今回は，三菱商事にとっての主要4セグメントと，仲田さんが関心を持っている「新産業金融」について調べてみました。なお，「」の部分は「新卒採用情報サイト」からの抜粋です。

（ア）生活産業とは？

生活産業は，生活に関わるあらゆるものを供給しているビジネスのようです。「原料調達から消費市場に至るまでの幅広い領域」についてビジネスを広げ，具体的には「食料品，衣料品，紙・包装材，セメント・建材」などを扱っています。まさに人の生活に携わるあらゆるものを扱っていることが分かりました。

（イ）金属事業とは？

こちらは，金属全般を供給しているようです。原料から製品まで多様に扱っていて，ただ金属を流通させるだけではなく，自ら投資をすることも分かりました。また「鉄鋼製品，製鉄用原料炭，一般炭，鉄鉱石，ステンレス原料，合金鉄，銅，アルミ，貴金属，その他非鉄金属原料，非鉄金属製品，レアメタル，レアアース，自動車部品など，幅広い分野の商品を取り扱っている」ようで，「鉄鋼業界，非鉄金属業界，電力・ガス業界，金属製品業界，機械業界，電気機器業界，自動車業界，建設業界などに必要不可欠な素材・原料」であることが分かりました。

（ウ）機械事業とは？

これは，文字通り機械を製造，あるいは部品を供給する事業です。「電力・ガス・石油・化学・製鉄などの主要産業素材の製造にかかわる大型プラントから，船舶・鉄道・自動車などの物流・輸送機器，宇宙・防衛産業向け機器，建設機械・工作機械・農業機械・食品機械などの一般産業用機器まで」様々な機械を扱っています。

（エ）エネルギー事業とは？

「石油・ガスのプロジェクト開発および投資を担うほか，原油，石油製品，LPG,LNG,炭素製品などの取引業務を行っている」とありました。LNGとは，液化天然ガスのことのようです。

(オ) 新産業金融事業とは？

　ここまで調べてきたことから，仲田さんは，「金融事業では資金を集めて金属などに投資し，出た利益を投資者に配分しているのではないか」というイメージを持っていたようです。しかし，実際には「従来型金融ビジネスや航空機リース，開発型不動産証券化などの金融ビジネスを」行い，「リース関連ビジネス，不動産金融ビジネス，医療関連ファンドビジネス，投資・M&A関連ビジネス，企業・産業再生ビジネス」などにも展開しているといったことがホームページには記されていました。また，新産業金融事業は，2008年から始まった新しい事業であることが分かりました。「今後はもっと業務を拡大していく可能性があるのではないか」と仲田さんはイメージを膨らませました。

(カ) 海外売上高

　ここから読み取れるのは，ここ数年安定して2割程度の売上高が海外で生み出されている点です。企業基本情報の（エ）支店・支社等の項目で触れた通り，海外支店についてeolには何も記載されていないにもかかわらず，海外売上高が存在することに疑問を持った仲田さんは，三菱商事の海外展開について調べてみることにしました。すると，海外に多くの支社を持っている事が明らかになりました。その展開先は発展途上国を中心とした資源国が主であることも分かりました。このことから，「商社に就職すれば海外で働ける」という就職活動生のもつイメージにとっての「海外」とは，先進国と共に途上国である可能性が高いということが言えるのではないかと感じました。なお，海外売上高は紙面の関係で図表は載せていません。

3．業績／推移

業績／推移（**図表14**）には，通期と四半期のデータが載っていますが，就職活動では会社の流れを読み取りたいので通期を見ます。多くの情報が載っていますが，ここで押さえておきたいポイントは以下の2つです。

(ア) 売上高

　売上高から読み取れるのは会社の成長性です。2005年から2009年までの年

図表14

業績／推移 [通期]					
科目名	2005/03/31	2006/03/31	2007/03/31	2008/03/31	2009/03/31
売上高（百万円）	17,132,704 ＋12.8	19,067,153 ＋11.2	20,516,264 ＋7.6	23,103,043 ＋12.6	22,389,104 －3.1
営業利益（百万円）	183,365 ＋40.4	349,864 ＋90.8	412,130 ＋17.7	355,105 －13.9	588,896 ＋65.8
営業利益率（％）	1.07 ＋0.2	1.83 ＋0.7	2.00 ＋0.1	1.53 －0.5	2.63 ＋1.0
経常利益（百万円）	209,799 ＋39.6	478,383 ＋128.0	595,542 ＋24.4	544,505 －8.6	388,228 －28.8
経常利益率（％）	1.22 ＋0.2	2.50 ＋1.2	2.90 ＋0.3	2.35 －0.6	1.73 －0.7
当期利益（百万円）	182,369 ＋58.0	350,045 ＋91.9	415,895 ＋18.8	462,788 ＋11.2	369,936 －20.1
当期利益率（％）	1.06 ＋0.3	1.83 ＋0.7	2.02 ＋0.1	2.00 －0.1	1.65 －0.4
ROE（％）	13.40 ＋2.7	18.00 ＋4.6	15.60 －2.4	15.90 ＋0.3	14.10 －1.8
1株利益（円）	116.49 ＋58.0	215.38 ＋84.8	246.52 ＋14.4	278.95 ＋12.1	225.24 －19.3
1株配当(累計)(円)	18.00 ＋50.0	35.00 ＋94.4	46.00 ＋31.4	56.00 ＋21.7	52.00 －7.2
配当金総額(百万円)	28,193 －	58,847 ＋108.7	77,664 ＋31.9	91,894 ＋18.3	85,434 －7.1

業績／推移 [四半期]					
科目名	2008/09/30	2008/12/31	2009/03/31	2009/06/30	2009/09/30
売上高（百万円）	6,936,684 ＋23.6	5,237,591 －13.6	3,970,940 －33.6	3,970,615 －36.5	4,101,290 －40.9
営業利益（百万円）	198,839 ＋108.6	195,054 ＋121.4	81,316 ＋5.6	45,938 －59.6	50,611 －74.6
営業利益率（％）	2.86 ＋1.1	3.72 ＋2.2	2.04 ＋0.7	1.15 －0.7	1.23 －4.7
経常利益（百万円）	193,861 ＋34.0	105,077 －24.5	－92,651 －177.2	61,941 －66.0	83,157 －57.2
経常利益率（％）	2.79 ＋0.2	2.00 －0.3	－2.34 －4.4	1.55 －1.4	2.02 －0.9
当期利益（百万円）	152,014 ＋24.1	99,646 －7.6	－18,909 －116.2	67,810 －50.6	69,614 －54.3
当期利益率（％）	2.19 ＋0.0	1.90 ＋0.1	－0.48 －2.5	1.70 －0.5	1.69 －0.5
ROE（％）	－	－	14.10 －1.8	－	－
1株利益（円）	92.56 ＋26.1	60.65 －7.9	－11.53 －116.2	41.27 －50.7	42.37 －54.3

率を出してみますと，およそ10%になっていることがわかります。また，2008年までは安定した成長を見せていましたが，2009年になって業績が悪化していることに気づきました。

(イ) 営業利益率

　営業利益率から読み取れるのは，会社の収益性です。2005年の1.07%と比べると，2009年の2.63%はだいぶ収益性を伸ばしていますが，その間を見ますと値にばらつきがあることに気づきます。ここから仲田さんは，「三菱商事は収益が着実に伸びるようなビジネスではなく，ビジネスの特性上リスクを負ったものであるのではないか」と感じました。また，営業利益率2%というと，他業界の収益性から比べるとかなり低いように感じますが，これは業界によってビジネスモデルが違うので営業利益率を単純に他業界と比べても意味がないことが分かりました。もし比較するのでれば，「同じ業界の他の総合商社と比べてみると良い」と分かったので，時間があれば調べてみようと仲田さんは思いました。

4．財政状態／推移

財政状態／推移（通期）（**図表15**）で押さえておきたいポイントは2つです。

(ア) 純資産

　この項目からわかるのは，企業の安全性です。純資産が増えることは，会社の安全性が増していることを意味します。他の項目と同じように，2005年から2008年まではだいぶ安全性を増してきましたが，2009年にはそれも崩れてきているように見えます。それに伴い純資産比率も減っています。仲田さんは2008年前後に起きた「何か」について，「資源価格の下落が起こり，直接投資していた資源の価格も下がり，純資産が目減りしてしまったのではないか」と推察しました。

(イ) 有利子負債

　三菱商事の場合，有利子負債が純資産と比べると大きいことが分かります。

5．キャッシュフロー／推移

キャッシュフロー／推移（通期）（**図表16**）には3種類あります。キャッ

図表15

	財政状態／推移［通期］				
科目名	2005/03/31	2006/03/31	2007/03/31	2008/03/31	2009/03/31
純資産（百万円）	1,504,454 +22.9	2,379,264 +58.1	2,950,931 +24.0	2,873,210 −2.7	2,387,337 −17.1
総資産（百万円）	9,903,372 +8.3	10,411,241 +14.4	11,485,664 +10.3	11,754,439 +2.3	10,918,003 −7.2
純資産比率（％）	16.50 +1.9	22.90 +6.4	25.70 +2.8	24.40 −1.3	21.80 −2.6
資本金（百万円）	126,705 +0.0	197,818 +56.1	199,228 +0.7	201,825 +1.3	202,817 +0.4
有利子負債（百万円）	4,074,751 +0.4	3,794,938 −6.9	3,824,367 +0.7	4,224,049 +10.4	4,933,917 +16.8
1株当たり純資産（円）	960.85 +22.9	1,411.38 +46.8	1,747.87 +23.8	1,750.67 +0.1	1,450.72 −17.2

	財政状態／推移［四半期］				
科目名	2008/09/30	2008/12/31	2009/03/31	2009/06/30	2009/09/30
純資産（百万円）	2,880,478 −7.9	2,466,405 −19.4	2,383,387 −17.1	2,708,087 −12.1	2,761,722 −4.2
総資産（百万円）	12,585,244 +2.0	12,135,019 −1.9	10,918,003 −7.2	10,681,511 −15.3	10,585,145 −15.9
純資産比率（％）	22.90 −2.4	20.30 −4.4	21.80 −2.6	25.40 +0.8	26.10 +3.2
1株当たり純資産（円）	1,753.56 −8.0	1,501.44 −19.5	1,450.72 −17.2	1,648.29 −12.2	1,680.83 −4.2

シュフローは，お金の出入りを表します。つまり，「お金がどれだけ入ったのか，あるいは出て行ったのか」を意味し，これを用途で分けたものが次に分析する3項目になります。

（ア）営業CF

営業CFは，「どれだけ本業のビジネスでキャッシュフローを生み出しているのか」を意味します。三菱商事の場合，ばらつきが激しいことが気になります。+126.9％のときもあれば−30.8％のときもあります。

（イ）投資CF

投資CFは，「将来のための投資にどれだけキャッシュを回しているのか」を意味します。例えば，工場の建設や機械の購入といったものが含まれます。投資を行った場合はマイナスになります。2009年では，約6,900億円となっています。eolのデータからは，この増大した投資が何に使われているのか

図表16

キャッシュフロー／推移［通期］					
科目名	2005/03/31	2006/03/31	2007/03/31	2008/03/31	2009/03/31
営業 CF（百万円）	148,190 —	336,316 +126.9	460,779 +37.0	319,068 −30.8	550,441 +72.5
投資 CF（百万円）	−2,418 —	−94,471 −3,807.0	−281,640 −198.2	−356,659 −26.7	−691,216 −93.9
財務 CF（百万円）	−53,373 —	−187,918 −252.1	−139,242 +25.9	69,472 +149.8	650,546 +836.4
現金同等物期末残高（百万円）	569,005 —	646,317 +13.5	754,776 +16.7	750,128 −0.7	1,215,099 +61.9

キャッシュフロー／推移［四半期］					
科目名	2008/09/30	2008/12/31	2009/03/31	2009/06/30	2009/09/30
営業 CF（百万円）	40,790 +67.7	88,285 —	394,841 +23.7	301,459 +1,036.5	167,138 +309.7
投資 CF（百万円）	−209,594 −121.3	−94,161 —	−227,859 +36.1	7,888 +104.9	−95,49 +54.4
財務 CF（百万円）	335,510 +21.5	331,505 —	−272,267 −492.0	−494,775 −293.5	−63,746 −119.0
現金同等物期末残高（百万円）	1,028,073 +7.2	1,290,338 —	1,215,099 +61.9	1,040,640 +17.2	1,038,335 +0.9

は分からないので，仲田さんは，OB訪問等の機会に聞いてみたい，と思いました。また，直近の値では投資CFが営業CFを上回っている事が分かります。

（ウ）財務CF

　財務CFは，「銀行借入等のキャッシュの増減」を表します。有利子負債が増えた場合はプラスの値になります。三菱商事の場合は，2008年を境に財務CFがプラスになっていることが分かります。仲田さんは，「2008年あたりからの金融危機により流動性危機が生じ，資金繰りが難しくなることに備えてキャッシュを多くしたのではないか」と考えました。

6．企業情報履歴

　企業情報履歴（**図表17**）では就活活動中の学生が気になる情報がいくつか載っています。具体的には，平均年収，平均年齢，そして従業員数です。

図表17

企業情報履歴					
科目名	2005/03/31	2006/03/31	2007/03/31	2008/03/31	2009/03/31
会社名	三菱商事(株)	三菱商事(株)	三菱商事(株)	三菱商事(株)	三菱商事(株)
代表者の役職氏名	小島順彦	小島順彦	小島順彦	小島順彦	小島順彦
業種(東証)	卸売業	卸売業	卸売業	卸売業	卸売業
市場(上場部)	東証一部,大証一部,名証一部	東証一部,大証一部,名証一部	東証一部,大証一部,名証一部	東証一部,大証一部,名証一部	東証一部,大証一部,名証一部
監査法人	トーマツ	トーマツ	トーマツ	トーマツ	トーマツ
連結／非連結	連結	連結	連結	連結	連結
会計方式	SEC基準	SEC基準	SEC基準	SEC基準	SEC基準
単体―従業員数(人)	51,381	53,738	55,867	60,664	60,095
単体―従業員数(人)	5,389	5,489	5,375	5,454	5,690
平均年収(千円)	12,770	13,348	14,233	13,781	13,553
平均年齢(歳)	42.2	42.6	42.8	42.9	42.9

④これまでのまとめと疑問点

eolの情報をもとに，仲田さんに三菱商事を分析してもらいました。ここまでについて，分かったこととさらに出来きた疑問点や関心事項について，仲田さんに簡単にまとめてもらいました。

仮説② (原料の流通)	原料の流通については，服のみならずあらゆるものが商社の商品になり得るということが分かりました。さらには，原料の供給にとどまらず，製品も供給することが分かりました。また，流通させるだけではなく，自ら原料に投資を行っていることも分かりました。

仮説③ (海外の業績)	海外の業績については，三菱商事の場合には，海外売上比率は20％程度だが，競合他社を見てみると50％などもあり，他社に比べて低いことが分かりました。しかし，三菱商事においても，支社は海外に多数あることが分かりました。
仮説④ (商社のビジネスモデル)	商社のビジネスモデルについては，海外での商社の規模や，日本との比較などは出来なかったため，海外では商社が盛んといったイメージが正しいのかどうかは分かりませんでした。
仮説⑤ (金融危機)	金融危機については，「商社」というビジネスの特徴上，ビジネスリスクがあるように感じさせるものの，5年で見るとしっかりと成長していることが分かりました。しかし，2009年の業績の悪化は著しいものがあるので，ここで何があったのかを確認したいと思いました。
関心① (金融への関心)	「本当に金融業は行われているのか」と疑問に思っていたが，仲田さんにとって興味のあるような金融業は確かに行われているということが分かりました。しかし，新しい部門なので規模はまだ小さいことも分かりました。今後，事業が拡大されるのかはeolからは分かりませんでした。今後，新産業金融部門が拡大していくのか，仲田さんは関心が出てきました。
関心② (希望部署への配属)	5．に関連して，自分が金融を志望する場合に，「希望部署に配属されるのだろうか？」という関心が出てきました。

ステップ6 分析の限界をフォローする　まずは自分が疑問を持つことから

①もう一度新卒採用情報サイトに戻ってみる

　仲田さんは，自分が書き出した疑問点や関心事項のメモを見ながら，最初に見た「新卒採用情報サイト」を思い出しました。答えのいくつかは，サイトに載っていたような気がしてきたからです。さっそく，サイトを覗いてみると，以下の箇所を見つけました。

> Q：商社業界では主に取扱商品や機能ごとに組織が分かれ，組織が異なればビジネスも異なると聞きました。できれば自分が希望するグループへの配属を希望しますが，配属はどのようにして決定されるのでしょうか。
>
> A：内定者は入社前に，人事担当者と配属に関する面談を行い，希望するグループや仕事内容，キャリアプランなどについて話す機会を持ちます。その上で，本人の希望，適性や，各部門のニーズとのマッチングを図り，配属先が決定されます。社内のニーズや各自の適性を総合的に判断して，希望とは異なる部門に配属される可能性もありますが，皆さんの意向は十分にうかがった上で配属先を決定したいと考えています。

仲田さんは，「新卒採用情報サイト」が自分の疑問点について的確に答えてくれることに改めて気づかされました。その一方で，**自分が疑問や関心を持たないと，情報サイトを使いこなせない**ことにも気づきました。

②三菱商事の社員と会うことになる

そんな中で，仲田さんは入社6年目の濱野さん（仮名）と会う機会を得ました。せっかくのチャンスなので，仲田さんは聞きたい事が多くあるようですが，時間が限られているので，最も聞きたいことをまず聞くようにすることにしました。以下が，仲田さんの最も聞きたいこと4つです。

① 三菱商事では自分がやりたいと志望した仕事につくことができますか？
② 今後，金融セクターを拡大させていこうと考えていますか？
③ これまで収益などで年度ごとにだいぶばらつきがみられますが，なぜ起こるのでしょうか？
④ 海外売上高が約2割と他の商社と比べて比率が低いように思いましたが，それはなぜでしょうか？

③三菱商事の社員に聞いてみよう

仲田さんは，丸の内にある三菱商事本社に行って濱野さんに会いました。29階の会議室に通されましたが，会議室の数がたくさんあることに仲田さんは驚きました。早速，仲田さんは自分の質問を濱野さんへぶつけてみました。以下，仲田さんの質問と濱野さんからの回答をまとめておきます。

① **Q**：三菱商事では自分がやりたいと志望した仕事につくことができますか？
A：三菱商事では，入社時に自分の行きたい部署の希望を，第1希望から第8希望まで取ります。確か，自分の同期で見ると，約6割が第1希望か第2希望の部署へ行ったと記憶しています。

② **Q**：今後，金融セクターを拡大させていこうと考えていますか？
A：すいません，私は新産業金融部門の人間ではないので正直分からないです。もし，ご関心があれば必要な手続きを取った上で，同期の者を紹介しましょう。一点ここで説明しておきたいのが，商社の金融機能です。学生のみなさんには分かりにくいでしょうが，商社でやっている金融機能は，新産業金融部門だけではなく，すべての部門が金融の機能を持っています。例えば，商社が関わる貿易取引では，購入者に対して与信を提供する機能も商社が担っています。商社の与信機能は，商社の貿易取引と渾然一体になっていますので分かりにくいかもしれませんが，商社の大切な役割の一つとなっています。金融機関よりも，「より実物に近い」という言い方もできるかもしれません。

③ **Q**：これまで収益などで年度ごとにだいぶばらつきがみられますが，これはなぜ起こるのでしょうか？
A：時間があれば，ぜひセグメントごとの利益を見てください。三菱商事では，資源関連ビジネスへの利益依存度がとても高いことが分かります。特に08年度では鉄鉱石の価格高騰等により金属グループからの利益が，全体の50%を上回っております。資源価格の変動が，三菱商事の利益の年度毎のばらつきに大きく影響していると言えます。

④ **Q**：海外売上高が約2割と他の商社と比べて比率が低いように思いましたが，それはなぜでしょうか？
A：弊社の海外売上高に含まれているのは，海外子会社の三国間取引が中心となっています。逆に，本社が輸出や輸入している取引は，すべて日本の売上高として計上していますので，そのような結果になっているのかもしれません。
一点ここで付け加えておきたいのは，「売上高」に注目するのは，正しい見方ですが，売上高以外にも考えるべき指標がある，ということです。学

> 生のみなさんには少し難しくなってしまうかもしれませんが、商社の場合には、投資先からの持分利益や配当などもビジネスの中で重要な役割を担っており、これらの部分の海外比率も含めないと「海外との取引」という観点ではうまく捕捉できないかもしれません。

　仲田さんは、濱野さんとのやり取りの中で、仮説⑤（金融危機）について、「2008年秋のリーマンショック以降の世界的な不況の影響」だということが再確認できました。また、仮説④（商社のビジネスモデル）については、話を聞いてみるとまったく逆で、「商社は日本独自のビジネスモデルであり、世界的に見てもとてもユニークな役割を果たしている」ということが分かりました。仲田さんは、自分の事前に得た知識が必ずしも正しくないことがあること、実際に働いている社員に聞いてみると、頭が整理されてくることを経験したのです。

　ただ、仲田さんは、濱野さんに質問をしても必ずしも自分の聞きたいことが聞けなかったのか、あまり商社には関心が向かないようでした。私が、仲田さんにアドバイスをしたのは、「何のために財務分析をしているのか？」ということでした。就職活動中の学生がする財務分析の目的は、「自分に合った会社を見つけること」です。そうであれば、「自分が訪問した会社をとりあえず好きになってみることが大切なのではないか」というようなことを話しました。

ステップ7　関心分野が見えてきたならそれは前進
（結論を出す）

①フレームワークでまとめてみると
　仲田さんの三菱商事に対するこれまでの理解を「5つの資産」でまとめてもらったのが**図表18**です。

②結論
　分析の目的は、「自分の関心のある金融の領域を通じて、商社についての知識を深める」としましたが、結論は「実際に商社の社員の方と話しをしたところ、自分は商社よりも銀行とか証券会社に関心を持っているのではないか、と

図表18

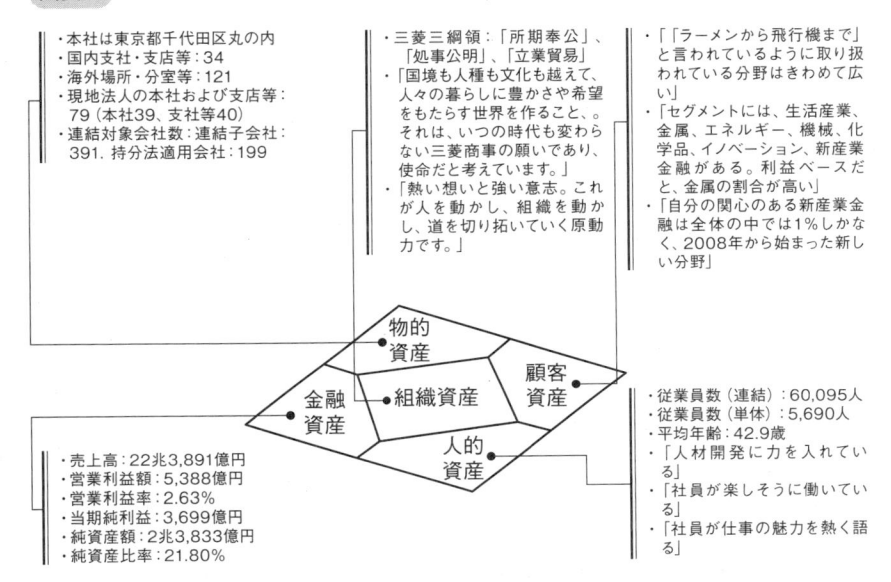

- 本社は東京都千代田区丸の内
- 国内支社・支店等：34
- 海外支店・分室等：121
- 現地法人の本社および支店等：79（本社39，支店等40）
- 連結対象会社数：連結子会社：391，持分法適用会社：199

- 三菱三綱領：「所期奉公」，「処事公明」，「立業貿易」
- 「国境も人種も文化も越えて，人々の暮らしに豊かさや希望をもたらす世界を作ること。それは，いつの時代も変わらない三菱商事の願いであり，使命だと考えています。」
- 「熱い想いと強い意志。これが人を動かし，組織を動かし，道を切り拓いていく原動力です。」

- 「「ラーメンから飛行機まで」と言われているように取り扱われている分野はきわめて広い」
- 「セグメントには，生活産業，金属，エネルギー，機械，化学品，イノベーション，新産業金融がある。利益ベースだと，金属の割合が高い」
- 「自分の関心のある新産業金融は全体の中では1％しかなく，2008年から始まった新しい分野」

（物的資産／金融資産／組織資産／顧客資産／人的資産）

- 売上高：22兆3,891億円
- 営業利益額：5,388億円
- 営業利益率：2.63％
- 当期純利益：3,699億円
- 純資産額：2兆3,833億円
- 純資産比率：21.80％

- 従業員数（連結）：60,095人
- 従業員数（単体）：5,690人
- 平均年齢：42.9歳
- 「人材開発に力を入れている」
- 「社員が楽しそうに働いている」
- 「社員が仕事の魅力を熱く語る」

思うようになってきた」ということでした。仲田さんには「財務分析をして，実際に社員に会って，自分がより関心がある業界が見えてきたら，それは一歩前進である」とお伝えしました。

財務分析を終えて

今回お会いした濱野さんと，取材の後，仲田さんも交えて3人で丸の内界隈にて夕食をしました。濱野さんとは，久しぶりにお会いしたのですが，現在の仕事が楽しい様子でした。話をしていくうちに，濱野さんと仲田さんはお互い，「サックスを吹く」という共通の趣味があることで一気に話が盛り上がりました。食事をするに従いさらに話は盛り上がり，「三菱三綱領」の話になりました。「三菱三綱領」とは，三菱グループの基本理念ですが，「どの会社のベースにもワクワク感があるのではないか」という話になりました。とても楽しい時間は，「あっという間に過ぎて」各人帰宅の途へ着いたのでした。その晩，家

に帰ると，仲田さんから以下のメールが来ていました。

> 仲田です。
> 本日はありがとうございました。
> 貴重な体験ができました。
> これまでは金融に興味があったと自分では思っていたのですが，
> 濱野さんの楽しそうに働く姿がとても印象に残っており，ワクワク働くことを新たな就職活動の軸に取り入れ，志望業界を検討しなおしてみようと思っています。

　あれほど，金融にこだわっていた仲田さんですが，思わぬところで商社の魅力に出会ったようです。財務分析をしていて，このようなことは一回ではありません。財務分析だけで会社を分かった気になるのは「財務分析の限界」に気づいていないからです。「財務分析の限界」とは何か？　それは，仲田さんが経験したように，**「実際に働いている社員と会うことから生まれる「共感」や「ワクワク感」が財務分析では得ることができない」**ということです。「共感」や「ワクワク感」は，人のそれまで持っていた動機までも簡単に変えてしまうほど大きな力を秘めているのです。

おわりに

　最後まで読んでいただきありがとうございました。
　6社の財務分析から，どのように「4つの視点」を使い「7ステップ財務分析法」で分析を進めていくのか，おぼろげながらでも理解していただければありがたいです。
　さて，次はみなさんが実際に分析する番です。空欄のフレームワークを付けましたので活用してください。
　なお，実務では自社と共に同業他社数社を同時に分析し，競合関係を数字で理解していきますが，本書ではその部分は割愛しています。

　最後になりますが，本書の出版にあたり多くの方々のお世話になりました。
　まず，本書の中で取り上げた会社と実際に分析してくれた方々に感謝します。会社にはお忙しいなか，本書の趣旨に賛同し取材の時間を取っていただき，さらにはコメントまでいただきました。
　次に，本書をドラフト段階で読んでくれた方々のお世話になりました。一部の方々のお名前を載せます。(以下敬称略)
　赤石秀太郎，赤川嘉和，奥野雄平，貝瀬和人，三枝士朗，佐田俊樹，佐藤憲，清水達平，高橋郁夫，田邊栄一，寺崎新一郎，中川周，仲田真，乗富和子，中道智宏，濱高朗，濱野昌史，姫野幹弘，文倉淳志，牟田直弘，古谷公一，増田拓弥，湯崎一子
　一緒に働くバリュークリエイトの仲間には，本書の企画段階から最後まで様々な形でサポートをしてもらいました。特に，佐藤剛には会社の情報収集から図表の作成までたくさんの仕事をしてもらいました。
　最後に，税務経理協会の吉冨智子さんの忍耐強いサポートがなければ本書は日の目を見ることはありませんでした。

　これらの方々に厚くお礼を申し上げます。

株式会社バリュークリエイト
三富　正博